THINK TANK
智库论策

智能化背景下传统制造企业转型升级问题研究

The Research on the Transformation and Upgrading
of Traditional Manufacturing Enterprise under the Background of Intelligence

郭 进 著

上海社会科学院出版社
SHANGHAI ACADEMY OF SOCIAL SCIENCES PRESS

目 录

第1章 导论 ·· 1
  一、研究源起 ·· 1
  二、研究意义 ·· 2
    （一）理论意义 ·· 2
    （二）现实意义 ·· 3
  三、研究的思路、内容与分析框架 ·· 4
    （一）研究思路 ·· 4
    （二）研究内容 ·· 6
  四、研究的创新点 ·· 7

第2章 文献综述 ·· 8
  一、关于智能技术链升级的研究 ·· 8
    （一）对企业技术升级影响因素的研究 ······································ 8
    （二）对企业技术升级模式的研究 ·· 11
  二、关于智能产业链升级的研究 ·· 12
    （一）智能产业链的定义与结构 ·· 12
    （二）智能制造的产业组织模式研究 ·· 16
    （三）智能技术链与产业链的互动升级研究 ································ 19
  三、关于智能价值链升级的研究 ·· 21
    （一）智能制造价值链升级的内涵 ·· 21
    （二）智能制造价值链升级的机制 ·· 22
    （三）网络协同与智能价值链升级的关系 ·································· 23
  四、关于智能制造价值链升级策略的研究 ·· 23

第3章 技术链升级视角下的企业智能化 ······ 25
一、何为智能制造 ······ 25
（一）智能制造的概念溯源 ······ 26
（二）智能制造的定义和内涵 ······ 37
（三）智能制造的特征 ······ 41
二、智能制造的技术体系和制造系统 ······ 45
（一）智能制造技术 ······ 45
（二）智能制造系统 ······ 55
（三）传统制造智能化的三个维度 ······ 64
（四）笔者对传统制造智能化的理解 ······ 69
三、智能技术升级与智能产业升级 ······ 70
（一）技术升级与产业升级 ······ 70
（二）智能技术升级的新内涵 ······ 74
（三）智能技术促进产业升级的机理 ······ 76
四、智能技术升级的阶段划分 ······ 89
（一）技术升级阶段划分的多视角比较 ······ 89
（二）技术链视角下技术升级的三个阶段 ······ 91
（三）产业链视角下技术升级的四个阶段 ······ 93
五、传统制造企业智能化升级的技术路径 ······ 97
（一）传统制造智能化的路径组合 ······ 97
（二）领先企业的技术引领式升级 ······ 99
（三）中小企业的技术嵌入式升级 ······ 101
（四）渐近式改造与跃迁式升级 ······ 101

第4章 产业链视角下传统制造企业的智能化升级 ······ 104
一、智能制造的产业体系与网络结构 ······ 104
（一）智能制造的产业体系 ······ 104
（二）智能制造的网络状产业链 ······ 108
（三）智能制造产业链中的企业 ······ 118
二、智能制造产业链的网络协同 ······ 122
（一）智能环境下的网络协同 ······ 122
（二）网络协同平台的选择 ······ 124

（三）服务外包、网络协同与动态升级 …………………………… 129
　三、传统制造智能化的产业路径 ………………………………………… 131
　　（一）传统制造企业的智能化路径 …………………………………… 131
　　（二）智能生态体系的构建 …………………………………………… 134

第5章　价值链视角下传统制造业的智能化 ………………………… **137**
　一、全球价值链对智能产业升级的影响 ………………………………… 137
　　（一）全球价值链与产业升级 ………………………………………… 137
　　（二）智能制造价值链的空间形态 …………………………………… 139
　　（三）传统制造企业向智能价值链攀升的障碍 ……………………… 142
　二、智能企业的边界变动与动态升级 …………………………………… 143
　　（一）智能企业的边界变动 …………………………………………… 143
　　（二）智能企业的能力边界与知识协同 ……………………………… 159
　　（三）智能企业边界变动的阶段演化 ………………………………… 170
　三、传统制造企业向智能价值链攀升的模式 …………………………… 176
　　（一）需求拉动的商业模式创新 ……………………………………… 177
　　（二）企业边界扩张的资源重组模式 ………………………………… 178
　　（三）服务型制造的范式转型模式 …………………………………… 179

第6章　全球智能制造业发展现状与未来趋势 ……………………… **181**
　一、全球智能制造产业发展现状和特征 ………………………………… 181
　　（一）智能制造已成为各国制造业竞争的焦点 ……………………… 181
　　（二）全球智能制造市场快速增长 …………………………………… 184
　　（三）智能制造市场的竞争主体呈现多元化趋势 …………………… 187
　二、全球智能制造业发展面临的挑战 …………………………………… 188
　　（一）主要经济体的智能制造业发展态势 …………………………… 188
　　（二）智能制造发展面临的挑战 ……………………………………… 190
　三、智能制造业的未来发展趋势 ………………………………………… 191
　　（一）智能制造的技术趋势 …………………………………………… 191
　　（二）智能制造的产业趋势 …………………………………………… 192
　　（三）智能制造产业链的竞争格局 …………………………………… 193
　四、全球智能制造业发展对中国的影响和启示 ………………………… 193

（一）全球智能制造业对中国制造业的影响 ………………… 193
　　（二）中国发展智能制造面临的问题 …………………………… 195
　　（三）中国传统制造企业智能化升级的可能路径 ……………… 196

第 7 章　上海制造业的智能化——以产业数字化为例 …………… **198**
　一、上海产业数字化的发展现状 …………………………………… 198
　　（一）价值链视角的上海产业数字化 …………………………… 198
　　（二）技术链视角的上海制造业数字化 ………………………… 199
　　（三）产业链视角的上海制造业数字化 ………………………… 200
　二、上海产业数字化面临的主要问题 ……………………………… 201
　　（一）价值维度缺少数字经济的规模优势 ……………………… 201
　　（二）技术维度需强化科技创新的策源功能 …………………… 202
　　（三）组织维度要壮大头部企业 ………………………………… 203
　三、上海产业数字化的障碍成因 …………………………………… 205
　　（一）产业数字化缺少可供参考的技术路径 …………………… 205
　　（二）企业自身积累难以支撑数字化改造 ……………………… 205
　　（三）产业数字化面临一系列产业组织壁垒 …………………… 206
　四、上海产业数字化的升级思路 …………………………………… 207
　　（一）上海产业数字化的总体设想 ……………………………… 207
　　（二）上海产业数字化的推进思路 ……………………………… 207
　五、相关政策建议 …………………………………………………… 208
　　（一）做好上海产业数字化的顶层规划 ………………………… 208
　　（二）完善数字化基础设施建设 ………………………………… 209
　　（三）打造自主可控的数字化赋能平台 ………………………… 209
　　（四）建立经济制约机制 ………………………………………… 210
　　（五）用好科创板和数据交易中心的功能 ……………………… 211
　　（六）积极发展上海数字化安全产业 …………………………… 211

第1章　导论

一、研究源起

随着新一轮科技革命和产业变革不断深入,以大数据、人工智能、5G通信网络等为代表的新一代信息技术与制造业进入了深度融合阶段,制造业呈现出数字化、网络化、智能化发展趋势。智能制造作为这股趋势潮流中的一个重要发展方向,以其改善生产组织效率、提升生活消费品质、降低人工投入的巨大潜力,日益成为未来制造业发展的重大趋势和核心内容,[①]代表着制造业创新发展的方向。[②]

面对业已到来的智能化浪潮,中国有着大量的仍处于工业2.0和3.0阶段的传统制造企业,面临着"彻底淘汰、渐近式升级、颠覆式重构、制造业服务化"的方向选择。探讨传统制造向智能制造转型升级的可能路径,不仅是传统制造企业的现实需求,更是中国制造抢占智能化发展高地的战略问题。

传统制造向智能制造的转型升级,不仅是生产制造方式由生产自动化向数字化、网络化、智能化的生产方式升级,更是"生产-技术范式"由供给方主导的规模化流水线生产模式,向消费者主导的个性化定制生产模式的升级。在实现两个方面的升级过程中,传统制造企业普遍面临"技术缺口"和"营销缺口"。为了突破两个缺口,既有的研究提出了"技术升级带动产业升级、市场需求拉动智能产业发展、四个维度系统推进传统产业升级"等升级策略,具体路径包括:智能技术改造传统产业、互联网+制造业服务化、智慧云制造、企业管

[①] 苗圩.要求牢牢把握智能制造发展方向[N].科技日报,2015-09-11(01).
[②] 中共中央关于制定国民经济和社会发展第十三个五年规划的建议[N].人民日报,2015-11-04(01).

理智能化、优先发展智能装备产业等。然而,上述研究并未回答:传统制造企业如何选择适合自身情况的升级路径?哪种升级策略有利于维持和提升企业在智能价值链中的地位?是渐近式升级策略有利,还是直接升级策略更好?长三角制造业应当选择怎样的智能化升级策略?这正是本课题需要研究的内容。

二、研究意义

(一)理论意义

1. 梳理智能制造模式的形成背景,有助于理清制造业转型升级的战略方向

对于制造业的转型升级,目前各界提出了自动化生产、产业数字化、柔性制造、零库存生产、定制化生产、敏捷制造、互联网制造等一系列新概念、新模式和新方式。每一种新型生产制造模式背后都能找到对应的企业、成功的案例,同时都存在着各式各样的优点和不足。如何在众多的制造新模式中选择适合本企业、本地区的制造新模式,是企业家和地方政府必须深入研究的课题。

2. 研究智能制造的不同模式,有助于形成中国特色的智能化转型升级模式

面对这股数字化、智能化的趋势,主要发达经济体已经领先一步,形成了四类智能制造模式:一是由实体企业主导的数字化转型模式,如德国工业4.0、《数字德国2015》。二是由软件企业跨界融合推动的智能制造,如谷歌云的"新制造业解决方案"。三是立足宏观经济增长和动能转换的企业数字化升级,如英国《数字化战略》。四是以智能制造为引领的产业创新驱动模式,如《工业新法国2.0》。与上述智能化的模式相比,中国推进传统制造业智能化的问题更为复杂:中国的竞争优势在消费互联网领域,工业体系中既有华为这样的领军企业,更有大量仍处于工业1.0/2.0时代的中小企业。数字的鸿沟、发展的差距、众多的"卡脖子"环节以及区域市场的分割,决定了中国推进智能制造必须同时突破数字技术和终端市场"两个缺口",因此不可能照搬国外既有的发展模式。但这恰恰为长三角和上海发挥数字技术优势、产业配套优势和对外开放优势,推进传统制造企业向智能制造转型升级,提供了历史性的机遇。

(二) 现实意义

1. 研究智能制造的转型升级机理,有助于企业理清智能化转型升级的思路

智能制造是智能技术向生产制造领域持续渗透与深度融合的产物,是数字经济和智能经济时代制造业转型升级的主攻方向。智能制造通过人工智能技术与精密制造和自动化生产制造技术的紧密融合,使得智能决策系统能够借助工业互联网的联通功能,对整个生产制造系统与供应链、消费者实现精准匹配和实时对接,从而突破自动化制造、柔性制造、敏捷制造等制造新模式长期难以破解的成本高企、协调困难、管理滞后的难题,从而大幅提高生产组织系统的效率,满足消费者个性化定制生产的消费范式变迁。因此,传统制造企业向智能制造转型升级不是应不应当转型升级的问题,而是选择什么方式转型升级的问题:数字化、网络化还是直接实现智能化? 是从哪个部分开始转型升级的问题:局部数字化还是先设计数字化再到生产组织智能化? 是占领智能价值链的哪一个位置的问题:是占领数字化设计、研发领域,还是智能网络平台占领消费市场,抑或研发智能生产技术固守生产制造领域? 这些都是本书需要回答的问题。

2. 研究智能制造的升级方式,有助于企业选择合适的智能化路径

数字技术和智能技术向实体经济的渗透与融合,驱动了传统制造向智能制造的梯次升级,并以量变带动质变的方式重塑整个经济体系的生产方式、生产组织模式、价值创造方式和产业功能布局。这个过程中,传统制造企业有数字化、网络化、智能化三种选择。智能化的变革绝非简单的软件应用和工厂数字化改造,而是通过数据要素的引入,形成连接一切的生产消费循环体系,进而实现实体产业的跨界融合、网络平台的价值再造。如何应用数字技术、智能技术的最新成果顺利推动传统产业的数字化改造,不仅影响数字经济发展的微观基础,更是重塑中国制造核心竞争力的关键。已有的研究提出了"强化企业数字化改造""发展工业互联网""打通全产业数据链"等建议,但缺乏宏观战略与微观基础的互动研究。本研究将从"智能制造和数字产业化协同升级,重塑数字经济时代长三角制造核心竞争力"的视角,围绕智能制造转型的价值创造、网络协同、数据集成和平台赋能等重要趋势,提出长三角促进智能制造转型的架构体系、关键环节、运行模式、重大举措和政策建议。

3. 研究智能制造的网络组织模式,有助于企业明确自身在产业链中的定位

智能制造的产业组织模式,是模块化的智能企业之间的总包、分包和彼此竞合关系。智能企业的赢利能力不仅取决于企业的规模、技能，而且与企业在网络体系中所处的位置、节点等因素有关。传统制造企业在向智能制造转型升级的过程中，如何提前预判未来的网络状产业链的竞合模式，提前做出相应的准备，以占据产业链和价值链的有利位置，是企业在制订转型升级的战略规划时，就应考虑的内容。

三、研究的思路、内容与分析框架

（一）研究思路

根据智能制造产业链是技术型产业链这个事实，围绕技术型产业链在转型升级初期，具有明显的"技术链创新引导产业链升级"的特征，首先从比较各种先进制造模式的产生背景、主要解决问题、模式特征和主要内容入手，梳理清楚智能制造模式产生的背景、主要种类及其演进的思想脉络，以此明确智能制造的定义与内涵，为本研究界定一个相对清晰的研究对象。通过此部分研究，也为制造企业辨明智能化转型升级的方向提供一个系统性的宏观分析视角，即智能制造是未来制造的一个主攻方向，并不意味着企业在现阶段就应当全面推进智能制造。企业向智能制造模式的转型升级，需要根据企业的行业发展趋势、所处的产业链位置，以及企业的发展战略，针对性地选择工具智能化、网络平台、研发智能工具等转型升级路径，分阶段实现数字化、网络化和智能制造。

基于上述分析，本研究进一步深入讨论智能制造的技术链、产业链和价值链的特征、组成、结构和升级内容，以及技术链创新、产业链重构和价值链升级的主要模式、升级路径以及彼此的互动关系，提出传统制造向狭义的智能制造系统转型升级的核心是为生产制造系统配备"大脑"（智能决策系统）和"神经网络"（工业互联网）的论断，向智能制造转型的路径也主要围绕着这两个系统的完善展开。

更进一步，向智能制造的转型升级策略选择，还有一个如何在转型升级过程中，提前抢占未来智能体系的产业主赛道的问题，即所谓的提前卡位。这涉及对智能制造产业链的网络状结构，以及模块化产业链的网络竞争模式的研究。智能制造体系下，企业的边界日益模糊，虚拟企业、共同产权和战略联盟等新型产业组织将替代传统的上下游产业链，成为智能制造体系主要的产业组织模式，知识创新和能力提升将成为模块企业构建企业核心竞争力的主要方式。同时,企业在智能制造的网络体系中所处的节点位置,也影响智能企业的竞争优势。本研究就此提出以知识创新构建网络节点优势的转型升级策略。

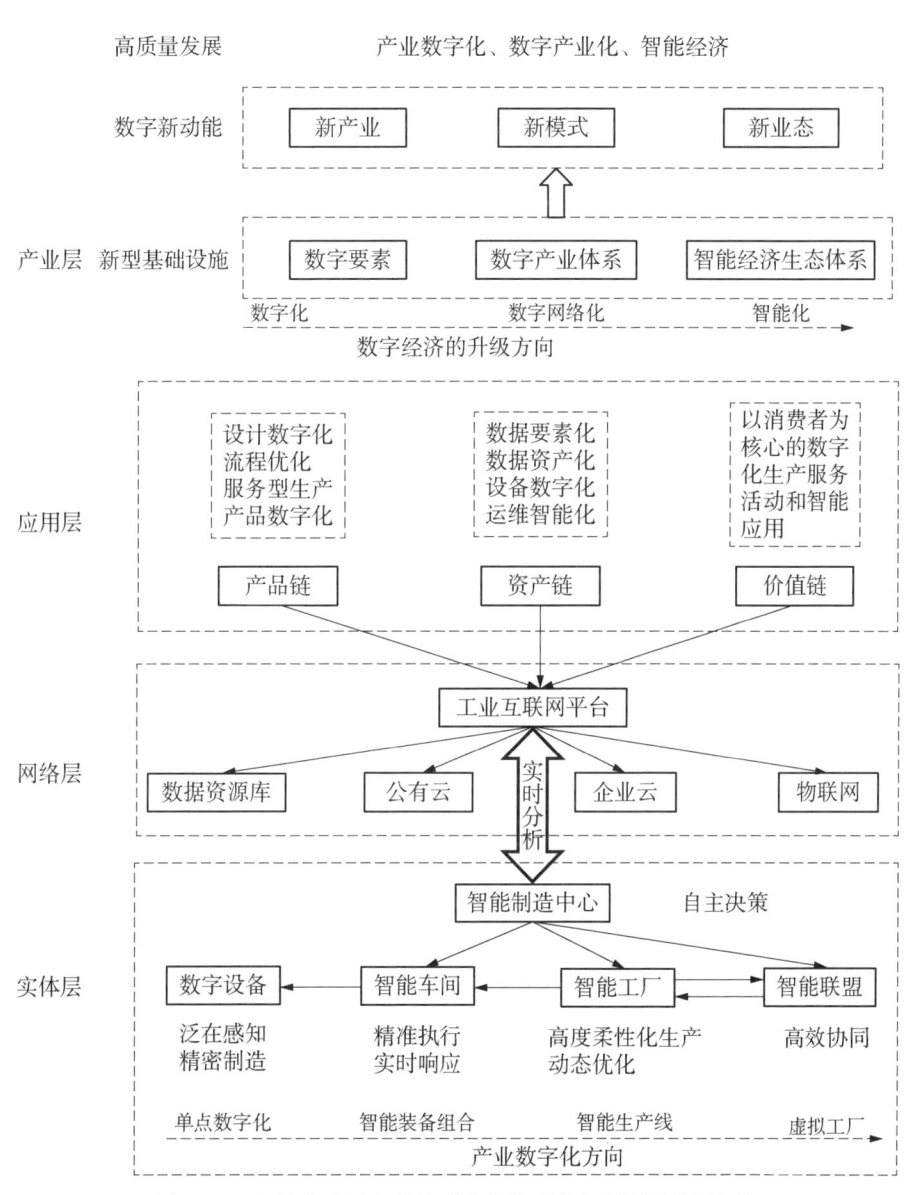

图 1-1 智能化背景下传统制造业转型升级问题的分析框架

(二) 研究内容

1. 智能制造的定义、内涵及特征

厘清智能制造的概念及其内涵，决定了智能制造转型的可能领域及其边界范围，是准确把握长三角智能制造方向的起点。从国家发展战略的宏观视角，智能制造是指"新兴数字技术＋实体企业"，即应用物联网、人工智能等新一代信息技术改造传统产业，含有产业融合、创新驱动、新经济、新业态等众多内涵。国家视角下的智能制造与数字技术产业化是一体两面、相互促进的工作，为实体产业赋能既可以是传统企业自主的升级改造，也可以是互联网企业对既有行业模式的跨界颠覆，目的都是重塑数字经济时代中国产业的核心竞争力。

站在传统企业的微观视角，智能制造首先是应用数字技术对企业既有生产制造体系的降低成本、改进工艺、提升绩效的过程，即内部数字化。企业只有获得新的价值，才有动力推动新技术的局部应用和企业的整体升级。其次，智能制造转型意味着平台赋能的产业链协作。融入数字网络平台体系能够有效降低企业的信息搜寻成本、企业合作的议价费用、市场监督成本，使传统企业能够突破地域的时空限制、产业链的低端锁定，面向更为广阔的用户市场和平台合作机会，从而在新的数字经济体系不断拓展自身的价值空间。此时的智能制造意味着专业化还是平台化的企业战略选择。再次，企业的智能化转型升级更加关注商业模式的转型。数据要素的引入为企业利用数字工具挖掘市场需求提供了可能。企业一方面能够更加准确把握客户的真实需求，为价值发现和产销精确匹配提供了可能；另一方面智能制造为企业跨界经营提供了商业机遇，推动企业激发创新发展的乘数效应。此时，智能制造的重点将转向产品服务化、服务型制造和开拓新兴市场，而非数字技术改造生产制造体系。

立足于全球产业智能化变革的高度，上述智能制造的国家战略与企业微观动力的诉求分歧，恰恰需要通过中观层面的区域智能制造政策来弥合。笔者以上海产业数字化为研究对象，提出紧跟全球产业智能化的趋势，以智能制造为引领，把握数字化、网络化、智能化三个阶段的发展重点，围绕"提升资源配置的效率"这一本质，以智能制造筑牢长三角智能经济的发展基础。

2. 智能制造的技术特征和架构体系

技术路线决定了产业的创新模式和发展空间。20世纪60年代，美日半导体产业竞争，美国的"数字＋互联网"路线最终成就了今日繁荣的互联网世界，

而日本错点了"模拟+高清"的技术路线,导致日本被牢牢地锁定为网络技术的跟随者、高端零部件及产品的供应者。当前,数字经济已经呈现出明显的技术进步驱动产业更新的发展模式,智能制造的技术路线直接关系到数字化的功能优化和技术迭代,而架构体系则影响到长三角在未来"云、网、端"智能体系中的产业布局。正如马克斯·韦伯所说"技术手段只有符合客观实际才能实现主观目的",充分分析智能制造的价值创造逻辑,合理规划智能制造的技术路径,占领智能制造价值链的关键环节,是上海推进智能制造转型的重要思路。

3. 智能制造产业链的主体与企业边界

在智能制造体系中,产业链的行为主体不再一定是链主企业,在互联网平台上,企业与企业之间的地位更加平等,彼此之间是模块化的网络协同关系。企业之间依据任务关系展开网络化协同,虚拟企业、共同产权、动态联盟等新型产业组织模式不断涌现。最为突出的一个现象是企业的物理边界与虚拟企业的边界很难重合,虚拟企业的边界甚至会远远超过企业实际的物理范围,这不仅带来网络协同方式的变化,也带来知识创新模式的变化。这是从微观视角研究企业智能化升级的一个重要议题。

4. 上海推进智能制造的路径与机制

现代产业体系的核心要素是信息,智能化是终极方向。只有率先实现生产和消费领域的数字化改造,传统产业向智能化的转型升级才能够拥有坚实的数字经济基础,进而推动人工智能由计算智能走向认知智能,通过虚拟现实、深度学习和网络协同,最终在生产制造领域实现机器智能对人类智慧的全面替代。沿着这条思路,上海推进智能制造有工具智能化、改造传统产业、产业融合等多种路径可供选择。

四、研究的创新点

本研究从技术经济互动的视角来看待传统制造企业的智能化升级,从智能化的特征、发展趋势和技术升级模式入手,对既有的"三链互动模型"进行了补充和更新,提出传统制造企业智能化转型升级的主要内容、模式差异和路径选择,试图在技术升级与产业链升级的互动关系、互动模式方面有所突破。

第 2 章 文献综述

对于制造业升级转型,既有研究主要从产业协同演进、全球价值链、国际贸易和投资、创新驱动等视角展开,核心是如何优化产业的资源配置、提升企业生产技术水平、强化市场竞争优势。相应地对于智能化背景下的制造业转型升级,也主要围绕着向智能制造的转型升级展开,如智能制造体系构成和特征、智能技术对传统制造的渗透融合,智能制造模式下生产—技术范式变革等角度。基于智能制造实现路径的视角,笔者从技术链、产业链、价值链三个方面对既有文献进行了梳理,综述如下:

一、关于智能技术链升级的研究

(一) 对企业技术升级影响因素的研究

技术进步是产业结构优化的根本动力。技术进步促进制造业的结构优化,包括结构高度化和结构合理化两方面。技术创新是技术进步的主要路径;一些经验分析发现技术创新促进了制造业结构的升级,但是不同技术层次的产业技术创新对制造业结构升级的作用明显不同。主要影响因素包括以下几个方面:

1. 研发(R&D)投入

研发投入对企业技术升级有直接影响。研发投入能否增加市场需求,与企业自身现有的市场份额大小以及其他竞争者坚守自身市场份额的努力有关。企业研发的风险不但取决于企业生产经验的积累,还取决于研发支出的累积流。[1] 中国本土设备企业研发投入不足具有内生性,下游企业需求转移及

---

[1] Chang S C, Wu H M. Production experiences and market structure in R&D competition [J]. Journal of Economic Dynamics and Control, 2006, 30(2): 163-183.

其引发的市场竞争是本质原因。[1]

2. 市场规模和市场需求

企业的研发投入需要一定的市场份额作支撑,市场规模和市场需求对企业的技术创新和技术升级有明显的影响。技术创新本身是对需求总拉力的一种反应,[2]市场需求规模对于技术创新,在短期有需求拉动效应,在长期有供给推动效应,[3]新技术的市场需求与市场供给共同决定了新技术的产量。[4] 同时,市场的需求特性与技术或知识特性之间也存在关联性。在低端设备市场,市场需求弹性较大,企业创新的动力与实力较小。高端设备市场集中度较高,市场需求弹性的大小也会影响企业创新动力。[5]且高端设备市场需求的循环性与企业较大的创新力度,会在某种程度上抑制低端设备企业向价值链高端攀升的动力。

3. 企业规模

企业规模对技术创新的影响,既有的研究给出了不同的结论。有关大企业有利于技术创新的观点认为:产业升级的实质是企业技术水平的普遍提升,[6]大企业通常具有产业内最高的技术水平和创新能力,对产业升级的拉动作用最强。大企业规模生产对工艺创新投入的补偿优势以及通过技术溢出效应(spillover)对企业集聚的主导地位,在产业升级过程中往往具有不可替代的作用。[7][8] 企业的兼并重组能够整合和利用各地域、各单元的资源、能力和优势,扩张行为会带来规模经济、范围经济和学习经济性,有利于提升产业的技术水平。[9]

---

[1] 陈爱贞.中国装备制造业自主创新的制约与突破——基于全球价值链的竞争视角分析[J].南京大学学报,2008(01):36—45+142—143.

[2] Scherer F M. Firm size, market structure, opportunity and the output of patented inventions [J]. American Economic Review, 1965,55(5):1097-1125.

[3] 范红忠.有效需求规模假说、研发投入与国家自主创新能力[J].经济研究,2007,042(003):33—44.

[4] Romer P M. Endogenous technological change [J]. Journal of Political Economy, 1990(98):71-102.

[5] 陈爱贞,刘志彪,吴福象.下游动态技术引进对装备制造业升级的市场约束——基于我国纺织缝制装备制造业的实证研究[J].管理世界,2008(2):72—81.

[6] Humphrey J, Schmitz H. Governance and upgrading: linking industrial cluster and global value chain research [R]. Institute of Development Studies, IDS Working Paper, 2000.

[7] Cohen W M, Klepper S A. Reprise of size and r&d [J]. Economic Journal, 1996,106(437):925-51.

[8][9] Porter M. The competitive advantage of nations [M]. London: Michael Macmillan, 1990.

有关小企业更有利于技术创新的观点认为：大企业病表现为企业管理僵化、决策迟钝，进而导致创新激励不足，[1][2]会带来"创新者的困境"，遏制企业家精神发挥作用。[3] 小企业更能有效发挥企业家精神，使小企业更具有灵活性、速度和创新能力，高度专业化和竞争激烈的小企业是产业升级的基础。[4][5][6]

4. 竞争格局

企业所面临的市场竞争格局对企业的技术创新和技术研发也有影响。在实力差距悬殊的情况下，发达国家在高端技术上增加研发，会侵蚀后发国家的市场需求，抑制后发国家企业的创新动力。企业应用物联网技术时也受到价值创造能力和技术重振的影响。[7]

5. 外国直接投资（FDI）

外国直接投资对本土企业的技术进步和技术创新具有双重效应。在既往的研究中，一方面外国直接投资能够促进行业的技术进步；[8][9]但有研究表明，外国直接投资进入妨碍了中国本土企业通过研发自主创新而缩小与国际先进水平之间距离的努力。本土企业技术水平提升并不意味着其与跨国公司的技术差距在缩小，跨国公司技术更快速度的提升，可能会进一步挤压本土企业的市场空间，削弱本土企业自主创新和技术升级的支撑。[10] 外国直接投资的这种

---

[1] Agrawal A, Jaffe J F, Mandelker G N. The post-merger performance of acquiring firms: a re-examination of an anomaly [J]. The Journal of Finance, 1992, 47(4): 1605 – 1621.

[2] Johnson S, Boone P, Breach A, et al. Corporate governance in the asian financial crisis [J]. Working Paper, 1999.

[3] Christensen C M. The innovator's dilemma: when new technologies cause great firms to fail [J]. Harvard Business School Press, 1997.

[4] Callon M. Techno-economic networks and irreversibility [J]. Sociological Review, 1990, 38(S1): 132 – 161.

[5] Maug E. Large shareholders as monitors: is there a trade-off between liquidity and control? [J]. The Journal of Finance, 1998, 53(1): 65 – 98.

[6] Saxenian A, Hsu J-Y. The silicon valley-hsinchu connection: technical communities and industrial upgrading [J]. Industrial and Corporate Change, 2001, 12(10): 893 – 920.

[7] Giudice M D. Discovering the internet of things (IoT): technology and business process management, inside and outside the innovative firms [J]. Business Process Management Journal, 2016, 22(2): 263 – 270.

[8] Weresa M A. Can foreign direct investment help poland catch up with the EU? [J]. Communist and Post-Communist Studies, 2004, 37(37): 413 – 427.

[9] 王红领，李稻葵，冯俊新. FDI与自主研发：基于行业数据的经验研究[J]. 经济研究，2006(02): 44—56.

[10] 陈爱贞，刘志彪，吴福象. 下游动态技术引进对装备制造业升级的市场约束——基于我国纺织缝制装备制造业的实证研究[J]. 管理世界，2008(2): 72—81.

双重效应与市场需求的阶段变化有关,企业持续的自主创新和技术升级会受市场需求变化影响。外国直接投资引发的竞争加剧会吞噬本土企业的市场空间,并打击其创新积极性。[①] 外资技术溢出对不同技术层次制造业比例变化的实际影响则反映了外资技术溢出对制造业结构升级的作用。其机理是外资企业进入产生市场窃取效应,产生负的竞争外溢效应。[②]

6. 技术引进

外部的技术进步和创新成果转化也影响本国的产业技术升级。国际技术转移对东道国产业结构升级的效应不仅受市场化水平的约束,而且受生产要素的流动性、吸收能力等因素的制约。技术演进具有非连续性,[③]技术机会等会影响市场势力与创新投入之间的关系。新技术要想代替旧技术以创造更多的利润,创新者的学习能力不可或缺。[④]

(二) 对企业技术升级模式的研究

实现技术跨越有"自主跨越、引进跨越、合作跨越和并购跨越"四种路径,其中后三种都属于引进技术的不同模式。[⑤] 一是干中学的赶超模式。技术追赶实现产业升级的理论(Technology Catching-up)认为,通过在技术扩散过程中的模仿与干中学,后发国家可以改变学习曲线的形状,实现技术跨越式追赶,最终提升其在国际分工中的地位。[⑥] 二是通过外国直接投资引进技术的模式。三是自主研发模式。后来者可以在发展初期依赖进口技术并结合当地廉价的劳动力来增加市场份额,但由于要从市场上获得更高的市场份额,所需要的技术将更难且成本更高,企业自主创新因此不可缺少。[⑦] 但技术与市场是互

[①] 蒋殿春,夏良科. 外商直接投资对中国高技术产业技术创新作用的经验分析[J]. 世界经济,2005,028(008):3—10.
[②] Aitken B J, Harrison A E. Do domestic firms benefit from direct foreign investment? evidence from venezuela [J]. American Economic Review,1999,89(3):605-618.
[③] Anderson P, Tushman M L. Technological discontinuities and dominant designs: a cyclical model of technological change [J]. Administrative Science Quarterly,1990,(4):604-634.
[④] Alwyn Young. Invention and bounded learning by doing [J]. Journal of Political Economy,1993(101):443-472.
[⑤] 陈德智. 技术跨越基本模式研究[J]. 技术经济与管理研究,2003(2):96—96.
[⑥] Elkan R V. Catching up and slowing down: learning and growth patterns in an open economy [J]. Journal of International Economics,1996,(41):95-111.
[⑦] Lee K, Lim C. Technological regimes, catching-up and leapfrogging findings from the Korean industries [J]. Research Policy,2001(30):459-483.

动的,技术升级应与市场份额提升同步。① 单纯依赖研发投入并不能解决技术能力弱的问题。

二、关于智能产业链升级的研究

对智能产业链升级的研究主要从三个维度展开:智能产业链的构成、智能技术链与智能产业链的互动升级、智能产业链的网络组织模式升级。

(一) 智能产业链的定义与结构

1. 智能制造产业链的定义与构成

智能制造产业链的定义众多,代表性的定义出自中国科技部、德国工业4.0、美国工业互联网,以及众多学者,本书将在第3章专门对此作论述。德国工业4.0将智能制造分为智能工厂、智能生产和智能物流三个子系统。② 信息物理系统(CPS)作为智能制造体系的核心,可进一步分为智能装备系统、智能执行系统和智能管理系统,概括为"一硬、一软、一网、一平台四大要素"。③ 三个系统都由工业物联网系统提升平台支撑,按照智能制造系统的数字化标准进行设计和联接,通过智能在线服务系统与外部消费者和协作企业进行沟通。

从智能制造系统的技术基础和实施规模来看,智能制造系统可以划分为装备级、生产线级、车间级、工厂级和联盟级。④ 其发展路径是"智能装备单一技术点智能化、面向智能装备的组线技术、高度自动化与柔性化的智能生产线、基于中央管控和智能调度的智能工厂、异地协同的智能联盟"。⑤

2. 智能制造产业链的网络状结构

智能制造的产业链是基于工业互联平台的网络状产业链,其组织结构的主要特征是扁平化、模块化、网络化。传统制造企业由工厂化、批量化、流水线和零部件厂商配套的生产组织模式,向网络化、智能化、模块化的生产组织模

---

① Lee K, Lim C. Technological regimes, catching-up and leapfrogging findings from the Korean industries [J]. Research Policy, 2001(30):459-483.
②④ 王钦,张雀."中国制造2025"实施的切入点与架构[J]. 中州学刊,2015(10):32—37.
③ 陈丽娟. 我国智能制造产业发展模式探究——基于工业4.0时代[J]. 技术经济与管理研究,2018(03):109—113.
⑤ 杜宝瑞,王勃,赵璐,周元莉. 航空智能工厂的基本特征与框架体系[J]. 航空制造技术,2015(08):26—31.

式的转变,会带来整个产业链组织结构的改变,进而带来企业网络竞争模式的改变。这方面的主要研究包括:对网络组织和网络状产业链的定义与描述、网络状产业链的构成、网络状产业链的特征等。

(1) 对网络组织和网络状产业链的定义与描述

网络状产业链的研究与网络组织理论密切相关。网络泛指与企业活动有关的一切相互关系以及由所有信息单元所组成的 n 维向量空间,它构成了企业赖以生存和发展的基础。有关网络组织的研究包括个体[1][2][3][4]和组织[5][6][7][8][9]两个层次。个体网络是以个人为结点,通过个体之间的活动、情感为联系而构建的网络。它是在价值链的各个点上作出贡献的若干企业集体资源的结合。[10] 组织网络是以具有独立法人资格的组织为结点,组织间由于共同投资、共建渠道、共同研发等关系而构建的网络。[11]

另一方面,"网络"作为一种契约关系和制度安排,被认为是超越企业与市场两分法的复杂的社会经济组织形态或者组织制度。古拉蒂(G. Mitu

---

[1] Uzzi B, Lancaster R. Relational embeddedness and learning the case of bank loan managers and their clients [J]. Management Science, 2003,49(4):383 – 399.

[2] Uzzi B, Spiro J. Collaboration and creativity the small world problem [J]. American Journal of Sociology, 2005,111(2):447 – 504.

[3] Hanaki N, Peterhansl A, Peter S D, et al. Cooperation in evolving social networks [J]. Management Science, 2007,53(7):1036 – 1050.

[4] Uzzi B. A social network's changing statistical properties and the quality of human innovation [J]. Journal of Physics A Mathematical & Theoretical, 2008,41(22):1 – 12.

[5] Powell W W. Learning from collaboration: knowledge and networks in the biotechnology and pharmaceutical industries [J]. Knowledge Groupware & The Internet, 1998,40(3):228 – 240.

[6] 钱锡红,杨永福,徐万里. 企业网络位置、吸收能力与创新绩效——一个交互效应模型[J]. 管理世界, 2010(005):118—129.

[7] Powell W W, Koput K W, Smith-Doerr L, et al. The spatial clustering of science and capita: accounting for biotech firmventure capital relationship [J]. Regional Studies, 2002,36(3):299 – 313.

[8] Powell W W, Koput K W, Smith-Doerr L. Interorganizational collaboration and the locus of innovation: networks of learning in biotechnology [J]. Administrative Science Quarterly, 1996,41(1):116 – 145.

[9] Uzzi B, Gillespie J. Knowledge spillover in corporate financing networks: embeddedness, network transitivity and trade credit performance [J]. Strategic Management Journal, 2002,23(7):595 – 618.

[10] Miles R E, Snow C C. Network organizations, new concepts for new forms [J]. California Management Review, 1986,28(3):62 – 73.

[11] 黄泰岩,牛飞亮. 西方企业网络理论述评[J]. 经济学动态,1999(04):63—67.

Gulati)首次提出"网络"是用于组织伙伴关系的正式契约结构(Formal Contractual Structures),并以外生资源依赖(Exogenous Resource Dependencies)和内生嵌入驱动(Endogenous Embeddedness Dynamic)为基础分析了联盟网络的动态演进过程。[1]

网络组织既含有企业的协调因素也含有市场的交易因素,但它既不是企业也不是市场,而是介于市场与层级制企业之间的一种组织形式。[2] 它是以专业化联合的资产、共享的过程控制和共同的集体目的为基本特性的组织管理方式,由结构、过程和目的等要素予以定义,并因这些特性区别于集中化组织、刚性层级组织、非正式联合、无序社会和批量市场等其他组织管理方式。[3]

网络组织是一个社会网络,它渗透了正式组织的边界,消除了正式群体和部门的限制因素,形成了不同类型的人际关系。[4] 网络组织是企业之间相互作用关系的复杂组合,是长期的、有目的的组织安排,它使企业获得长期的竞争优势。[5] 网络通过组织之间的互相依赖紧密联结在一起,以提高组织的可依赖程度和满足大规模的生产需要。[6] 网络组织是以独立的企业为结点,跨边界的资源整合过程所形成的以各种经济性联接为纽带的分工协作系统,体现着由社会分工和商品交换所形成的能诱发各种交互作用的社会经济系统。[7]

(2)关于网络组织构成的研究

知识、信息和网络等构成企业组织发展的关键要素。网络组织介于市场与科层组织之间,既不像市场那样依靠契约进行交易,也不像科层组织那样通过权威关系来协调行动。可以从四个维度对它进行分析,即经济维度、历史维度、认知维度和规范维度。[8] 判定为网络组织需要满足三个必要和充分的特征

---

[1] Gulati R. Networks and alliances [J]. Strategic Management Journal, 1998,19(4):293-318.
[2] Thorelli H B. Network: between markets and hierarchies [J]. Strategic Management Journal, 1986,7(1):37-51.
[3] 罗仲伟.网络组织的特性及其经济学分析(上)[J].外国经济与管理,2000(06):25—28.
[4] Baker W. The network organizations in theory and practice [M]. Boston: Harvard Business Press, 1992.
[5] Johanson J, Mattsson LG. Interorganizational relations in industrial systems a network approach compared with the transaction cost approach [J]. International Studies of Management Organization, 1987,17(1):34-4.
[6] Podolny J M, Page K K. Network forms of organization [J]. Annual Review of Sociology, 1998 (24):57-76.
[7] 孙国强,李维安.网络组织治理边界的界定及其功能分析[J].现代管理科学,2003(03):3—4.
[8] Maillat D, Crevoisier O, Lecoq B. Innovation networks and territorial dynamics: a tentative typology [J]. Patterns of a Network Economy, 1994(2):33-52.

条件：两个和多个企业联合致力于一系列目标，并在联盟后保持独立性；合作区域分享联盟的收益并控制特定业务的绩效；合作企业在一个或多个关键战略领域（如技术、产品等方面）持续作出贡献。[1]

(3) 关于网络组织特性的研究

网络组织最大的特点在于以市场、网络和企业的三分法替代两分法的企业理论，[2]即用市场、组织间协调和科层的三级制度框架，替代传统的市场与科层两级制度框架，组织间协调是市场制与企业科层的"握手"。[3] 网络组织由结构、过程和目的要素所决定。结构方面，网络组织联合专用性资产并进行共同控制；过程方面，网络用角色和职位来限制参与主体的行动，并通过主体间的联系来影响主体；目的方面，网络组织有着统一的目标并且强调目标一致性。[4] 网络组织保持着可渗透的边界，不仅存在于企业内部单元之间，而且存在于外部的企业之间。[5] 其权威源自专业知识而不是地位高低，知识技术决定了网络的产出效益。[6]

网络组织的特征表现为富有活力的节点、超越格栅的管理联接和自由灵活的动态调适机制。[7] 这些特征包括由活性节点以及立体联接方式构成的整体系统、围绕特定目标来运行并实现信息共享与无障碍沟通、专注于有形资源的整合与核心能力的培养、超节点组织但不一定是法人实体、具有自组织学习等特征。[8] 如专业化联合的资产、共享的过程控制和共同的集体目的。[9]

网络组织作为一个组织系统，具有结构复杂性、动态性、自相似性、自组织

---

[1] Yoshino M Y, Rangan U S. Strategic alliances: an entrepreneurial approach to globalization [J]. Long Range Planning, 1996,29(6):1241.

[2] Powell W W. Neither market nor hierarchy network forms of organization [J]. Research in Organizational Behavior, 1990,12:295-336.

[3] Richard Larson. The handshake between invisible and visible hands [J]. International Studies of Management and Organization, 1993,23(1):87-106.

[4] Alstyne M V, The state of network organization a survey in three erameworks [J]. Forthcomingin Journal of Organization, 1997,7(3):83-151.

[5] Applegate L M, Cash J I, Mills D Q. Information technology and tomorrows manager [J]. Harvard Business Review, 1988(1):128-136.

[6] Jarvenpaa S L, Ives B. The global network organization of the future: information management opportunities and challenges [J]. Journal of Management Information Systems, 1994,(4):25-57.

[7] 王丰,汪勇,陶宽.网络组织21世纪的新型组织结构模式[J].当代财经,2000(05):65—67.

[8] 林润辉,李维安.网络组织——更具环境适应能力的新型组织模式[J].南开管理评论,2000(03):4—7.

[9] 罗仲伟,罗美娟.网络组织对层级组织的替代[J].中国工业经济,2001(06):23—30.

性、自学习性的特征。[①] 它在协调专用知识过程中能够体现出稠密性和灵活性。[②] 企业网络是以信息技术相连接、共享技术与市场、共担成本的企业共同体。[③] 它包括企业、政府、中介机构、大学和研究机构等三类主体。

(二) 智能制造的产业组织模式研究

1. 智能制造产业链的组织体系

(1) 智能制造的模块化组织体系

智能制造体系是基于工业互联网的平台体系,为了实现各个异质异构系统间的高效协同,智能制造将普遍采用模块化的设计模式,以实现有效组织复杂产品和过程的战略。[④] 这种模块化组织体系和运行机制包括两个方面:

一是智能产品设计的模块化。因为消费者成为智能制造的核心,整个智能制造的生产、服务体系都围绕着满足消费者的个性化定制需求而展开,因此用户参与设计就成为核心中的核心,甚至成为智能组织模块化设计的决定因素。

二是智能生产的模块化组织。智能化生产过程不再局限于企业本身所拥有的智能装备,而是可以借助工业互联网平台进行生产组织,由此产生了网络组织、虚拟企业、动态联盟等一系列新的生产组织模式。模块化网络组织的组织结构具有扁平化、柔性化、开放性和自组织性的特征。[⑤]

(2) 智能制造产业链的组织模式及影响因素

在智能制造体系中,每一个环节都是独立的价值创造模式,其生产过程可以分为标准组件生产和定制模块生产两类,各个价值模块之间通过柔性契约连接形成一个价值网络。它包括内部网络、垂直网络、市场间网络和机会网络四种基本类型。

工业物联网体系下,数据成为与矿物和化学元素一样重要的原始材料,基于大数据和工业物联网的数据服务、数据材料等一系列战略性新兴产业

[①] 吴林源,张林格.网络环境下企业组织结构特征研究[J].现代财经,2004(05):34—37.

[②] 程德俊.基于专用知识的网络组织特性分析[J].科学学与科学技术管理,2004(02):121—124.

[③] 慕继丰,冯宗宪,陈方丽.企业网络的运行机理与企业的网络管理能力[J].外国经济与管理,2001(10):21—25.

[④] Baldwin C Y, Clark K B. Managing in an age of modularity [J]. Harvard Business Review, 1997,75(5):84-93.

[⑤] 余东华,芮明杰.基于模块化网络组织的知识流动研究[J].南开管理评论,2007(04):11—16+28.

涌现。[1] 企业扁平化趋势进一步加速,供应链管理的三个核心要素均发生变革:一是供应链网络结构更加复杂、更加动态化。[2] 企业分销渠道不断减少甚至完全取消中间环节,[3]越来越多的厂商通过"脱媒"产生效能,[4]流通组织模式由渠道控制向供应链整合升级。[5] 二是业务流程智能化、柔性化。供应链管理模式由供给驱动转化为需求驱动,供应链需要对用户需求作出快速反应,从而向高度柔性化方向发展。[6] 企业的业务流程因智慧云制造和知识自动化而发生改变,用户可以随时随地通过智能终端登录智慧云平台,按需获取智慧制造资源与能力。[7] 三是信息治理成为供应链管理的核心。目的是保证所有参与主体在交往过程中产生高质量的业务、流程、数据和行为,最终创新价值。[8]

2. 关于智能制造体系的网络治理研究

(1) 网络治理与智能价值链升级的关系

作为组织发展的新趋势,网络组织推动着治理形式的演进。目前,众多学者已然从管理学、经济学与社会学的视角对治理形式的演进作了解释。管理学观点倡导结构决定论,认为组织结构从传统的科层组织形式逐步向具有扁平化、柔性化特征的网络组织形式的适应性调整,推动着治理形式由科层治理向网络治理的转变。[9] 经济学观点主张交易决定论,指出交易特征的变化,如交易需求的不确定性、交易任务的复杂性、交易投入资产的专用性以及交易频率的变化,都成为治理环境变化的诱因,从而驱动治理形式的演进。[10] 社会学观点则提倡社会资本决定论,认为网络组织是通过不断积累社会资本而形成

---

[1] 李国杰,程学旗.大数据研究未来科技及经济社会发展的重大战略领域——大数据的研究现状与科学思考[J].中国科学院院刊,2012,27(06):647—657.
[2] 何哲,孙林岩,李刚.中国制造业发展战略的研究评述和展望[J].科学学研究,2008(S1):83—92.
[3] 李海舰,田跃新,李文杰.互联网思维与传统企业再造[J].中国工业经济,2014(10):135—146.
[4] 罗珉,李亮宇.互联网时代的商业模式创新价值创造视角[J].中国工业经济,2015(01):95—107.
[5] 谢莉娟.互联网时代的流通组织重构——供应链逆向整合视角[J].中国工业经济,2015(04):44—56.
[6] 陈正阳."互联网+"时代下的供应链管理变革——模式、趋势与系统构建[J].中国管理信息化,2016,19(19):44—45.
[7] 李伯虎,张霖,王时龙等.云制造——面向服务的网络化制造新模式[J].计算机集成制造系统,2010,16(01):1—7+16.
[8] 宋华.新兴技术与"产业供应链+"——"互联网+"下的智慧供应链创新[J].人民论坛·学术前沿,2015(22):21—34.
[9] 李维安,周建.网络治理内涵、结构、机制与价值创造[J].天津社会科学,2005(05):59—63.
[10] Williamson O E. The mechanisms of governance [M]. NewYork: Oxford University Press, 1996.

并拓展的,社会资本的多寡折射在网络关系层面即表现为稠密或稀疏的关系特征,因而随着社会资本的积累,网络组织的结构、边界都将发生变化,触发治理环境的变化,使网络治理的出现成为必然。综上所述,无论是结构决定论、交易决定论抑或社会资本决定论,治理形式正逐步由科层治理转向网络治理。综合既有的研究文献,上述网络组织治理的研究可以分为三个方面:网络组织的治理结构、治理机制和治理绩效研究。

一是智能制造的网络治理模式。[①] 网络型产业链中企业权力高度分散化。[②③] 网络型治理模式是各价值模块进行协调的基础,[④]是一种介于企业与市场之间的制度性安排。

二是治理机制。多数文献都预设组织网络的运作逻辑或治理机制是信任,认为网络中信任机制是建立在组织间的人际关系之上的,但尼古拉斯·卢曼(Niklas Luhmann)认为非人际关系的信任才是当代社会最主要的信任模式。杰夫里·布拉达奇(Jeffrey L. Bradach)和罗伯特·阿克斯(Robert G. Eocles)等学者则对信任作为网络组织的治理机制提出了挑战,认为将价格、权威与信任机制混合在组织内部或组织间的互动是常态。在信任治理机制的基础上引进竞争机制、合作机制和透明机制,可以有代理人俱乐部、当事人套牢和虚拟化企业三种网络治理模式。[⑤]

(2) 网络组织治理结构的研究

治理结构是用于组织伙伴关系的正式契约结构。[⑥] 乔尔·鲍曼(Joel A. C. Baum)和保罗·英格拉姆(Paul Ingram)综合了马克·格兰诺维特(Mark Granovetter)的弱联结理论与罗纳德·S. 伯特(Ronald S. Burt)的结构空洞理论,从企业与网络的嵌入、探索性与开发性的行为模式两个方面将网络组织结构分为四种形式。[⑦] 可以从"层度、集中化和层级"等三个维度实证检验虚拟组

---

① Achrol R S, Mentzer J T. The structure of commitment in exchange [J]. Journal of Marketing, 1995,59(1):78-92.
② Chesbrough H W. The new imperative for creating and profiting from technology [M]. Boston: Harvard Business School Press, 2003.
③ Gereffi G, Humphrey J, Sturgeon T. The governance of global value chains [J]. Review of International Political Economy, 2005,12(1):78-104.
④ 朱瑞博. 价值模块整合与产业融合[J]. 中国工业经济,2003(08):24—31.
⑤ 林闽钢. 社会学视野中的组织间网络及其治理结构[J]. 社会学研究,2002(02):40—50.
⑥ Gulati R. Alliances and networks [J]. Strategic Management Journal, 1998,19(4):293-317.
⑦ Granovetter Mark. Economic action and social structure the problem of embeddedness [J]. American Journal of Sociology, 1985,91(3):481-510.

织的网络结构。① 兰杰·古拉蒂(Ranjay Gulati)从社会网络观对战略联盟网络的形成、治理结构、动态演化及绩效方面进行了详细的研究,首次提出治理结构是用于组织伙伴关系的正式契约结构(Formalcontractual Structures)。② 网络组织治理边界的基本内涵就是处理合作节点数量与网络组织治理边界之间的相关关系。③ 治理边界的核心思想就是应该把具有核心竞争优势的活动纳入整个网络。④

(3) 网络组织治理机制的研究

组织间协调理论认为组织之间的协调是一种方法或过程,而不是结果。⑤ 坎达丝·琼斯(Candace Jones)等从需求的不确定性、资产的专用性、任务的复杂性与交易频率四种维度入手,提出了网络治理的社会机制(限制性进入、宏观文化、联合制裁、声誉)。⑥ 孙国强在扩展JM模型的基础上,利用系统科学理论构建了以关系、互动与协同为主要内容的三维治理逻辑模型,⑦将网络组织的治理机制与治理逻辑进行了关联。

协同过程就是资源和技术共享的过程,⑧目的是使企业的整体效益大于由各独立组成部分总和的效应。协调是资源、市场、技术要素发挥作用的基础,组织结构中元素各自之间的协调、协作,能够形成拉动效应,以整合成本最小、总收益最大的形式推动事物共同前进。⑨ 企业实现协同效应可以通过寻求合理的运营、投资、管理、战略安排等方式,改善投入要素配置与环境条件。结点之间的长期互动可以使合作各方产生"价值观和谐"的归属感。

(三) 智能技术链与产业链的互动升级研究

对于技术领域的科技进步如何变革生产技术范式、驱动产业转型升级却

---

① Ahuja G. Collaboration networks, structural holes, and innovation a longitudinal study [J]. Academy of Management Proceedings, 2000,45(3):425-455.
② Gulati R. Alliances and networks [J]. Strategic Management Journal, 1998,19(4):293-317.
③ 孙国强.关系、互动与协同网络组织的治理逻辑[J].中国工业经济,2003(11):14—20.
④ 芮鸿程.企业网络的治理边界探析[J].财经科学,2003(05):69—72.
⑤ Oliver C, Alter C, Hage J. Organizations working together [J]. Clinical Orthopaedics & Related Research, 1993,187(4):228-34.
⑥ Jones C, Borgatti H S P. A general theory of network governance: exchange conditions and social mechanisms [J]. The Academy of Management Review, 1997,22(4):911.
⑦ 孙国强.关系、互动与协同网络组织的治理逻辑[J].中国工业经济,2003(11):14—20.
⑧ [美]迈克尔·波特.竞争优势——营造并保持最优表现[M].北京:中信出版社,2019.
⑨ 杜龙政,汪延明,李石.产业链治理架构及其基本模式研究[J].中国工业经济,2010(03):108—117.

缺少系统性的深入研究,尤其是对互联网技术促进制造业转型升级的研究,散见于网络状产业链、ERP、电子商务、大数据、智能制造等领域。

1. 技术链升级与产业链升级的互动关系研究

制造业升级的影响因素包括:技术进步、企业规模、市场结构、全球价值链、集聚效应和出口、行业和所有制。技术创新是产业结构升级的根本动力和决定性手段。产业结构升级是技术创新的展开过程和逻辑终点。[1]

2. 技术升级对产业升级的影响路径

产业升级是产业由低技术水平、低附加值状态向高技术水平、高附加值状态演变的过程。从长期看,技术进步是产业结构优化的根本动力。[2] 技术进步促进制造业结构优化包含制造业结构的合理化、高度化和高效化三方面。[3] 重大技术突破、产品创新往往能够创生一个新兴产业,或者促使原产业通过应用创新成果跨越原有的发展制约,进入更高层次的竞争均衡。按照约瑟夫·熊彼特(Joseph Alois Schumpeter)的观点,技术创新可能引入一种新的生产函数,从而提高社会潜在的产出能力。技术升级和国际技术转移对产业升级有结构高度化和结构合理化两个层面,不同技术进步路径对制造业结构合理化和高度化的影响机理与作用不尽相同。国际技术转移对东道国产业结构升级的效应不仅受市场化水平的约束,而且受吸收能力等因素的制约。[4]

3. 技术升级对产业升级的传导效应

技术创新对制造业结构的作用受创新结构、创新类型、创新成果转化、市场需求、生产要素的流动性等因素的制约和影响。发展中国家的后来企业在融入全球经济过程中所遇到的困难有技术缺口和营销缺口两类。[5] 在智能技术缺口方面,企业应用物联网技术受到价值创造能力和技术重振的影响。[6] 工

---

[1] 丁云龙,李玉刚.从技术创新角度看产业结构升级模式[J].哈尔滨工业大学学报(社会科学版),2001(1):78—81.

[2] 傅元海,叶祥松,王展祥.制造业结构优化的技术进步路径选择——基于动态面板的经验分析[J].中国工业经济,2014(09):78—90.

[3] 陈明森.自主成长与外向推动——产业结构演进模式比较[J].东南学术,2003(3):51—66.

[4] 文东伟,冼国明,马静.FDI、产业结构变迁与中国的出口竞争力[J].管理世界,2009(04):96—107.

[5] Schmitz H. Reducing complexity in the industrial policy debate [J]. Development Policy Review, 2007,25(4):417-428.

[6] Giudice M D. Discovering the Internet of things (IoT): technology and business process management, inside and outside the innovative firms [J]. Business Process Management Journal, 2016,22(2):263-270.

业互联网技术链决定了其产业链,产业链反作用于技术链。[1] 高汝熹等认为,可以区分基于技术承接关系的技术链和基于产品上下游关系的技术链,用"三链一力"的产业选择系统框架对之分析。[2]

4. 以技术升级促进产业升级的策略研究

技术链与产业链之间相互促进、彼此带动的关系,可归纳为技术进步推动产业发展和产业发展拉动技术进步两种起步模式。[3] 其中,技术进步是推动产业结构调整升级的内生动力。[4] 张其仔认为,应根据技术距离和产业度来决断是选择产业内升级还是产业间升级。[5]

三、关于智能价值链升级的研究

(一) 智能制造价值链升级的内涵

在营销能力提升方面,互联网的兴起模糊了产业的边界,[6]改变了企业的品牌战略和盈利模式,智能制造顺应个性化定制模式而兴起。互联网模式下的商业逻辑是"社群逻辑下的平台模式",其追逐的是连接红利。[7]

在企业能力方面,全球化时代产业升级的核心问题是产业集群如何通过协同演化,实现全球价值链分工地位的整体提升。[8] 消费者和智能联盟是企业与消费者、与合作伙伴协同演化动态能力的重要基础,协同演化的动态能力是企业实现智能化转型升级的关键。[9]

---

[1] 张巍,高汝熹,车春鹏.工业物联网技术链、产业链、价值链互动机理研究[J].上海管理科学,2010,32(06):51—57.

[2] 高汝熹,纪云涛,陈志洪.技术链与产业选择的系统分析[J].研究与发展管理,2006(06):95—101.

[3] 洪勇,苏敬勤.发展中国家核心产业链与核心技术链的协同发展研究[J].中国工业经济,2007(06):38—45.

[4] 张晖明,丁娟.论技术进步、技术跨越对产业结构调整的影响[J].复旦学报(社会科学版),2004(03):81—85.

[5] 张其仔.比较优势的演化与中国产业升级路径的选择[J].中国工业经济,2008(9):58—68.

[6] 毛蕴诗,蓝定.技术进步与行业边界模糊——企业战略反应与政府相关政策[J].中山大学学报(社会科学版),2006(04):109—113+128.

[7] 罗珉,李亮宇.互联网时代的商业模式创新价值创造视角[J].中国工业经济,2015(01):95—107.

[8] Giuliani E, Pietrobelli C, Rabellotti R. Upgrading in global value chains: lessons from latin american clusters [J]. World Development, 2005,33(4):549-573.

[9] 肖静华,毛蕴诗,谢康.基于互联网及大数据的智能制造体系与中国制造企业转型升级[J].产业经济评论,2016(02):5—16.

(二) 智能制造价值链升级的机制

当前"大规模、批量化"的生产模式正在向"柔性生产和智能生产、精益生产、灵捷制造"等三个方向升级,[1]以满足消费者个性化、主体化、多样化的需求变化。工业物联网作为信息技术与制造技术深度融合的产物,为生产制造方式的变革提供了技术支撑和平台服务,使柔性生产、精益生产能够突破封闭车间的局限,进入网络化的智能制造、灵捷制造的开放模式。[2]

一是通过加速社会化生产进程,推动智能化生产,改变产品的生产方式。[3]二是这种技术作用的方式表现为五个层次:局部应用、内部集成、业务流程重新设计、经营网络重新设计和经营范围重新设计。[4] 通过工业物联网三层技术链与产业链的互动,催生了新的产业生态和经济模式。[5] 三是在互联网模式下,资源配置方式发生四个方面的改变:客户成为中心、人才利用社会化、创新金融配置水渠道和制造资源云化。[6] 企业可以将消费者或客户的集体智慧融入创新过程,借助智能化集成提高人类脑力劳动的效率,使智能设备、智能网络和智能决策能够融为一体,[7]从而实现思想全球众智、资金全球众筹、业务全球众包,从而跳出企业做企业,广泛汇聚全球智力资源、制造能力,促进从封闭式创新转向开放式创新。[8]

二是工业物联网对制造业商业模式的影响。商业模式包含了价值创造的逻辑和商业资源的有效协调。[9]互联网模式下,企业价值创造的载体由单一的产品拓展到价值商店和价值网络两种价值经营模式。[10] 一是为客户解决特定

---

[1] 汪应洛,孙林岩,黄映辉.先进制造生产模式与管理的研究[J].中国机械工程,1997(02):63—73+124.

[2] 黄群慧,贺俊."第三次工业革命"与中国经济发展战略调整——技术经济范式转变的视角[J].中国工业经济,2013(01):5—18.

[3] 李晓华.产业组织的垂直解体与网络化[J].中国工业经济,2005(07):28—35.

[4] Venkatraman A Z. Relational governance as an interorganizational strategy an empirical test of the role of trust in economic exchange [J]. Strategic Management Journal,2010,16(5):373 - 392.

[5] 张巍,高汝熹,车春鹏.工业物联网技术链、产业链、价值链互动机理研究[J].上海管理科学,2010(06):51—57.

[6] 童有好.我国互联网+制造业发展的难点与对策[J].中州学刊,2015(08):30—34.

[7] 李培楠,万劲波.工业互联网发展与"两化"深度融合[J].中国科学院院刊,2014(02):215—222.

[8] 陈肇雄.工业互联网是智能制造的核心[J].中国信息化,2016(01):7—8.

[9] Osterwalder A, Pingeur Y, Tucci C L. Clarifying business models: origins, present, and future of the concept [R]. Communications of The Association for Information Systems, 2005.

[10] Stabell C B, Fjeldstad O D. Configuring value for competitive advantage: on chains, shops and networks [J]. Strategic Management Journal, 1998,19(4):413 - 437.

问题、提供个性化服务,成为新的价值创造载体。二是连接红利成为新的经济租金来源。价值链的主导权从生产商、中间商手中逐步转到消费者手中。[①] 社群提供的连接服务及其创新生态系统,日益使顾客成为厂商价值创造的来源和价值创造过程的组成部分。[②] 三是智能制造系统从内部封闭的智能活动转变为基于互联网及大数据的开放环境下的智能活动,形成了新一代的智能制造系统。[③] 制造业的商业模式和运作模式的改变,使得基于大数据的众包、用户自生成内容、共同创造等成为新的价值创造模式和价值传递路径。[④]

(三) 网络协同与智能价值链升级的关系

协同效应的产生需要多种因素的共同作用,要使预期转变为现实,就需要借助网络组织治理的手段。网络型治理模式意味着产业链上的权力分布日益均衡,单个企业的权力在企业边界外的模块间交易中被大幅削弱,[⑤]产业链治理日益表现为网络型治理模式。[⑥]

四、关于智能制造价值链升级策略的研究

关于互联网模式下向智能制造升级策略的研究非常多,代表性的策略有:一是从制造业服务化角度提出升级策略。简兆权分析了下游、上游、上下游和完全去制造化四条路径的特征和要求,提出走特定的服务化路子。[⑦] 童有好强调服务性要素对制造业的作用,提出"互联网+制造业服务化"融合发展思路。[⑧] 二是从供应链转型角度提出升级策略。如生产扩大化、生产虚拟化和互

---

① Franke N, Piller F. Value creation by toolkits for user innovation and design: the case of the watch market [J]. Journal of Product Innovation Management, 2004, 21(6): 401-405.
② 罗珉, 李亮宇. 互联网时代的商业模式创新价值创造视角[J]. 中国工业经济, 2015(01): 95—107.
③ 肖静华, 毛蕴诗, 谢康. 基于互联网及大数据的智能制造体系与中国制造企业转型升级[J]. 产业经济评论, 2016(02): 5—16.
④ 李文莲, 夏健明. 基于"大数据"的商业模式创新[J]. 中国工业经济, 2013(05): 83—95.
⑤ Das K T, Teng B S. Instability of strategic alliances: An internal tensions perspective [J]. Organization Science, 2000, 11(1): 77-101.
⑥ 李想, 芮明杰. 模块化分工条件下的网络状产业链研究综述[J]. 外国经济与管理, 2008(08): 1—7+17.
⑦ 简兆权, 伍卓深. 制造业服务化的路径选择研究——基于微笑曲线理论的观点[J]. 科学学与科学技术管理, 2011, 32(12): 137—143.
⑧ 童有好. "互联网+制造业服务化"融合发展研究[J]. 经济纵横, 2015(10): 62—67.

联网定制化三种升级路径,[1]以及传统企业利用电子商务进行供应链转型的重构式和渐进式两种战略更新模式。[2] 三是从资源配置的角度提出升级策略。如通过"融合—改造—创新",渐近式建立信息空间邻近型互联网＋产业集群。[3] 四是增强战略性新兴产业价值链关键环节控制力的升级策略。[4] 比如,朱瑞博提出战略性新兴产业核心技术链和区域产业跃迁式升级模型[5]。贾根良主张应从战略性新兴产业的核心技术和价值链高端入手,以防止中国战略性新兴产业发展陷入高端产业价值链低端化。[6]

---

[1] 唐光海.互联网思维下制造业产业升级路径与对策研究[J].中国集体经济,2015(03):22—23.
[2] 肖静华.从工业化体系向互联网体系的跨体系转型升级模式创新[J].产业经济评论,2017(02):55—66.
[3] 柳洲."互联网＋"与产业集群互联网化升级研究[J].科学学与科学技术管理,2015,36(08):73—82.
[4] 黄启才.我国战略性新兴产业发展与升级路径——基于全球价值链的视角[J].国际经济合作,2013(6):24—27.
[5] 朱瑞博.核心技术链、核心产业链及其区域产业跃迁式升级路径[J].经济管理,2011(4):43—53.
[6] 贾根良.第三次工业革命与工业智能化[J].中国社会科学,2016(06):87—106＋206.

第3章 技术链升级视角下的企业智能化

中国的产业在国际竞争中大多处于弱势地位,多数处于价值链的低端和技术链的末端,有的处于技术链的支链或侧链,或者是配套技术链和辅助技术链。中国产业技术链若长期游离于全球技术链之外,无疑有被边缘化和肢解的危险。因此,在产业全球化的浪潮中,中国产业升级的关键是本土的产业技术系统要与发达国家的先进技术体系对接,抓住国际产业转移的机遇嵌入国际技术体系,继而融进全球产业技术链,不断进行渐进性技术创新,实现产业技术的链内渐进式升级;与国际技术的发展保持同步,关注国外产业技术的走势与变化,预测产业技术的变化趋势,准确把握产业技术的极限,避免跌入产业技术创新的陷阱,及早感知产业技术变革的到来,及时研发产业替代技术,实现产业技术链的链间升级。可见,产业技术问题是产业升级的关键,从全球产业技术链的视角考察产业升级问题值得深入探讨。

本着与全球接轨的思想,三十多年来,中国一直扮演着技术追随者的角色。然而,随着智能制造技术的出现,整个技术体系由顺轨创新转变为跨轨创新和跨产业链创新,旧有技术体系和创新模式面临着人工智能技术、远程高速通信技术和数字化精密制造等技术的颠覆性创新,继续延续接轨全球、引进技术、模仿创新的思想,不仅不会加速我们产业升级的速度,反而会束缚中国在新一轮的产业变革中的思路,令中国失去抢占智能经济的技术优势、产业高地和标准制定权。因此,研究智能化背景下传统制造业的转型升级问题,首先需要从全球智能技术链的视角考察产业转型升级。

一、何为智能制造

工业生产就是一个解决供需匹配的过程,包含了从原料供应、工厂生产、市场销售、客户服务、消费等一系列的过程。基于新制造模式演进的视角,传统的生产制造方式是线性的流水线模式,而智能制造既可以进行流水线式的线性生产,也可以同步并联地组织协同生产,还可以借助数字化、智能化的生产技术,以服务制造的形式解决生产环节的各项问题。同时,智能制造还可以借助工业互联网平台,将生产制造过程的上下游企业连接起来,通过网络协同,对整个产业链上下游的资源进行优化配置。前者,是传统的狭义的智能制造,关注的是企业生产过程和企业内部生产组织的智能化;后者,是广义的智能制造概念,关注的是全产业链的资源优化配置。

(一) 智能制造的概念溯源

1. 智能制造的四种方案

智能制造的内涵十分宽泛。首先,智能制造源于新一代信息技术和智能技术向生产制造领域的渗透与融合,使得企业能够借助智能技术的动态响应能力、专家决策能力、精准执行能力,解决生产组织效率低下的问题。智能技术向生产制造领域的渗透与融合,使新一代信息技术得以贯穿预测、设计、供应、生产、组装、销售、管理、产品、服务和回收利用等生产制造的各个环节,企业借此可以逐步为生产制造体系克隆出一个能与物理实体一一映射的数字化孪生空间。智能决策系统通过这个虚拟的场景空间,甚至可以直接操作生产一线的设备。由此,智能决策系统可以通过设计数量模型、定量优化生产制造过程,实现"减少浪费、降低能耗、提升效率、节约成本"等一系列升级目标。

然而,实现这种未来制造的智能形态,还面临着一系列的技术难题。迄今为止,智能制造还没有一个统一的定义,国内外代表性的观点概括起来有中国工程机械协会的"知识和功能属性的定义"和中国科技部"信息化制造的定义"两种,[1][2]但均未说明"在智能制造体系中,是否还需要人类智慧?什么样的标准才算达到了智能制造?"不同的概念定义,会产生不同的核算和考核标准。定义模糊的背后,其实还是没有想清楚未来的工业生产体系是怎样的一种形态,我们需要怎样的制造业。因此,需要回溯各类"制造新模式"提出的背景,及其所试图解决的问题,以及不同智能制造定义所试图努力突破的瓶颈。这需要从制造新模式的思想源头,重新反思智能制造的功能定位,以及新技术与产业、智能技术与传统制造的关系。

---

[1] 中国机械工程学会.中国机械工程技术路线图[M].北京:中国科学技术出版社,2011.
[2] 中国科技部.智能制造科技发展"十二五"专项规划[R].北京:中华人民共和国科技部,2015.

(1) 基于人机合作和局部智能化的 IMS 概念提出

回溯智能制造的概念起源,可以发现自 20 世纪 70 年代以来,人类提出了多种制造新模式的概念,智能制造的概念随着新一代的科技革命的兴起而成为热门,其思路脉络并非一成不变,其内涵和架构体系仍在不断丰富。

Intelligent Manufacturing(IM)的概念最早于 1986 年被提出,美国普度大学的国家智能制造中心(National Intelligent Manufacturing Center in Purdue University)于 1987 年进一步研究了分布式智能制造单元和系统集成的技术。[1] 保罗·肯尼丝·怀特(Paul Kenneth Wright)将智能制造的概念局限于制造自动化,即通过将工人技能与专家知识的模型化,使智能机器能够根据模型自动进行小批量生产。[2]

2005 年国际"智能控制系统(IMS)计划"秉承了怀特的自动化生产的概念,将智能制造描述为 Intelligent Manufacturing,即能够通过数控机床的编程实现生产步调的自动控制和机器人的多任务应用。这个定义与中国科技部的定义类似,突出了"智能技术与制造技术的结合、变品种、变批量、制造技术革命"等智能制造的典型特征。在 IM 的概念体系下,智能制造并没摆脱人工的干预,而是与人类专家的智慧进行合作,逐步在生产制造过程中实现对人类智慧的延伸、局部取代,即智能制造系统是一个半自动化系统,智能技术在其中主要发挥"辅助和支持"的作用。

(2) 侧重人类智慧(Smart)的健康可持续制造

国际上对智能制造的"智能"主要用"Intelligent"和"Smart"两个单词来表述。Intelligent 有两个含义:一是面对新情况和新问题的应变能力;二是有效的推理能力和推断力。Smart 的含义:一是快速的领悟力;二是随时捍卫和维护自己利益的能力。最初常用的是 Intelligent 制造,现在则主要是运用 Intelligent 技术的 Smart 制造。Smart 和 Intelligent 强调的不一样。Smart 强调的是结果,而不是技术或制造本身,它并不是人工智能,而是人类的智慧,但利用的是智能技术。

美国和欧洲都在用 Smart 这个单词,美国人讲 Smart 制造,欧洲人讲 Smart 工厂,这里都称为智能,但意思是智慧,是一种追求结果的意思。Smart

---

[1] 王天然,刘海波. 自动化制造系统的产生与发展[J]. 信息与控制,2000(06):481-487.
[2] Wright P K, Bourne D A. Manufacturing intelligence [J]. Scientific American,1989,261(6):100-102.

制造反映的是"精益、可持续、节能、绿色、低成本、柔性以及标准化、教育提升、知识产权保护、资源共享"的制造理念,并非单纯地用智能技术改造传统制造业,也不是简单地将众多的智能技术集成于生产制造体系。Smart 概念区分为物联网、大数据等作用层次,是一个"数据—信息—知识—个体智慧—集体智慧"的转换过程,智能制造既是终极目标,也是实现集体智慧的手段。[①] Smart 制造基于系统集成、产品全生命周期和可持续发展的理念而提出,通过动态传感与信息感知、知识学习与内容表达、知识推理与自主决策、智能决策与执行等一系列过程,实现智慧制造。

然而,美国各界并没有对 Intelligent 和 Smart 完全达成一致意见,至今仍能在政府部门和研究机构的报告中发现概念混用的现象。比如 2011 年 6 月,智能制造领导联盟(SMLC)发表的《实施 21 世纪智能制造》报告,其概念内涵就是"智能工厂制造",而非 Smart。2014 年 12 月,美国能源部组建了"智能制造创新研究院"(CESMII),牵头推行"清洁能源制造创新机构之智能制造"(Smart Manufacturing)计划。该计划用"Smart Manufacturing"来表述智能制造,但定义却是:智能制造是在车间、工厂和整个价值链内,对业务、物理实体和数字流程进行信息驱动、事件驱动、效率和协作的协调。智能制造可以实现的利益有四个:成本/盈利能力(Cost/Profitability)、资产可靠性(Asset Reliability)、质量(Quality)、能源效率(Energy Productivity)。这其实是"智能工厂"的实时管理概念。智能制造创新研究院于 2017 年发布的《Roadmap 2017-2018》,同样强调智能制造的"业务"第一性,认为智能制造的最终落脚点应当是优化业务(Optimizing Business)。

中国的同样存在 Intelligent 与 Smart 概念混用的现象,其实 IM 的概念体现的是狭义的智能制造,而 SM 体现的是广义智能制造的概念,两者差异见表3-1。

(3) 立足于"可再生能源转型"的第三次工业革命

对于智能制造的定义不仅仅局限于 Intelligent 和 Smart 的概念,互联网、物联网、大数据等技术领域的快速发展,也引发了制造业模式的变革,代表性的方案有德国的工业 4.0 战略(Industry 4.0 Strategy)和美国的第三次工业革命(The third Industrial Revolution)。两种提法的内涵都超越了狭义的智能

---

① 谭建荣,刘达新,刘振宇等. 从数字制造到智能制造的关键技术途径研究[J]. 中国工程科学,2017,19(03):39—44.

制造,认为未来工业的特征是工业互联网,终极目标是智能经济。

表 3-1　Intelligent 制造过程与 Smart 制造过程的区别

种类	狭义的智能制造过程	广义的智能制造过程
过程描述	指工厂和车间的生产过程的智能化,即依托自动化生产系统,通过收集原料供应、生产加工、产品装配等一系列工艺生产过程的数据,连接到智能生产控制系统,提出优化的生产方案、协同制造和设计、个性化定制等方案,提升改变原材料或毛坯的几何形状或物理化学性能的过程,最终形成各种用途的产品的智能化生产及控制过程	指将可用的资源(如物质、能量、信息等)转化为可供人们利用或使用产品的过程,主要包括:一些具体的工艺活动,以及与产品制造相关的需求分析、产品设计、工艺规划、生产准备、作业计划、加工装配、质量保证、销售、售后服务以及报废产品回收等一系列相互联系的活动。涵盖产品全生命周期
过程流程	生产策划—工厂设计—生产线设计—建设投产—产品制造—今后服务—生产转型	需求分析—概念设计—产品设计—试制试验—产品制造—使用维护—回收报废

资料来源:作者编制。

杰里米·里夫金(Jeremy Rifkin)首次提出"第三次工业革命"的概念,[①]认为新能源和新通信技术的成熟和应用引发了第三次工业革命,推进人类社会向可再生能源转型,从而实现节能、低碳、绿色经济和可持续发展。第三次工业革命有"五大支柱",即向可再生能源转型、建筑微型电厂化、建筑储能化、智能电网、电池动力车。第三次工业革命的概念更偏重从能源可持续发展和应用智能技术、能源共享网络等绿色科技的角度,讨论人类社会的生产消费范式变革。

德国工业 4.0 的概念至少包括两层内涵:一是技术(Combining Technology)、机器人(Robotics)、人工智能(Artificial Intelligence)、自动化(Automation)。重点关注设备综合效率(Overall Equipment Effectiveness, OEE),包括成本、效率和能耗。二是实现赛博物理系统(Cyber Physical System)。2015 年 4 月,德国工业 4.0 工作组发布《工业 4.0 白皮书》(Industry 4.0 Whitepaper),提出"在产品生命周期内,所有参与价值创造的相关实体形成网络,通过工业连通(Industrial Connectivity),实现所有相关信息的实时共享。以此完成动态网络(Efficient and Effective Manufacturing

---

① (美)杰里米.里夫金(Jeremy Rifkin).第三次工业革命[M].北京:中信出版社,2012.

Process)、实时优化(Increase Capacity Utilization)和自组织"。

(4) 以产业数字化和全球开放网络为标志的工业互联网体系

通用电气公司于2012年提出工业互联网的概念,倡导建立将人、数据和机器相互连接的全球工业网络。相比学术界提出的"第三次工业革命"的概念,工业互联网概念由企业提出,更具问题导向性和可执行性。如果说"第三次工业革命"的概念侧重从生态、能源的视角,探讨人类工业文明的未来走向,观点前瞻但基本没有可供实施的发展计划。那么,"工业互联网"一开始就是针对制造业如何适用互联网世界这个具体的问题而展开讨论的,并明确提出了"智能设备、智能系统和智能决策"三大核心要素,以及信息物理系统的环境交互。

2. 智能制造的提出背景及其思想脉络

四种智能制造方案各具特色,均自成体系、逻辑自洽。各国也均相应推出了发展的蓝图和智能化项目,甚至是完整的智能化无人工厂。面对如此众多的智能化方案、项目和概念,无论是企业还是政府部门普遍表现出无所适从,至今没有形成统一的认识,因此,有必要先从智能制造的提出背景出发,梳理智能制造的思想脉络,理清各个新型制造模式之间的关系,以及各个制造新概念试图解决的现实问题和面临的发展困境,给出对智能制造的内涵理解,以及智能制造的准确概念定义,由此展开后续的研究和讨论。

(1) 智能制造提出的背景

人类的生产制造方式与科技的发展进步密切相关,总是在既定技术条件下,沿着技术领先、效率最优或者成本最优的思路不断改进、持续升级。总结人类生产制造系统的升级历程,可以发现其升级路径是人类社会生产供应能力升级与社会需求升级循环互动的结果,是一种问题导向、逐步改进的升级路径,具体表现为:劳动密集型纺织工厂(蒸汽动力、纺织业主导)—机械化生产流水线(电气革命、钢铁工业)—自动化生产线(控制系统出现、科技大爆炸)—计算机集成制造,分别发挥机器控制与人类智慧的优势。

20世纪50年代以来,制造业的转型升级由机械制造技术时代进入现代制造技术时代,自动化控制技术的引入进一步提升了工业生产的效率,极大地提升和丰富了社会商品的供给能力。工厂化流水线生产的普及和全球产业链体系的完善,从总体上解决了人类社会长期面临的商品短缺问题,由此也导致生产制造企业日益陷入激烈的"红海竞争"。企业如果想进一步增加利润空间、改善盈利能力,要么重新瓜分既有的市场份额,要么开辟新的市场空间或者引致新的消费需求,即企业的利润增长要么榨取最后的边际收益,要么取决于需求曲线向右侧的移动。但消费者的需求曲线是否会向右侧移动,则取决于基本生存需求满足后,新生的更高层次、更高质量、更具特色的市场需求。

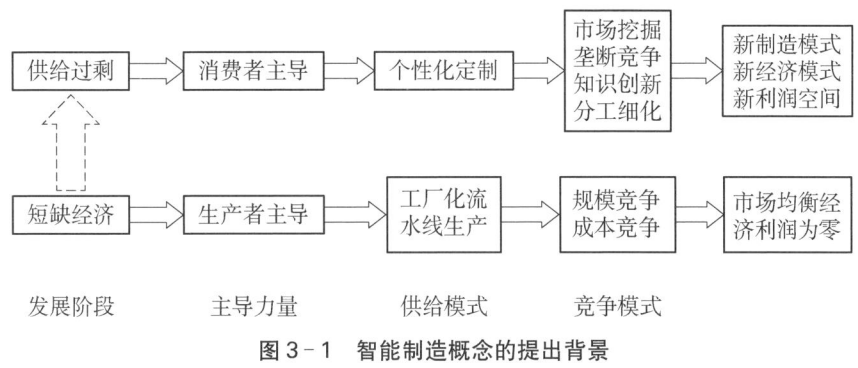

图 3-1 智能制造概念的提出背景

资料来源:作者绘制。

对此,企业家主要采取了三种应对方式:

一是进一步提升生产系统的自动化水平。通过提升供给端的生产效率来降低单位产品的生产成本,从而从市场的规模竞争、效率竞争和价格竞争中胜出。同时,积极借助科技革命的力量,推动突破性的技术创新和产品创新,创造出新的市场空间,以期在新一轮的供需循环中赚取超额利润。从 20 世纪 60 年代的数控机床,到 70 年代的直接数字控制技术(DNC)、制造资源计划(MRPII),再到 80 年代的企业资源计划(ERP)、制造执行系统(MES),再到 90 年代的供应链管理(SCM)和客户关系管理(CRM),都是这种强化信息技术应用、提升供给端自动化生产能力的产物。

二是进一步提升生产组织体系的管理效能。传统制造企业的生产协作体系已经基本成熟,但无论是企业内部的生产组织管理环节,还是企业间的生产协作过程,乃至从工厂到消费者的流通环节,都普遍存在信息迟滞、商品积压问题,改进空间巨大。比如,即使是到了 2016 年,中国全社会物流总费用占 GDP 的比重仍高达 15%,而美国 2010 年的该指标就已经是 8.3%。两者的差距代表了社会生产组织体系累积可以节约的费用,对企业提升盈利意义重大。为此,出现了柔性制造系统(Flexible Manufacturing System,FMS)、计算机集成制造系统(Computer Integrated Manufacturing System,CIMS)等一系列先进制造业概念,以通过管理创新,有效降低企业内部、企业之间和全社会生产协作和商品流通的成本。

三是进一步提升产销匹配程度。传统制造是以规模化生产的模式满足消费者对商品功能的需求,这种以量取胜的供应模式并不能真正满足消费者的需求,供给与需求之间常常存在着品种、数量、地区和供应时间的错位,也由此会在流通环节和终端消费环节积压大量的过期商品,中间损耗巨大、浪费严重,侵蚀了企业的利润空间。对此,企业一方面利用既有技术在需求端进一步深挖市场的个性化需求,开发长尾市场,刺激个性化消费需求的增长,推动供给与需求的精准匹配。比如通过以销定产、订单生产等模式,努力提高产品的市场认可度和产销匹配度,个性化定制生产的概念应运而生。

上述三种应对方案只是众多制造业升级方案中的代表。无论是供给端的改造升级,提升生产企业的市场响应能力,还是中间流通环的缩短渠道长度、降低中间损耗,抑或消费端的产销精准匹配、扩大消费市场,其视角都是站在生产者的角度,重点解决传统制造在发展中所遇到的各类瓶颈问题,因此被统称为"先进制造"。然而,经过数十年的发展,这些先进制造的概念和模式一方面在不断丰富,另一方面也实际运营中遇到一系列的问题,甚至陷入发展的困境。如何实现物资流、信息流、商品流与企业的实际生产资源高度匹配,如何使企业间的生产协作过程更为顺畅,是制造业下一步需要重点突破的两个难题。制造新模式因此应运而生。

(2) 先进制造模式的历史比较

上述先进制造的概念包括:先进制造(Advanced manufacturing, AMT)、柔性制造(Flexible Manufacturing System, FMS)、数字制造(Digital Manufacturing)、智能制造(Smart Manufacturing, SM)、零库存生产(Zero stock Production)等多种概念。它们大体可以归纳三类:一是精密制造和生产自动化的概念。如精密制造、自动化制造等,主要围绕克服大规模工业生产流水线所面临的各类问题展开,核心思路是"机器替代人工"。二是围绕如何从供给端解决最终消费需求日益多样化的问题。如敏捷制造、柔性制造的概念,主要围绕着提升生产组织体系的灵活性展开。三是服务型制造。随着软件定义机器的出现,产品的消费过程更多地体现为对商品功能的消费,商品的竞争力更多的体现为其服务生态体系的构建,比如苹果粉、各种小众的社群。此时商品的物理实体本身只是提供一个载体和平台,而真正的业务功能则通过在硬件实体上运行的软件来实现。服务型制造因信息技术、网络产业的发达而日益盛行,也使得制造业的生产模式发生改变。

一是以"敏捷制造"(AM)应对开发长尾市场的需求。通用电气与理海大学(Lehigh University)于1988年共同提出了"敏捷制造战略"(Agile Manufacturing Strategy)。1991年理海大学的罗杰·内格尔(Roger N. Nagel)和里克·多夫(Rick Dove)等专家联名向国会提交了《21世纪制造业发展战略》(*Development Strategy of Manufacturing Sector in 21st Century*),正式提出要利用美国信息技术的优势,借助敏捷制造和虚拟企业战略(The virtual enterprise strategic)夺回制造业的世界领先地位。敏捷制造概念的核心是利用信息技术集成柔性先进制造技术、成熟的知识技工、灵活的管理,通过快速响应市场变化,最大限度地满足顾客的需求。

所谓敏捷制造,典型的模式就是面向消费者的个性化需求,企业通过"企业间的协作集成、高度柔性制造、人力资源优化"等举措,实现多个企业的合作设计、合作开发、合作制造,以快速响应顾客的需求和服务驱动的市场,从而以定制生产,实现市场份额的扩张和利润的提升。其策略是以细小市场的累积,开拓出更大的利润空间。

二是以"柔性制造"改进企业内部生产组织的效率,提升对市场需求的响应能力。实现敏捷制造,不仅需要全面压缩企业的信息收集、市场分析判断和企业决策时间,而且需要始终确保产品和服务的质量。对此,传统的刚性生产系统采取了通过自动化生产,以机器替代人工,从而实现生产效率的提升和产品质量的精准控制的解决思路。然而,现代工业生产是一个有机的整体,同时受技术、人和经济等多方面因素的制约。整体自动化的水平不仅需要提高各个环节的自动化程度,而且还需要通过系统集成设计,实现整体最优。柔性制造对每一个自动化单元和整个系统的集成都提出了非常高的要求,也不可避免地在实际运行中遭遇众多复杂的技术问题,因此迟迟未能大规模推进。

三是服务型制造。随着软件和服务在终端产品和生产过程中所占的比重越来越高,服务型制造的概念日益成为现实。由于生产性服务能为制造业带来众多的收益,服务型制造因此成为制造企业突破红海竞争、开创利润增长新空间的重要方向。数据成为重要的生产要素后,服务型制造利益于数字要素可无限复制、可远程服务的优点,迎来了新一轮的发展热潮,服务活动越来越成为企业知识创新、知识交易的载体,并改变了生产制造的产品形态。

3. 先进制造的困境与智能制造的提出

企业的上述应对举措取得了巨大的成功,但面对新的发展形势,尤其是资源和环境的制约和市场竞争的加剧,这些生产技术创新、组织模式创新也日益面临着新的发展瓶颈。

表3-2　　　　　　　　先进制造模式的特征比较

先进制造模式	概念提出	主要内容	对企业生产经营的作用
敏捷制造（Agile Manufacturing）	理海大学（1991）《21世纪制造业发展战略》提出	利用高度发达的信息技术，通过快速配置各种可用资源，响应不断变化的商业环境及时调整产品结构，以最大限度地满足用户多元化的需求	提高企业在不断变化、不可预测的经营环境中的应变能力，对企业深入分析市场动态需求的战略导向提出要求
绿色制造（Green Manufacturing）	美国制造工程师学会（SME）发表的绿色制造蓝皮书（1996）提出	环境友好、资源节约型制造，如绿色设计、绿色材料、绿色工艺、绿色包装和绿色处理等	降低从生产到消费回收全过程对环境的负面影响，最大化资源使用效率，保证企业经济效益和社会效益协调发展
现代集成制造（Contemporary Integrated Manufacturing System）	最早由中国"863"项目内容管理系统研究团队的（CMS）主体成员提出，是对早期计算机集成制造系统的新发展，也被称为新一代CMS	现代信息技术、管理技术和先进制造技术的综合运用贯穿产品生命周期各个阶段，通过信息集成、过程优化和资源优化，实现物流、信息流、价值流的集成优化运行	帮助企业实现集成化、网络化、数字化和智能化生产与经营
大规模定制（Mass Customization）	斯坦·戴维斯（Start Davis, 1987）最早提出Mass Customization的概念，B.约瑟夫·派恩（B. Joseph Pine, 1993）在《大规模定制：企业竞争的新前沿》一书中作了进一步研究	运用信息技术、新材料技术和柔性制造等技术，重构产品生产制造流程，实现批量生产与个性定制的协调、共容	通过增加顾客对外部多样性的可感知性，满足个性化需求；同时将产品生产部分甚至全部转化为零部件的批量生产，以达到降低成本、提高质量的统一
精益生产（Lean Production）	日本丰田最早推出准时制（JIT），MIT进一步将其延伸为精益生产与精益企业	强调生产过程高度精简与产品零缺陷和零库存，最大限度减少企业生产所占用的资源，降低企业管理和运营成本	企业的节俭文化

资料来源：根据公开资料整理。

一是基于人机工程的自动化生产制造面临技术发展的瓶颈。传统的自动化流水生产线建立在标准化生产的思想基础之上，其重点是人机工程。即以机器为主，人按机器的思路进行工作，或根据人的特点，使机器尽可能地服从人的习惯。[①] 这种着眼于最大化机器效率、使人更高效地应用机器的智能化思路，试图通过研发超级智能机器（Superhuman Intelligence），以克服先进制造所面临的"系统集成困难、小批量生产成本过高"等问题，比如日本的第五代智能计算机、波士顿动力的超级大狗都是这种机器智能化思路下的产物，且至今仍为是制造业转型升级的重要方向。然而，人机工程、人机界面、超级机器、无人工厂都是以"自主"系统为目标的升级路径，先天就无法摆脱"机器智能化"在技术体系上的局限性和社会伦理道德的争议。人工智能（AI）系统的研发是否能够满足复杂环境的自主决策，始终是一个制约自主化生产系统的关键性瓶颈问题，这也导致"人机一体化"的计算机集成制造系统（CIMS）的出现。

二是计算机集成制造难以适应异质异构环境的复杂性。面向制造过程自动化的计算机集成制造系统，其核心设计思想是用中心计算机作为控制核心，建立一个集中式结构的递阶信息网络，将各自动化子系统连接到网络中，以此集成物流与信息流。以"人"在计算机集成制造系统所扮演的角色不同为标准，计算机集成制造可以分为几种：首先是以人为主的"人机一体化的系统"。[②] 该系统由人与机械共同组成，依据人与机器的不同特长，安排其最擅长的工作。然而，这种系统天然存在异质异构环境连接的困难的问题，同时照顾各方优势的思路，却导致慢速的手工操作难以匹配高度自动化的生产节奏。其次是开放结构的计算机集成制造体系。开放结构的计算机集成制造强调"人"在系统中的重要性，将计算机集成制造称为"人的集成系统"（Human Integrated Manufacturing System，HIMS）。然而，专家人才经常短缺，难以进行大范围的及时合作，导致一些专门技能无法及时而长久地提供。尤其是面对柔性制造的复杂性和时效性，人的集成常常缺位。第三是 OKP 系统（One of A Kind Production）。OKP 系统同样面临如何协调人与自动化技术的矛盾，控制投资成本与发挥人的效能之间，难以实现平衡。

三是生产管理系统的组织效率远远落后于生产制造的效率。根据杨叔子的研究，近百年来生产制造过程的效率相比生产管理系统的提升了 10—12 倍。[③] 其主要原因在于，制造过程的效率提升主要取决于机械系统的自动化水

[①] 路甬祥，陈鹰. 人机一体化系统与技术——21世纪机械科学的重要发展方向[J]. 机械工程学报，1994(05)：1—7.
[②] 钱宇，顾新建. 制造系统未来的主宰——敏捷型劳动力[J]. 航空制造工程，1996(3)：8—10.
[③] 杨叔子，丁洪. 智能制造技术与智能制造系统的发展与研究[J]. 中国机械工程，1992(02)：18—21.

平,目前已基本不存在技术瓶颈,而生产管理系统的效率仍然依赖人脑的智慧,受制于人体的生理极限。这也就是说生产制造系统的硬件装备(如同人类的四肢)已经实现了机械化和自动化,但负责组织协同的生产决策系统(如同人类的大脑)依然停留在分散决策和有限联网的阶段。生产组织活动对人类智慧的依赖,导致生产组织的过程始终受制于人类生物躯体的功能局限,难以匹配标准化自动流水线的效率。因此,未来的提升空间主要来自对非标产品的适应性、对不同应用场景的适应性,核心目标是实现决策智能化。

四是生产自动化始终面临信息集成的瓶颈。20世纪兴起的企业信息化是按分系统推进的思路实施的,因此形成了一系列的信息孤岛。[①] 只有打破这些信息孤岛,才能真正实现信息的自由流动,实现高度集成的生产自动化,真正提升整个制造系统的自组织能力。计算机集成制造系统试图通过高度集成的方法,建立新一代的人机一体化系统,实现人类智慧与机器性能的高度融合。

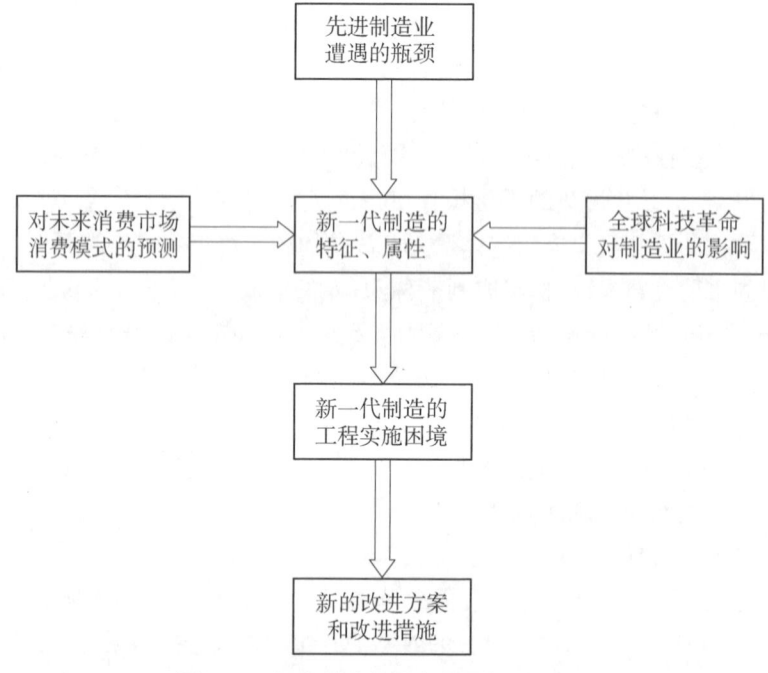

图 3-2 智能制造的提出背景与分析思路
资料来源:作者绘制。

[①] 赵东标,朱剑英.智能制造技术与系统的发展与研究[J].中国机械工程,1999(08):95—99.

五是知识经济的兴起，改变了价值的创造模式，制造业加速向数字化、智能化生产制造生产方式的转型。知识经济时代到来，对知识资源的占有、配置、生产、分配和消费日趋重要。[①] 服务型制造是知识经济时代的一种制造模式，从本质上讲知识经济就是数据要素、智力资源成为一种重要的生产要素，参与生产制造的过程，从而推动经济由要素投入推动的线性的"外生增长"，转变为指数级别的"内生增长"。数据要素、知识资源对企业的重要性，甚至会超越资本、土地等传统要素，成为决定企业竞争成败的关键因素。这样制造企业的转型升级，就转变为围绕知识经济特征展开，具体包括以下四个方面：第一，服务型制造成为重要的生产模式，产品形态、生产制造过程都发生重大转变。[②] 第二，生产制造过程的知识含量日益增加，产品的"含知量"成为影响胜负的关键。第三，价值链的分布形态由各个环节的知识含量和知识创新能力决定。第四，制造企业间的协同既是任务的协同，也是知识的协同，虚拟企业、网络集群因此将成为常态。

互联网的迅猛发展为这种策略提供了施展空间。互联网颠覆了传统的"二八法则"，头部企业能够凭借互联网和资本的力量迅速消灭竞争对手，将市场带入垄断竞争的格局，导致第三名和众多中小企业只能分享剩余的20%市场。但互联网同时也赋予了消费者更多的市场选择权和话语权，来自消费者的需求拉动成为企业利润增长的主要动力，非主流元素所形成的个性化"长尾空间"能够为企业带来更加丰厚的利润，比如谷歌的广告收入、亚马逊书籍销售中有50%以上的利润都来自个性化的长尾市场。面对互联网时代的市场需求变革，供给端的制造企业首先需要适应互联网时代个性化消费潮流更加多变的趋势，及时抓住市场商机，提供出适销对路的商品，个性化定制生产、敏捷制造等概念应运而生。而智能制造技术的技术进步，则使得新概念、新思想成为现实，智能制造系统因此进入了实用阶段。

（二）智能制造的定义和内涵

1. 智能制造的内涵

根据以上分析，我们可以看出智能制造的概念始于20世纪80年代，核心是用人工智能技术解决先进制造所遇到的问题。20世纪90年代，智能制造技术和智能制造系统的架构体系成型，21世纪通过分析总结先进制造尤其是计

[①②] 张曙. 美国的"下一代制造"和我们的对策[J]. 中国机械工程，2000(Z1)：106—109+5.

算机集成制造所面临的一系列瓶颈问题,智能制造的概念得到了快速的发展。

正是由于智能制造是建立在应用新的信息技术、智能技术,通过渗透与融合的方式解决先进制造模式所遇到的问题,所以智能制造这个概念也是在不断发展完善中,在不同的时期,有不同的定义和内涵。宋天虎、杨叔子和吴波、熊有伦等、卢秉恒和李涤尘都从不同的角度定义了狭义的智能制造,即应用人工智能技术、信息网络技术等解决生产-消费过程中所面临一系列问题。[1][2][3][4] 工业和信息化部、财政部在《智能制造发展规划(2016—2020年)》文件中也采取了类似的定义,即智能制造(IM)是基于新一代信息通信技术与先进制造技术深度融合,贯穿于设计、生产、管理、服务等制造活动的各个环节,具有自感知、自学习、自决策、自执行、自适应等功能的新型生产方式。

根据上述定义,智能制造主要包括以下几个领域:一是智能设计。智能设计即应用信息技术和人工智能技术,运用模拟人类思维方式、联想设计和进化设计等多种方式,实现辅助人工设计的功能。智能设计系统是企业知识生成的发生器,位置十分重要。随着人机智能化设计系统和专家系统的成熟,目前,智能设计系统已经能够实现全三维数字量的网络协同设计制造。比如波音公司的787飞机设计就采用了全新的三维模型的数字量设计方法,使设计人员可以彻底扔掉绘图板,大幅提升了设计的效率。

二是产品智能化和智能产品。产品智能化意味着产品不再局限于基本的消费功能,而是信息网络体系中的一个智能终端、一个网络信息节点。智能产品为消费者提供虚拟的应用场景,并通过场景平台接入工业互联网的数据中台,实现智能产品对实体物理世界的操作。同时,智能产品本身也可能仍然具有实体的物理功能,比如特斯拉汽车、苹果手机,不仅仅是一台汽车、一台手机,更是一个人机交互的平台、数据接收和发送的智能终端,是一个集硬件功能、内容服务、数据集成和用户定制消费为一体的互联网终端,未来还可能成为用户参与设计、生产和消费的场景平台。

三是智能装备。狭义的智能制造系统由"智能单元、智能装备和智能工厂"三个层次构成,以信息技术深度嵌入为代表的智能装备是智能制造的基础载体。企业以自身拥有的智能装备构成智能车间或者无人工厂,这是智能制

---

[1] 宋天虎. 先进制造技术的发展与未来[J]. 机器人技术与应用,1999,2(15):6—8.
[2] 杨叔子,吴波. 先进制造技术及其发展趋势[J]. 机械工程学报,2003,39(10):75—78.
[3] 熊有伦等. 数字制造与数字装备[J]. 航空制造技术,2008(9):26—29.
[4] 卢秉恒,李涤尘. 增材制造(3D打印)技术发展[J]. 机器人技术与应用,2013(4):2—4.

造企业的硬件基础设施。智能装备能够生产定制设计的智能产品、通用智能产品和通用智能模块,是各个智能企业生产能力的主要标志。企业内外部的智能装备能够根据智能决策系统的网络协调,进一步组成动态的虚拟生产线,实现高度柔性化的生产组合和动态协同。

四是生产制造过程智能化。高度自动化、智能化的生产线以及智能化的生产方式和方法的普遍应用是智能制造的基本特征,即具动态感知、智能传感、自主决策、动态重组等功能的生产制造,这离不开物联网技术、精确定位技术、智能机器人、工业互联网等新一代的人工智能技术、网络技术和精益制造技术,以实现生产制造过程的精确计量、精准定位、实时响应和密切协同。

"第三次工业革命"则是立足于人类社会由工业化向智能化进化的视角,定义了一个广泛意义上的智能制造。这种广义的智能制造至少应包括"新能源革命(New energy revolution)、新材料革命(New material revolution)、新农业革命(new agricultural S&T revolution)、新信息技术革命(New information technology revolution)和制造业的数字化革命(The digital revolution)"。这意味着广义的智能制造扩展到能源、材料和农业等领域,是一个更为宽泛的概念。

一是新能源革命。其目标是向可再生能源转型,加速世界向后石油经济时代过渡。其提出的途径有三种:第一是解决新能源的储能问题。太阳能、风能这些新能源不像化石能源那样能够长期储存,必须寻找到可以及时存储、转化的方法,才能解决生产过程的节能、低碳、高效问题。第二是大功率蓄电池的研发。有了大功率的电池,才能解决生产制造过程中各种智能单元、智能装备、智能产品的动态重组问题,否则无人工厂在某种程度上也只能是新一代的固定式流水生产线。其解决办法是应用纳米技术等新材料技术,开发新的储能电池。第三是推进新能源运输工具。比如锂电池汽车、无人驾驶等。

二是新材料革命。首先是智能制造业需要智能化的物料,所谓智能物料包括物料的智能识别、智能物料仓储管理、智能物料的动态分配。其次是指研发新型复合材料和纳米材料,满足更高的性能、更强的功能和更轻的重量等指标,从而克服传统材料在智能化生产过程中所遇到的问题。

三是新农业革命。将新农业革命纳入智能制造的范围,其思想是农业生产工厂化,即从绿色农业的概念出发,围绕基因工程、种子产业、智慧农业、可溯源体系等各环节,应用智能技术,实现农业生产的标准化、定制化和智能化。

四是新信息技术革命。第一是新一代的人工智能技术研发与应用;第二是应用新一代的信息技术、网络技术改造传统的产业;第三是发展平台经济、重构经济、社会发展的新基础,改变人类的生产生活方式。

五是制造业数字化革命。其核心是实现产品由大工业时代的大规模生产转向"大规模定制",主要手段首先是使用3D打印机为代表的新型生产设备,结合分布式新能源技术,实现能源供应、产品生产和个性化消费一体化,就地设计、就地生产、就地销售。其次应用智能技术实现产品从设计到生产再到销售的全过程数字化、智能化,从而简化流程、降低成本,并大幅缩短生产周期和运送距离。

2015年,工信部公布的"智能制造试点示范专项行动",也部分体现了广义智能制造的相关诉求,但该文件的具体内容,仍主要是讨论发展狭义的智能制造。在该文件中,智能制造被定义为"先进制造过程、系统与模式的总称""以网络互联为支撑""核心是实现关键制造环节智能化"等,基本是"现代集成制造(CIM)+精益制造(LM)"的智能化升级组合。

2. 狭义智能制造与广义智能制造

根据上述定义,智能制造可以进一步分为狭义的智能制造与广义的智能制造。狭义的智能制造仅指生产制造领域的智能化,主要包括五个部分的技术升级:研发环节的数字化、生产制造环节的数字化、物流运输和服务环节的智能化、企业管理信息化和决策智能化、生产制造系统的工业互联与网络协同。其中,生产制造企业可以区分为离散型制造和流程型制造两类,两者的智能技术升级的内容区别主要集中于研发环节的数字化和制造环节的数字化,而在物流、企业管理和工业互联网等部分的技术升级则存在极大的通用性。

同时,传统制造企业向智能化的转型升级不仅仅是上述技术升级到智能生产方式升级的过程,而且是生产-消费范式和生产组织模式的转型过程,这决定了企业由"单点数字化—生产过程智能化—网络协同知识创新"的智能技术升级过程,是一个持续动态演化的过程。我们将这种包含整个生产消费循环的体系称为广义的智能制造。

3. 智能制造的定义

面对众多的智能制造概念和定义,需要首先解决两个问题:怎么样才算是智能制造?用什么标准衡量"智能制造"?根据《中国制造2025》的定义,以及赫希曼(Hirschman)、吴金明、邵昶、任宇等对智能制造的定义,[1][2][3]笔者将智

---

[1] Hirschman A O. The strategy of economic development [M]. New haven: Yale University Press, 1958.
[2] 吴金明,邵昶. 产业链形成机制研究——"4+4+4"模型[J]. 中国工业经济,2006(4):36—43.
[3] 任宇. 中国与主要发达国家智能制造的比较研究[J]. 工业经济论坛,2015(02):68—76.

能制造定义为基于新一代信息技术与人工智能技术,依托工业互联网平台和5G远程通信网络而形成数字化网络化制造。也即笔者采取了狭义的智能制造概念,将智能制造定义为以智能工厂为载体,基于工业互联网平台,涵盖了从原材料供应、智能设计、生产加工到消费者消费及其后续智能化服务的整个生产链条。

(三) 智能制造的特征

1. 智能制造的生产制造特征

比较传统制造与智能制造的生产方式差异,有利于从特征定性的角度,衡量"何为智能制造",从而为"何以智能制造"提供参考坐标。

智能制造的特征是相对于传统制造而言的。所谓"智能"是一种拟人化的表述,人类的智能包括感知力(视觉、听觉、味觉、嗅觉、触觉和直觉等)、记忆力、思维力、语言表达力和行动能力。将感觉进行记忆和回忆,经过思维后转化为语言和行为的整个过程称为智能过程。其中从感觉到记忆再到思维的过程,我们称之为"智慧"。[1]

智能制造的智能是一种机器智能,是从模拟人类智能活动发展起来的,目前已经衍生发展出感知智能、分析智能、传输智能、决策智能直至精准执行等众多功能。如此范围宽广的机器智能,其基本原理都与控制论的"感知—分析—控制—反馈"循环有关。大数据、5G网络、芯片技术的飞速发展,则使得传统的机器智能超越"算法、算力和算据"的制约,进入真正实用的阶段,智能化时代由此开启。

智能制造与传统自动化生产制造系统的区别就在于传统的控制系统是固定程式的,容错率较低,而机器智能(或称人工智能)能够根据感知的信息,按照设定的规则或积累的知识,经过初步的加工整理形成统一标准和规则的有用信息后,通过网络系统(内部神经网络+外部工业互联网)传输给内部的决策系统(数据中台、专家系统、中央处理器等),由智能决策系统通过模拟人类智慧的人工智能模型和大数据算法作出判断和决策,最后生成新的决策信息和指令信息反馈给外部信息源,表现为信息感知、数据存储、数据计算、逻辑推理与判断等一系列过程的智能化与实用化。

根据以上分析,笔者认为与传统制造和自动化制造相比,智能制造的生产

---

[1] 王焱,王湘念.智能制造的基础、组成及发展途径[J].航空制造技术,2015(13):32—37.

制造过程具有"快速而全面的智能感知、实时分析与决策、异构系统的集成与自适应自组织、计算预测与自我学习、虚拟现实与精准执行能力"等特征。

(1) 快速而全面的智能感知

对自身状态、外界环境和系统内其他智能单元的感知能力,是智能制造系统必备的基本功能之一。这种全面的感知功能为智能制造系统提供第一手的原始数据,使智能制造系统能够据此分析自身的实时工况,为进一步的智能分析和决策活动提供前提和基础。传统的自动化机械制造系统也称柔性制造系统,是基于反馈控制的原理,应用计算机控制系统(Computer Control Systems, DCS)对数控机床、工业机器人组成的自动化系统进行控制,能够根据工作任务和生产环境的变化,按照预先设定的控制程序,有限度地自动生产多品种、中小批量产品。[①] 但随着供给过剩、竞争加剧,市场提出了高质量、小批量、短周期的需求,传统的"确定订单—筹备原料—模具制造—批量生产—市场销售"的模式,很难跟上这样快节奏的市场风向。自动化生产的封闭式延时反馈控制模式,也很难在"变品种、变批量、快节奏"的供应要求下取得"成本-收益"的均衡,因此必须借助区域产业集群的资源和生产能力,将部分工序、零配件或者服务分包给更为专业的协作企业,这要求全面的智能感知在范围上至少覆盖以下几个领域:一是对智能制造系统内部各智能单元的即时感知和即时响应。这包括生产线、物流系统甚至是供应链系统中的各种智能物料、智能装备、智能控制系统,直至整个智能工厂。二是对外部上下游合作企业和消费者信息的动态感知。目的是及时掌握供给和消费各环节动态,发现机遇,保证生产和服务的连续。三是对智能产品进行全生命周期的全面感知、全面维护。核心目的是成本可控前提下高质量的全周期服务。

(2) 实时分析与决策

这是指利用传感系统获取制造系统的实时运行状态信息和数据,强大的知识库是智能决策能力的重要支撑。通过高速网络实现数据和信息的实时传输、存储和分析,再将处理结果反馈到现场完成精确调整和处理,这个过程是借助5G通信、大数据分析和高速存取的数据库技术实现的,其技术特征是实时跟踪系统中的所有物资流、数据流与人员流,实时获取各类信息,为管理现场、推进协同提供数据分析服务和决策信息支持,但不直接涉及制造过程的业

---

① 王天然,刘海波. 自动化制造系统的产生与发展[J]. 信息与控制,2000(06):481—487.

务管控。[①]

（3）异构系统的集成与自适应自组织

装备智能化是各种智能化方案的实施基础和前提条件。智能制造实现装备智能化的特色之一是异质装备和异构系统的智能化集成，以及在此基础上实现系统的自适应、自组织。万物互联必然带来异质异构体系的集成问题，不同智能厂商也会设立技术体系的隔离机制，比如苹果手机用操作系统打击技术模仿、限制市场竞争。智能制造想实现从消费者到供应链的动态集成，就必须正面应对异质异构的问题，因此很难像互联网公司一样，通过另建一套网络平台体系，回避对即有系统的资源整合。这也是生产制造领域多年来应用互联网技术十分缓慢的重要原因之一。同时，生产制造系统对装备的可靠性、完好率、精确性等技术指标要求极高，智能装备实现自适应自组织的连续生产，还面临着一系列的技术难题，这是其他领域智能化应用不太会关注的问题。

（4）计算预测与自我学习

制造活动是对"资源＋信息"的处理过程，[②]传统制造的处理对象是各种物质材料，而数字制造的加工材料是数据，智能制造系统的加工对象是知识，智能制造的生产加工方法将传统制造的"减材制造"转为基于3D打印技术的"增材制造"。这些差别意味着，智能制造需要一整套全新的知识学习、知识创新的策略和方法，需要像销售公司预测市场需求一样，通过计算来预测知识的生产、组合与消费，知识工作自动化因此将在智能制造系统中得到广泛的应用。

（5）虚拟现实与精准执行能力

智能制造的落脚点仍在于制造，无论是服务型制造还是产品服务化，最终都有一个"技术定型—优化方案—产品定型—市场反馈—批次升级"的过程，其中涉及大量的动态响应需求、按需调整架构、技术日志更新与统一、异地生产的互操作等决策优化问题。这个过程涉及生产线的调整工程往往非常复杂，且需要运用大量的默会知识，故而各国的传统制造普遍保留了技术定型、批次升级的工艺传统，以折衷策略确保后期提供服务时，能够获得一致、准确的产品技术和工艺维护资料。在互联网企业的软件工程领域，程序的修改和补丁是普通的日常工作，与传统制造企业完全不同的技术习惯和产品策略，导

[①] 侯瑞春,丁香乾,陶冶等.制造物联及相关技术架构研究[J].计算机集成制造系统,2014,20(01)：11—20.

[②] 王焱,王湘念.智能制造的基础、组成及发展途径[J].航空制造技术,2015(13)：32—37.

致互联网企业主导的智能技术在向生产制造领渗透的过程,遭遇了大量的技术稳定性问题,与制造业要求生产过程连续、稳定、可靠的要求相去甚远,这也是智能技术在制造业推进缓慢的重要原因。为此,智能制造应用虚拟现实技术,用数字仿真来修正模型和算法,从而保证仿真试验结果的可信度,逐步达到数字化的"虚拟试用",以此解决个性化产品定制与生产制造技术定型的矛盾。

2. 智能制造产业链的特征

上述智能制造的特征也对智能制造产业链带来了直接的影响,使智能制造产业链呈现出新的特征,可以以此来区别智能制造与传统制造。

(1) 数据资源要素化

数据是智能制造的一项基本生产要素,企业的生产函数因数据要素成为主要变量而改变。在智能制造产业链中,数据替代资本和劳动成为企业的核心资源,决定了企业的知识竞争力。数据资产化、资本化也因此成为必然。

(2) 生产组织智能化

智能制造区别于传统制造的最核心特征,是生产组织的过程由机器智能负责,从而极大地替代了人类在生产过程中的组织功能,避免人类难以适应高度复杂、动态和即时响应的生产环境的问题。因此,对生产组织过程的智能化程度也就成为比较不同智能系统技术水平高低的重要指标。智能制造装备是智能制造体系的主要生产工具,其核心是各类工业软件和专用智能设备。智能制造装备与智能产品一样,都是软件定义的机器,工业软件所富含的知识和智慧,决定了智能制造装备的性能,以及在互联网制造体系中实际能够发挥的功效。模块化的工业软件行业因此成为智能经济时代的"原材料产业"。

(3) 网络化协同

网络化协同不仅是智能制造活动的特征,也是智能制造产业链的特征。网络化协同改变了企业的价值创造方式和价值创造空间,也改变了智能制造产业链的价值分布形态。网络化协同意味着连接创造联系、联系强度改变网络分布、分布密度决定价值链的空间形态。在连接流量改变一切的逻辑下,智能制造体系的竞争转变为对智能生态环境的竞争。谁能争取到更多的企业、更多的协同机会,谁就能在网络化协同的流量竞争中占据优势。

(4) 知识创新成为核心竞争力

智能制造的过程是智能活动与生产制造融合的过程,也是知识固化到智能产品和生产装备的过程。一方面,这种知识赋能的过程会在全球范围内消除低端劳动力的成本优势,使制造业的竞争主要依赖知识创新;另一方面,知识创新能力也影响智能制造网络中节点的网络连接数量和数据下载流量,从而不仅以知识创新的内容本身,而且以改变网络节点的联系强度和节点地位的方式,影响企业的核心竞争力。

二、智能制造的技术体系和制造系统

智能制造产业链是技术型产业链,具有技术进步驱动产业升级的典型特征。因此,研究生产制造企业向智能制造的转型,不仅需要从产业结构的视角关注生产制造系统的硬件升级,更加需要从技术升级的视角关注智能制造的技术体系转型升级。智能技术的进步推动数字技术、网络技术和人工智能等先进的高新技术,向传统的生产制造领域渗透与融合,大幅推动了生产制造体系的成本下降、效率提升和模式变革,再次验证了技术进步是产业升级的根本动力。

正如马克斯·韦伯所说"技术手段只有符合客观实际才能实现主观目的",智能技术与智能制造系统融合模式,不仅影响到智能生产系统的功能和作用,而且影响到上海在未来"云、网、端"智能体系中的产业布局。当前,以数字技术、智能技术为代表的第四次工业革命,正在引领着工业互联网革命和智能社会变革,且呈现出明显的技术进步驱动产业更新的发展模式,智能技术和产业数字化的技术路线直接关系到数字化的功能优化和技术升级的路径迭代。充分了解智能制造技术路线与智能制造系统架构的相互作用关系,有助力于理清智能技术链升级的内容、模式,促使传统制造企业合理规划智能化转型升级的技术路径和策略,提前占领智能产业链的关键环节。

因此,研究传统制造企业向智能制造的转型升级,首先需要从技术链升级的视角,分析传统制造企业向智能制造转型升级,需要升级哪些技术,构建怎样的技术架构,如何形成技术优势,进而探讨如何将智能技术的优势,转变为企业的竞争优势和产业的垄断优势。

(一) 智能制造技术

智能制造体系包括智能制造技术和智能制造系统两个部分。其中智能制造技术负责实现信息制造技术与企业战略、营销和管理工作的系统性融合与协调,而智能制造系统不仅是智能制造技术的功能载体,更是融合硬件实体和软件系统的物理实体。

1. 智能制造技术的构成

(1) 智能制造技术的架构

智能制造技术是数字制造技术与众多智能化方法的组合。其推进制造系统实现智能化生产的原理是：通过分析制造系统的历史运行数据，建立起智能控制的数理模型，以此形成持续优化的数控加工方法，使制造系统运行更加稳定、产品质量不断改进、生产效率有效提高。我们将这种"知识处理、系统建模、智能优化、智能数控"的加工方法称为"智能化技术"，目前已发展了50余种。

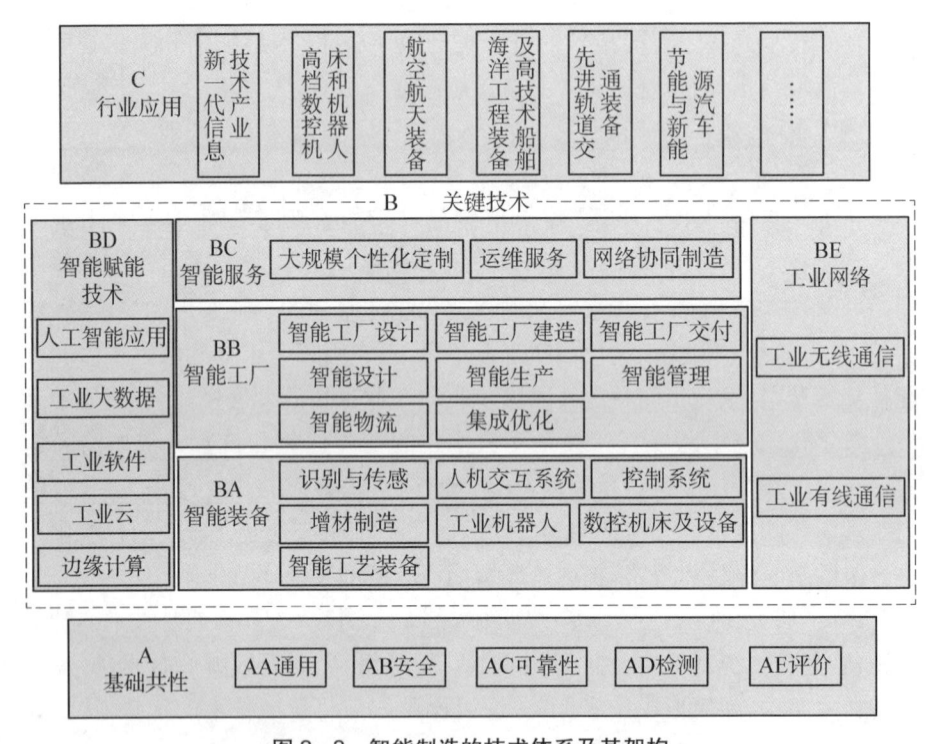

图3-3 智能制造的技术体系及其架构

资料来源：作者根据公开资料整理。

智能制造技术可以细分为设计、制造和管理三个部分。[①] 相应生产制造环

---

① 朱剑英.智能制造的意义、技术与实现[J].机械制造与自动化,2013,42(03):1—6+10.

节有三项核心技术:动态传感、自主决策和知识库。[①] 三项核心技术分别主要面向制造、管理和设计等不同层次的业务需求。随着传统制造"点—线—面"地推进智能化升级(智能单元—智能生产线—智能工厂),核心智能技术也将阶段性地轮替。围绕智能制造的两个平台系统、三个技术层次,智能制造技术通过与精密制造技术的渗透与融合,渐近式地推动传统制造系统的改造升级。为理解方便,既有的研究通常把智能制造技术与数字制造技术的融合领域,区分为三个层次,即基础共性技术、生产制造的关键性技术、行业应用技术,从而形成一个纵横交织的智能技术网络体系(见图3-3)。

面向新的生产-消费范式,智能技术的渐近式应用主要有三种模式:

一是改造传统制造业。改造的重点是技术赋能、挖掘潜力,如节约生产制造过程的能源、原材料等的工艺损耗,提升资源的生产率,为企业赢得新的利润增长空间等。这需要恶劣工况下的耐用传感器技术、能量供给优化与控制技术、性能优化的算法、虚拟现实与仿真技术、技术集成的开源平台等智能技术。

二是推进智能企业间依托工业互联网络开展协同制造。其主要对应自主决策功能,也就是通过机器智能自动地撮合交易、推动网络协同生产。其主要的目的是借助工业互联网平台的优势,以智能模块的功能化组合方式生产,应对个性化定制生产的要求,以降低企业对生产各个环节都进行专用性资产投资的方式,提升企业在某一具体细分领域或者某一细分工序的专业程度,进而以智能化的生态体系整体协作的方式来缓解个性化定制生产所带来的成本增加压力。自主决策是网络协同的核心,这要求智能企业研发智能生产管理技术、系统协同技术、智能感知技术,以及为自主决策提供数据和技术支撑的配套智能技术,如:在线检测、远程诊断、云服务、数据库技术等。

三是以机器智能局部甚至全面替代生产过程中的人脑功能。其主要依赖强大的知识库体系和智能算法。智能制造系统的核心是智能决策系统,相应就需要开发机器学习算法、智能决策算法、知识库/知识工程等核心技术。

(2) 智能制造的共性技术

共性技术(Generic Technology)只是业界的通俗称呼,国际上并没有对此做出统一的严格界定,目前主要有"根据研发阶段定义、根据影响范围定义"两

[①] 谭建荣,刘达新,刘振宇等.从数字制造到智能制造的关键技术途径研究[J].中国工程科学,2017,19(03):39-44.

种方法。一是根据技术所处的研发阶段来定义。技术研发有萌芽、构思、基础研发、应用推广和应用研发等诸多阶段,应用推广和应用研发阶段能够借助市场化的力量获得超额的收益,因此资本趋之若鹜。而在基础研发阶段需要长期的实验和持续的改进,即使技术具有很强的社会效益和经济前景,也很难得到各方的青睐。因此,竞争前阶段的技术通常可以纳入共性技术范畴,需要通过政府组织力量进行研发攻关,并给予相应的政策扶持。比如美国国家标准和技术协会(National Institute of Standards and Technology, NIST)就是按照前竞争阶段这一特征来定义共性技术的。[①]

二是根据技术的影响范围来定义。业界通常基于基础性、共用性、外部性等标准,从应用领域、影响范围、外部性等角度,将能够广泛应用于多个行业、多个领域,对整个行业的发展、技术升级、效率提升和质量改进,有着明显带动作用和深远影响的一类技术,称为共性技术。比如,日本的产业技术综合研究所(National Institute of Advanced Industrial Science and Technology, AIST)就采取了这种定义方法,并归纳出"高技术风险、产业化前景、市场应用可能和预期经济影响"等四方面的特征。

任何一个完整的技术体系都有共性技术和应用技术之分,不同的行业的共性技术也存在着较大差异。按重要性不同,共性技术可以分为战略性共性技术、关键性共性技术和一般共性技术,分别对应宏观经济和社会发展、某一行业的技术发展和升级、某一特定的应用领域。当前,如何科学界定共性技术仍有待研究讨论。[②] 总体而言,国内对共性技术的识别研究基本处于起步阶段,而国外对共性技术的识别方法则主要有三种:一是德尔菲法。英国较早采用专家调查的方法来预测技术,以此提出产业发展的共性技术清单。德尔菲法的固有缺陷是主观性,判断结果过度依赖专家个人的专业能力和知识水平,备选专家的范围划定、人员选择,以及专家对相关议题的熟悉程度,都会对判断的结果产生一定程度的影响。二是专利情报的关联分析。专利文件能够体现全球技术创新的前沿动态和最新成果,根据相关分析,全球每年约有85%—90%的发明成果和专利情报都会被包含到专利文献之中。[③] 由于共性技术处

---

① 马名杰.我国共性技术政策的现状及改革方向[J].中国经贸导刊,2005(22):25—27.
② 黄鲁成,张静.基于专利分析的产业共性技术识别方法研究[J].科学学与科学技术管理,2014(04):80—86.
③ Reitzig M. Strategic management of intellectual property [J]. Mits Loan Management Review, 2004,45(3):35-40.

于行业技术的核心地位,各项应用技术都会与之发生关联,因此可以通过专利引文的数据,设计技术关联度等指标,用相关性分析筛选出关联性较强的共性技术。三是文献计量的方法。学术研究会对产业的技术发展进行大量的研究和探讨,通过对学术文献进行关键词的聚类分析和中心度计量,可以筛选出技术簇较为密集的研究热点和共性技术。

据此,笔者参考工信部的定义,采取德尔菲法提出智能制造关键共性技术的构成(见表3-3)。

表3-3　　　　　　　　智能制造的关键共性技术

共性技术分类	关键领域	关键共性技术
战略性共性技术	人工智能	智能决策系统
	工业互联网	远程高速通信技术
		物联网操作系统
		实时定位技术
	CPS技术	系统嵌入技术
关键性共性技术	工业软件	建模与仿真技术
	智能装备技术	先进控制与优化技术
		电子传动精密运动控制技术
		数控技术
		嵌入式控制系统的模块化设计技术
	系统协同技术	异质异构装备和系统融合技术
		精密制造技术
		系统仿真技术
		故障诊断与健康维护技术
一般共性技术	智慧赋能技术	工业大数据
		工业云
		边缘计算
	无线传感网络	近距高速通信技术
		工业有线通信技术
		工业总线技术
	网络安全	网络防火墙技术
		功能安全技术
		信息加密技术
	识别与传感技术	射频识别(RFID)技术
		深度三维图像识别技术
		物体缺陷自动识别技术

资料来源:作者根据公开资料整理。

(3)智能制造技术的范围界定

前一部分,我们从共性技术的视角描述了智能制造技术的构成。智能制造技术的概念汇集成一个集合,就构成了狭义智能制造概念下的智能技术链,形成对智能化无人工厂的技术支撑。然而,智能制造不仅包括生产制造环节的智能化,更主要体现在产品智能化、服务智能化、运营智能化和决策智能化等领域。如何借助人工智能的技术优势,实现从设计到生产制造,再到消费、服务等全产业链的资源调配和功能优化,是决定一个智能制造系统能否成功的关键。因此,构建广义智能制造概念下新的生产-消费模式,需要超越智能工厂的范围,进一步拓展智能制造技术集合的外延,为制定产业扶持政策,提供精准施策的范围依据。

具体而言,进一步拓展智能制造技术集合的外延,主要有四个原因:

一是专用的智能制造技术与基础共性的人工智能技术存在大面积的重合领域。比如,专用的智能制造技术广泛依赖人工智能、工业互联网、系统嵌入技术等共性基础技术,实现智能化生产的智能传感、大数据分析、智能调度等技术,既可以用于智能制造领域,也可以用于智慧城市、智能服务等领域,本质上只是上述共性基础技术在生产制造领域的应用,很难区分哪一种是专用的智能制造技术。因此,针对这类智能制造技术的产业扶持政策,更多的是针对某类智能生产系统而设立的,比如对"黑灯工厂"、车间智能物流系统等成套智能系统的政策扶持。

二是智能人工智能技术的广泛适用性和高额的前期研发投入。与瓦特在火炉边完成蒸汽机改进、爱迪生在实验室独自发明电灯的时代不同,智能时代的科技研发需要专业的团队在巨额的科研经费支持下,经过反复严谨的科学试验,才能在既有的学术成果和技术专利基础之上,取得关键性的突破。技术研发已经离不开一整套严密的科技研发体系的系统支撑,更不用说人工智能这样颠覆性、革命性的技术跃迁。这意味着智能技术链的原创性技术升级,更加依赖体制性创新,更加依赖核心的创新团队,而非大量的中小型创新企业,这与互联网时代的技术创新有着鲜明的区别,即智能时代是不断强化中心化,而不是去中心化。

三是智能制造的技术创新是人工智能技术与数字化精密制造技术深度融合的过程。人工智能技术虽然是一种颠覆性的技术跃迁,但其本身并不像蒸汽革命、电力革命一样是物理实体领域的技术革命。作为更加底层、更加基础的技术,人工智能技术链的基础性,决定了其应用领域的广泛性,智能制造只是其行业应用的一个领域。人工智能技术解决了机器智能问题,使机器系统具备了模拟人类思维的能力,即人工智能技术赋予了机器系统大脑功能。这个根本性的特点决定了人工智能技术与生产制造系统融合的解决方案、工艺技术、模块的组合技术等成为关键性的智能制造技术,是需要企业和科研部门投入巨大人力、物力和财力去逐一攻关的技术,也因此成为未来企业构建专利池和专利壁垒的主要领域,是需要产业政策重点扶持的领域。

四是智能制造技术与智能服务技术高度融合。未来的智能制造是服务型制造,生产制造的技术经济范式的改变,使得智能制造的主体可能不再局限于机器轰鸣的自动化流水生产线,写字楼一个个格子间里代码程序员、热线服务生可能都是新型的代码生产工人。产品服务化、服务型制造使得生产制造的内涵和外延都大幅扩展了,因此如果仅仅将智能制造的技术链局限于狭义的工厂硬件和产品制造技术,很可能会迟滞智能技术的研发与应用。

综上所述,笔者认为智能制造的技术链应当采用更加广泛的定义,既凡是与未来智能制造、智能服务、智能供应链相关的技术,都应纳入广义的智能制造技术的范畴。智能制造技术链更多体现为偏重于生产制造过程的人工智能技术链。

2. 智能制造的技术链

(1) 技术链的概念与分类

拓展智能制造技术集合的外延,可以从全产业链的视角描绘出智能制造的技术链。所谓技术链是按产品生产过程的科学程序来解析技术结构,包括研发技术、工艺技术、检测技术、集成技术等重要方面。[1] 高汝熹等将技术链界定为:发展某个产业所需的技术常常是由若干不同技术构成的技术链,既包括基础技术,也包括大规模生产、装配等商业化技术。[2] 技术链有三种不同的描述方式:

一是技术进化视角的技术链。如果一种技术的获得和使用必须以另一种技术的获得和使用为前提,那么相关技术之间就形成了一种链接关系。在这种因技术承接关系而形成的技术链中,技术链呈星状结构。[3] 其中一种基础技术处于中心节点的位置,可以向多个应用领域拓展,并形成多个分支节点,每

---

[1] 崔焕金. 基于全球技术链的产业升级分析[J]. 技术经济与管理研究,2010(S1):120—123.
[2] 高汝熹,纪云涛,陈志洪. 技术链与产业选择的系统分析[J]. 研究与发展管理,2006(06):95—101.
[3] 王兴元,杨华. 高新技术产业链结构类型、功能及其培育策略[J]. 科学学与科学技术管理,2005(03):88—93.

个分支节点又有多个细分领域。某种核心技术以星状向多个领域拓展时,往往意味着与拓展领域内原有技术的融合。比如产业集群就是产业技术链的空间集聚,产业之间在技术上存在着相互依存、相互衔接的一种技术"链条",把生产过程中的相关企业连接成"点—链—网"有机融合的网状结构和技术创新体系。在这种因技术承接而形成的技术链中,各企业的关联性越强,链条越紧密,技术资源的配置效率就越高。

二是产品视角的技术链。这是一种因产品关系而形成的技术链,[1]即相关技术根据产品的上下游关系而形成前后衔接的序列关系,一种技术的使用和获得须以另一种相关产品的存在为前提。这种物化于上下游产品中的技术链接,因产品间的工序先后、分解组合而形成。发达国家通常控制着这种技术链,并在全球范围内配置技术资源而形成产业技术链,[2]形成相互依存、相互衔接、序列展开的技术链,支撑起整个产品和产业流水化作业。产品视角下的技术链一般包括装备技术、研发技术、工艺技术和检测技术等,彼此之间是复杂的交叉关系,一个工序环节或者一个中间产品可能同时用到多项技术,技术链之间也可能因中间产品关系而形成"点—链—网"的多向联系。

三是平台视角的技术链。张宗臣和苏敬勤认为技术平台也是一种技术链,这种技术平台由三个梯级技术构成:核心技术、中间技术和基础技术。[3] 温珂和林则夫则基于产业技术流动将数字视频产业的技术分为核心技术、实现技术、制造集成技术以及产品和服务技术四个环节。[4] 林森等从资源配置视角在研究技术链、产业链和技术创新链的关系时,认为技术链是包括选题分析能力、研究开发人力资源、研究开发手段资源、研究开发资金资源和研究开发集成能力五个部分的连续过程。[5]

(2) 智能制造的核心技术链

数字制造技术尽管种类异常繁多,但核心的技术只有 12 种。与数字制造技术相比,目前的"智能化"是通过系统建模的方法来处理知识的,因此,比狭

---

[1] 张巍,高汝熹,车春鹏.工业物联网技术链、产业链、价值链互动机理研究[J].上海管理科学,2010(06):51—57.
[2] 毛荐其.全球技术链的一个初步分析[J].科研管理,2007,23(11):85—92.
[3] 张宗臣,苏敬勤.技术平台及其在企业核心能力理论中的地位[J].科研管理,2001(06):76—81.
[4] 温珂,林则夫.基于技术跨越理论探讨我国数字视频产业的发展[J].科学学研究,2004(04):382—387.
[5] 林森,苏竣,张雅娴等.技术链、产业链和技术创新链理论分析与政策含义[J].科学学研究,2001(04):28—31+36.

义的智能制造技术更为复杂且种类繁多，更加依赖非经典数学（人工智能数学）。同时，学术界目前对全球技术链这个概念仍没有共识，对智能制造的技术链体系也缺少清晰的定义和范围界定。智能制造技术的外延范围非常广泛，其中作为与核心产业链对应的核心技术链接，是支撑产业链运行和发展的关键技术基础。[①②] 为研究方便，笔者借鉴张宗臣和苏敬勤对技术平台核心能力的分类方法，[③]以核心智能技术为主线，区分不同类型的智能技术链。

在智能制造的生产加工环节，核心技术链由关键制造技术、核心元件技术和产品架构技术组成。关键制造技术是指核心产业链中关键设备的开发与设计技术以及核心元件制造或终端产品加工过程中所使用的高端技术（如DVD精密部品成型技术和冲压制造技术等）；核心元件技术是指产业中核心元件的开发与设计技术；产品架构技术指那些在终端产品实现过程中所使用的系统设计技术和重要组装技术，如DVD终端产品的核心电路设计、产品造型设计以及产品结构多样化改造等技术。

生产制造是智能制造的核心环节，是制造企业向智能化转型升级必须坚守的领域。离开硬件实体的生产制造，服务型制造、虚拟制造和产品服务化也终将沦为无本之木、虚幻场景。因此，智能生产制造环节的相关技术无疑是关键性技术。

然而，传统制造向智能化转型升级的特殊之处在于，这个过程不仅仅是智能生产技术的引进与研发过程，更是企业构建核心竞争力、巩固产业链地位的过程。与传统制造领域的共性技术研发所面临的高投入、外部性强、低回报率等特征不同，智能制造领域的共性技术日益成为企业构建核心技术能力的关键一环，呈现出市场化、高回报等特征。比如，在智能芯片和通信技术领域，高通公司作为3G/4G技术的奠基者，拥有近4 000项相关发明专利。任何手机生产企业都需要使用高通公司的一系列发明专利，企业每生产销售一部手机，都需要向高通公司缴纳额外的专利费用，高通公司也由此不断强化其在芯片生产领域的技术领跑者地位。

高通公司的案例具有普遍性，表明在网络化、智能化的时代，战略性共性

---

① 曾繁华,王飞.技术创新驱动战略性新兴产业跃迁机理与对策——基于全球价值链视角[J].科技进步与对策,2014,31(23):51—55.
② 洪勇,苏敬勤.发展中国家核心产业链与核心技术链的协同发展研究[J].中国工业经济,2007(06):38—45.
③ 张宗臣,苏敬勤.技术平台及其在企业核心能力理论中的地位[J].科研管理,2001(06):76—81.

技术与关键性技术的边界在日益模糊——网络化能够使基础共性技术快速覆盖到相关领域,解决了共性技术的市场化推广问题。数字化计量工具、数字加密手段和知识产权制度的完善和丰富,则使得企业能够对专利技术的使用率进行精确计量,外部性的收益损失问题因精确计量而转化为企业的范围经济。由此,在智能化时代,企业对基础性共性技术的投入成为一项有利可图的投资,企业的技术越是具有通用性,就越能为企业带来高额的收益,企业也由此可以借助共性技术的专利池壁垒,巩固既有的市场地位。

外部性的内在化使得企业不再试图固守关键技术,转而选择尽快将关键技术推向市场或者固化到关键零部件之上,以通过迭代升级的形式尽可能发挥网络效应,换取更大的经济收益。因此,关键性的核心技术越来越表现为能够控制整个产业发展、影响产业收益分配格局的共性技术,而非小众的独门绝技。且关键性技术与智能制造产业的发展阶段紧密联系,对应不同的智能化阶段,有着不同的关键技术组合。

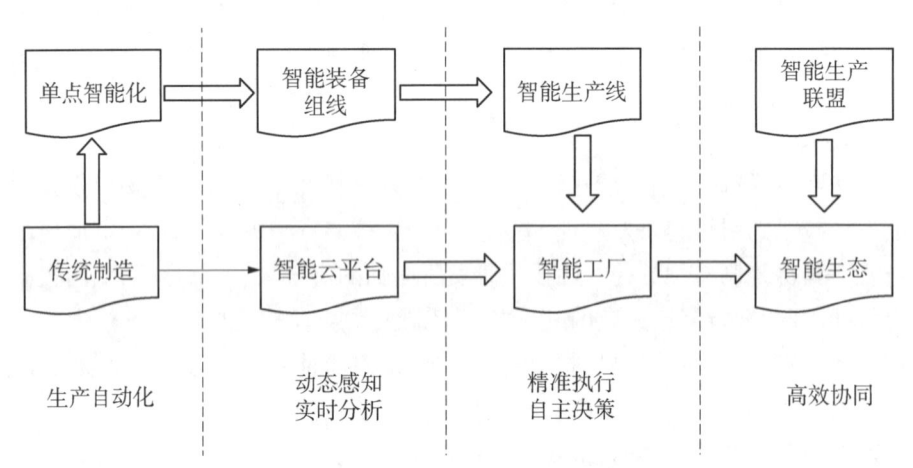

图 3-4 传统制造企业智能化的阶段性关键技术
资料来源:作者绘制。

目前,智能制造正处于由起步向快速扩张进行转换的阶段,传统制造企业正沿着"单点智能化—智能装备组线—智能生产线—智能工厂—智能制造联盟"的技术路径转型升级,建立并提升"动态感知、实时分析、自主决策、精准执行、高效协同"能力,是这个升级过程的核心任务。与之相应,转型升级初期传统制造企业主要是集中实现"互联互通、动态感知、实时分析"三项能力,智能生产领域的关键性技术于是集中在三个领域:智能赋能技术、识别与传感技术、工业互联网。

对于依赖软件优势进军智能生产领域的软件服务商,以及传统制造行业的龙头企业,其智能化的主要策略通常则是"打造标杆工厂、打造智能生态体系",其主要任务是"构建智能化技术的动态升级能力、打通消费互联网与工业互联网的对接瓶颈、完善智能决策系统的人工智能模型"。因此,其所需要的智能制造关键技术集中于"精准执行、自主决策和高效协同"三个方面,相应关键性的智能技术主要为:系统仿真技术、智能系统协同技术、人工智能决策系统等。

(二)智能制造系统

1. 智能制造系统概述

(1)智能制造系统的功能组成

智能制造系统是一个基于工业互联网技术和平台体系的生产制造系统,由智能装备、智能平台和智能决策系统组成。智能制造系统能够借助智能决策系统,对信息感知系统等收集的信息进行整理、分析、建模、决策,大范围替代甚至部分取代人脑智慧在生产制造过程中的作用,从而以高度柔性化的自适应、自组织方式实现个性化定制生产。

智能制造系统可以分为智能制造技术和智能制造系统两个部分,其中智能制造系统包含"智能活动、智能机器、实现智能机器与智能活动深度融合的技术"[①]。新一代智能制造系统则将之细化为"智能产品、智能生产、智能服务"三大功能系统,以及"工业云和工业互联网"两大平台系统。基于功能组合的视角,笔者认为智能产品对应的是智能装备系统的升级,智能生产对应的是建立网络化协同的智能平台和智能决策系统,而智能服务除了需要智能平台外,更需要智能决策系统的调度,以应付日益复杂的场景需求。因此,针对传统制造系统向智能制造系统的升级,笔者主要聚焦于如何构建"智能装备、智能平台和智能决策"三大系统,并分别从"虚拟场景系统、智能生产系统和智能决策系统"三个关键部分予以论述。

图3-5的六大系统中,将智能网络(工业互联网平台)和智能安全系统合二为一。六大系统分别为:一是连接消费者和客户的虚拟场景系统,主要为智能主体提供状态感知、信息收发与应答、网络协同以及传播媒介等功能。二是智能生产系统,主要提供智能产品的物理实体部分的生产、加工、组装等功能,

---

① 杨叔子,丁洪.智能制造技术与智能制造系统的发展与研究[J].中国机械工程,1992(02):18—21.

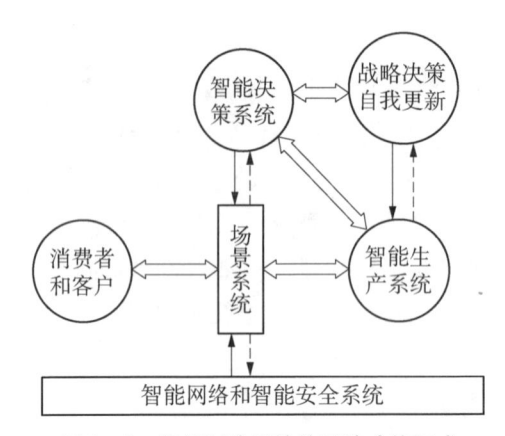

图 3-5 智能制造系统的系统功能组成

资料来源：作者绘制。

传统生产车间和工厂升级为无人工厂和动态生产线后，智能化生产系统的概念和范围都需要重新予以界定。三是智能决策系统。这个系统通常可以再分为知识管理系统和专家决策两个部分，主要负责处理场景系统传输过来数据、为智能生产系统提供指令信息和决策安排智能制造动态组合、对数据信息进行深度加工形成可供应用和进一步开发的知识和决策模型。四是工业互联网平台。工业互联网平台、智能技术的更新系统将智能系统的前三个部分融为一体，其中工业互联网平台主要为智能制造系统提供基础技术支撑和系统安全保障。五是智能技术更新系统。这是整个智能系统得以不断更新升级的保证。该系统赋予新一代智能系统动态升级能力和组织变革能力，使智能系统能够根据外界需求变化实现自身能力的匹配。这也是智能制造系统与传统的计算机集成制造系统和智能制造系统的主要功能区别。六是智能制造的网络平台和智能安全系统。

网络平台系统有外部工业互联网和企业内部工业局域网之分。一个完整、安全的智能制造体系离不开内部的高速局域网，以及在此基础上向外扩展而形成的智能网络平台系统。这些网络平台构成了智能制造体系的"神经网络"。场景系统的功能则主要是现实世界和物理实体的"数字映射"和"虚拟空间"，其通过虚拟现实技术与网络平台系统融为一体，与各个智能单元、智能装备和智能生产系统建立逻辑映射关系。

（2）智能制造系统的架构体系

体系架构是构造系统、研究技术的基础工作，可以精确地定义系统的组成部分及其彼此间的关系，①直接影响系统的性能发挥。智能制造系统由智能单元、智能工厂和智能系统三部分组成，②具体又可以分为五个物理层次：装备层、生产线控制层、车间和工厂层、企业决策层和智能制造联盟。对于智能制造系统的物理层次有众多不同的划分方法，差异主要集中在车间和工厂与企业、联盟层次关系，充分反映出各国不同的制造文化，以及在这种文化传承下对智能制造模式的不同理解。

比如德国电工电子和信息技术标准化委员会（German Commission for Electrial, Electronic & Information Technologies in DIW and VDE）提出了工业4.0的RAMI4.0架构，其将智能制造系统理解为建立在信息物理系统（Cyber-Physical System，CPS）基础上的智能生产、智能工厂和智能物流三个子系统。按照层(layers)、流(Stream)、平台(Levels)三个维度，智能制造系统又可分为七个层级：产品、现场设备、控制设备、车间、工厂、企业和外部连接（见图3-6）。这种三个子系统、七个逻辑层级的架构体系，体现了工业4.0将

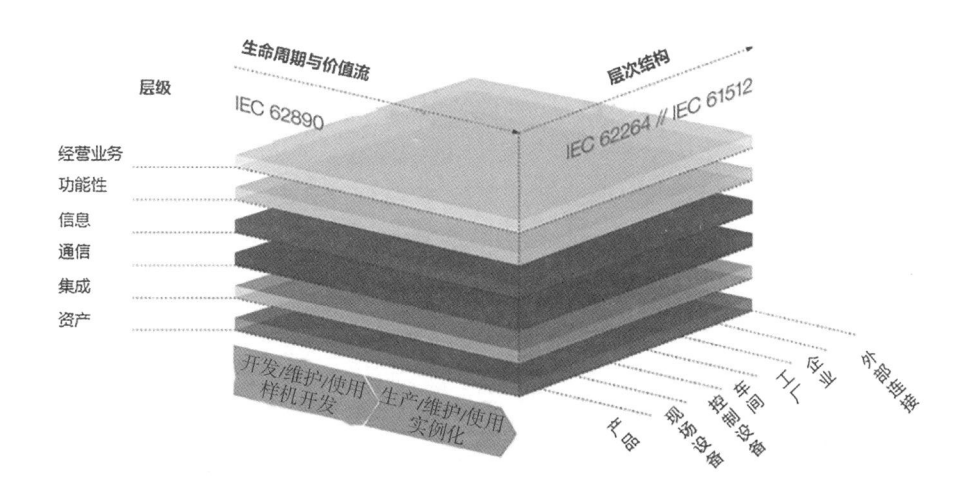

图3-6 德国工业4.0架构模型RAMI4.0模型

资料来源：ZVEI. The Reference Architectural Model Industrie 4.0（RAMI 4.0）[EB/OL]. Zentralverband der Electechnischen Industrie, 2015-01-04[2022-08-04]. https://www.zvei.org/en/press-media/publications/the-reference-architectural-model-industrie-40-rami-40/.

---

① 陈海明,崔莉,谢开斌.物联网体系结构与实现方法的比较研究[J].计算机学报,2013,36(1):168—188.
② 王钦,张雀."中国制造2025"实施的切入点与架构[J].中州学刊,2015(10):32—37.

智能技术融入底层硬件的设计理念,以及高度重视系统独立集成的智能化思路。这与中国多年来一直力推的两化融合战略,实现信息化与工业化在底层基础设施和管理系统的深度融合,在本质上是高度一致的。①

2. 虚拟场景系统

智能制造应"个性化定制生产"而生,消费者和客户在整个智能化生产-消费体系中,处于整个知识创新系统的中心环节,是创新的主要来源。② 消费者和客户通过虚拟的场景系统与智能制造的其他子系统建立连接,场景系统为整个智能体系提供数据接口和连通界面,是人、物理实体、网络体系交互作用的空间平台。

(1) 智能设备的网络连接

场景系统,即智能系统运行的物理载体和虚拟空间,主要实现四项功能:现实世界的空间镜像、智能设备的网络连接、用户需求的深度挖掘、个性化的智能服务。③ 智能体系的各个组成以智能网络系统为依托,与智能体系的场景系统发生直接的关联,消费者和客户与智能系统的联系,包括用户参与设计、营销等功能都通过场景系统所提供的数字化虚拟场景空间完成,并不直接与智能生产系统、智能决策系统和智能战略系统发生联系。其主要原因:一是任何一个完整系统都存在物理边界和系统的安全边界,即使是在智能化的虚拟空间也不例外。用户参与产品设计和价值创造,是数字经济和智能经济的一个鲜明特征,但这并不意味着智能体系外的数据、人员和智能单元就能直接命令和控制智能系统进行个性化定制生产。作为一个高度扁平化的体系,智能系统首先需要维护自身基本结构的稳定性和安全性,其次才是高度的开放性、灵活性和动态重组能力,否则智能体系就不能称之体系,其高度智能化的决策系统也会因过度的开放而陷入混乱而迷失方向。因此任何智能制造系统都必然像人类等智能生物体一样需要皮肤、骨骼等内外部防护系统和隔离系统,以确保智能系统本身的安全。场景系统是智能系统的物理联接窗口和系统安全屏障,筛选出可能造成危害的数据和程序,这同时构成了智能制造系统的物理边界和其在虚拟平台空间中的数字边界。

---

① 肖静华,毛蕴诗,谢康. 基于互联网及大数据的智能制造体系与中国制造企业转型升级[J]. 产业经济评论,2016(02):5—16.
② Boudreau K J, Lakhani K R. Using the crowd as an innovation partner [J]. Harvard Business Review, 2013,91(4):60-90+140.
③ 郭进. 抢占场景产业发展先机与高地[N]. 解放日报,2020-04-21(10).

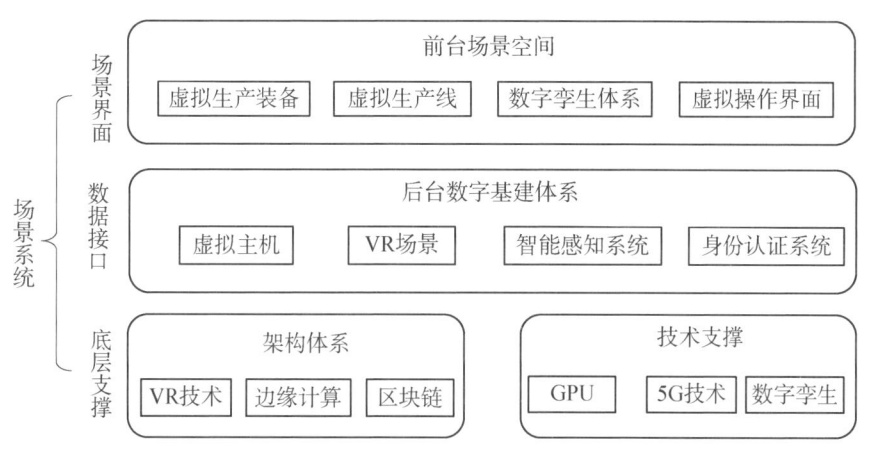

第3章 技术链升级视角下的企业智能化 / 59

```
场景系统 ┬ 场景界面 ── 前台场景空间
        │              [虚拟生产装备] [虚拟生产线] [数字孪生体系] [虚拟操作界面]
        ├ 数据接口 ── 后台数字基建体系
        │              [虚拟主机] [VR场景] [智能感知系统] [身份认证系统]
        └ 底层支撑 ── 架构体系                技术支撑
                      [VR技术][边缘计算][区块链]  [GPU][5G技术][数字孪生]
```

图3-7 场景系统的多层结构体系

资料来源：作者绘制。

（2）现实世界的空间镜像

场景系统是智能体系的功能展示窗口和内外信息的感知界面，为智能体系提供状态感知和数据交换功能，也因此成为智能联盟体系之间开展网络协同的关键性平台。为满足消费者个性化的定制消费需求，智能系统需要对自身进行技术改造以实现两个关键性的转变：自身功能的模块化和高度的专业化。模块化和高度专业化导致智能制造系统在保持核心制造能力的同时，必须依托工业互联网平台向其智能体系发出产品信息、数据服务信息、功能模块需求等网络协同生产信息，由此形成基于大数据和工业互联网的模块化网络协同生产。

（3）个性化的智能服务

在这个过程中，场景系统既可以作为独立的前台系统，只负责消费者、智能体系内客户的数据信息的动态感知和实时分析，然后转给数据中台和智能决策系统进一步集中处理，或者直接转给智能决策系统形成新的生产指令；也可以作为一个半独立的高效协同子系统，将作为前台的图形界面的数据交换功能，与作为数据中台的数据整合处理和知识积累功能合二为一，直接将消费者的个性化定制需求转化为标准化的订单需求信息，并通过智能决策系统分发给整个制造联盟体系，建立起协同定制的生产联系和生产过程。因此，智能化网络协同制造与传统的"手工作坊"式个性化定制生产，主要的区别是"动态响应、并发操作"。数字化协同使得智能化的生产和服务，能够在效率和成本之间取得平衡和统一。前台场景系统的这种智能活动能力，是区分和判断智能系统响应能力、分析能力的重要依据。分析能力和知识管理的能力是置于前台的场景系统,还是归集于数据中台或者后台的智能决策系统,也体现了智能制造体系技术升级和产业体系升级的不同路径。

(4) 用户需求的深度挖掘

场景系统同时提供了智能制造体系以及智能动态联盟的价值共享和商业利润分配的平台。智能系统和供应链合作伙伴间的网络化协同,以及消费者参与设计和生产制造过程,都需要一个彼此可以交流想法、交换数据、进行协作的平台和界面。在以"消费者为中心"、服务客户的商业逻辑体系下,各种协同活动的价值贡献和利润分配应当是即时的、所见即所得的,以满足互联网时代消费者对体验感日益重视的趋势,场景系统为实现这些功能提供了理想的程式工具和虚拟空间。具体的生产协同过程,因涉及更为专业化的生产工艺数据和生产专利技术,则需要专门的智能化生产系统和生产界面。两种界面因为技术要求不同,形成了不同的系统划分和不同的利润分配逻辑——在场景系统中,用户参与智能化的个性产品定制生产,其价值的创造和利润分配取决于消费者的市场影响力,即所谓的流量经济。在专业化的生产界面系统中,价值的创造和利润的分配是按照市场化的分包模式核算的。区分两种不同的界面系统,是划分消费者参与生产制造过程可能深度的重要依据。两套系统的实时对接,可以避免智能制造系统陷于内部封闭式的智能生产活动。基于工业互联网平台和大数据的开放式网络协同,由此能够对协作生产的定价机制和价值分配机制产生重大影响。

3. 智能生产系统

(1) 智能生产系统的定义和组成

智能生产系统是智能制造体系的生产加工实体和数据产品中心,主要面向智能产品,为各环节提供生产加工制造服务和全生命周期数据服务。

智能生产系统主要对应狭义的智能制造,主要包括四个组成部分:智能装备及智能制造单元、智能生产系统、智能加工工艺、智能产品的维护与服务。智能装备及智能制造单元部分,主要包括智能装备(如智能机床、智能工具)、智能机器人、各类智能传感器及其传感网络、智能控制设备及其系统、智能物料供应系统以及支撑这些装备的工业软件、操作系统等,能够以自组织、自适应或者人机交互的模式,由智能决策系统动态重组为智能生产线和智能制造系统。狭义的智能生产系统包括智能设计、智能加工制造、智能产品维护与服务三个方面,在消费者参与设计、模块化动态重组、服务型制造的趋势下,很难机械地将这三个方面拆分为独立的部分。

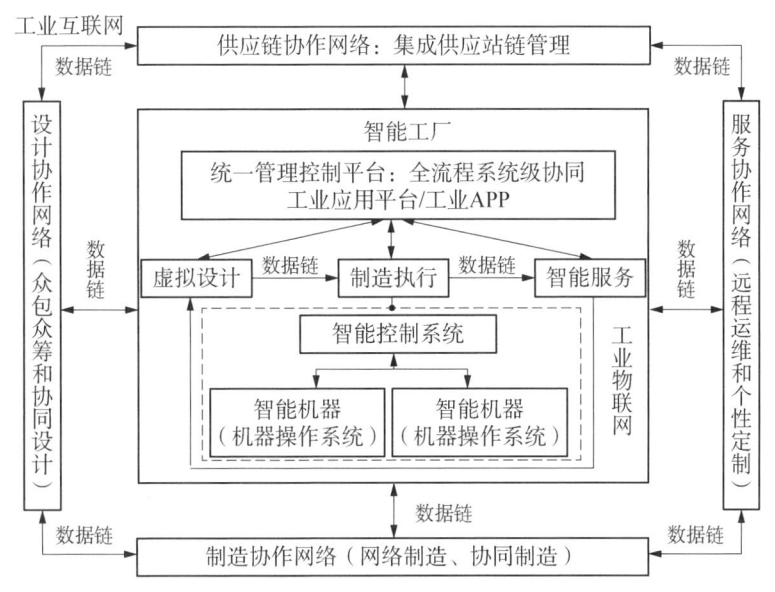

图 3-8　智能制造体系

资料来源：赵升吨，贾先.智能制造及其核心信息设备的研究进展及趋势[J].机械科学与技术，2017(01)：1—16。

(2) 智能生产系统的特征

广义的智能生产系统由四个部分组成，即智能设计及其协同系统、智能装备及其智能维护系统、智能生产加工和装配系统、智能化的网络协同生产系统，体现了智能制造体系的四个方面能力：精益制造能力、高度柔性化生产能力、规模化标准件生产能力、个性化与批量化生产的转换能力，这也是智能生产系统与柔性制造系统和传统的计算机集成制造系统的主要区别。

一是生产模式不同。模块化的智能生产系统由模块化的智能装备和智能知识系统组合而成，其中智能装备是智能制造技术的物理载体，其智能装备的技术水平决定了整个智能制造体系的硬件水平。柔性制造系统和计算机集成制造系统在智能装备这个层面，仍停留在自动化的生产装备阶段，主要根据既定指令进行流程式生产，仅仅拥有程度有限的变品种生产能力，若切换到其他生产品种和型号需要重新投入大量的固定资产投入，小批量生产的成本较高。装备性能决定了柔性制造系统和计算机集成制造系统只适合采用单件生产模式、大批量生产模式，以及有限的多品种生产模式。而智能制造系统则是主要面向变品种、变批量、即时性的个性化市场需求而生产。

二是消费者的地位和作用不同。传统的柔性制造系统和计算机集成制造系统关注生产制造过程本身,生产制造过程与消费者需求不发生直接联系、彼此脱节。[①] 计算机集成制造系统尽管十分强调要坚持"以客户为中心",但主要是从生产供应的视角下关注消费者需求。在智能经济的环境下,商品供给过剩导致消费者的话语权不断提升,企业只有通过快速捕捉市场需求变化、及时满足消费者个性化需求、有效引导市场需求,才能在竞争日趋激烈的红海市场中生存下去,因此智能系统的一切行动都将围绕着消费者展开,消费者和客户将成为智能制造活动中心,并深度参与企业的产品设计和生产制造过程。

三是产品的设计方式不同。传统制造是非标准化的生产过程,尽管近年来也强化了产品标准体系的规范工作,但总体而言,不同公司、不同平台,甚至是不同批次的产品之间,零部件的通用性和可替换率是非常低的。智能制造为了满足个性化定制生产和变品种、变批量的快速切换,其产品是基于统一技术标准的开放架构而设计的,产品的基础和主体部分由通用模块组成,个性化体现在少量特色的功能模块之上。整个智能产品更多体现为"软件定义的机器"。

4. 网络协同系统

(1) 网络协同系统的特征

网络协同是智能制造的主要生产方式,也是区别于传统制造的典型特征。与传统的流水线生产方式相比,智能制造更多以模块化网络协同的方式组织生产,以此实现收益最大化与产品个性化的对立统一。现代网络技术的飞速发展,以及智能决策系统的日益成熟,使得模块化网络协同的生产组织方式得以落地,网络协同系统就是将之付诸现实的协调机构,是智能制造系统中具体负责生产组织的"小脑"系统。

网络协同系统集智能控制的软件与硬件于一身,是连接智能决策系统与智能生产系统的"小脑"。其区别于传统的生产计划系统的特征:一是传统的流水线生产方式是串联式生产,而网络协同许多工序之间可以在智能生产系统的协同下同步并联进行。并联生产、模块化组装大幅提升了生产的效率、缩短了产品生产工期、加快企业的资金周转,同时对企业的标准化提出了极高的

---

① 杨叔子,丁洪. 智能制造技术与智能制造系统的发展与研究[J]. 中国机械工程,1992(02):18—21.

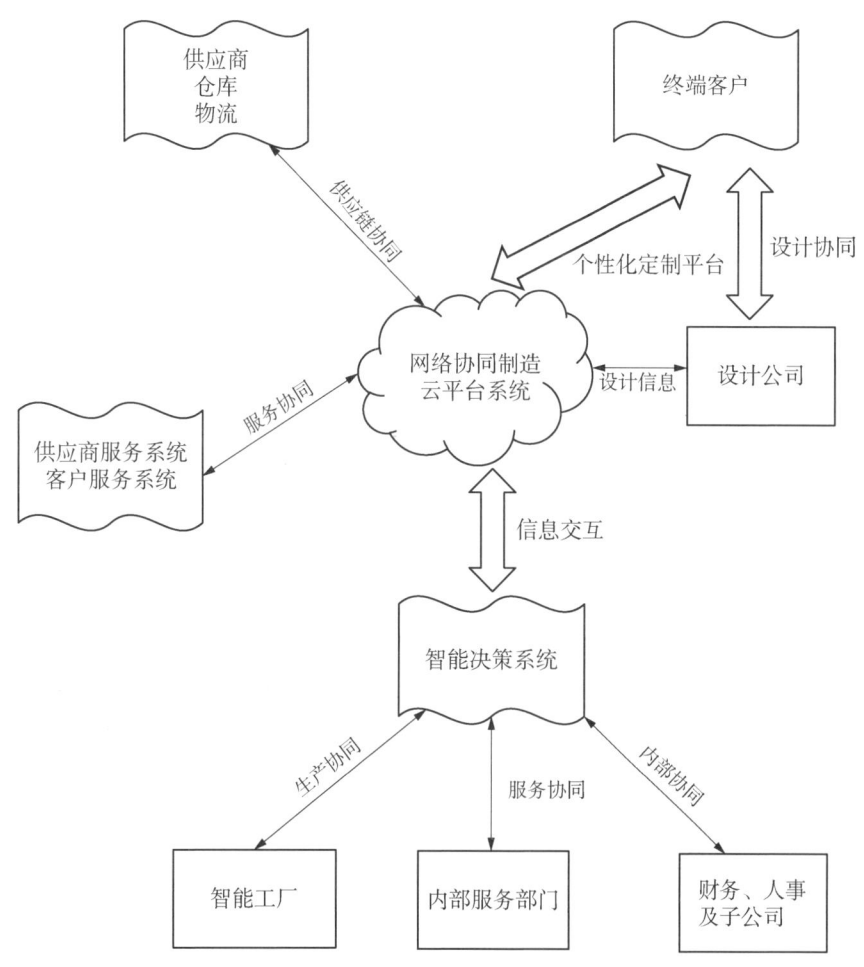

图 3-9 智能制造的网络协同体系

资料来源：作者整理。

要求。二是传统的生产流水线是固定组合的，而网络协同系统可以对生产装备和原料进行动态组合。动态组合能够大幅提升设备的使用效率，用更为便宜的普通通用装备通过算法优化、动态组网、工序叠加，完成以前需要昂贵的专用设备才能完成的复杂生产任务，从而为企业节约大量的成本投入。比如，马斯克将特斯拉汽车电池并联、组网协同的技术嫁接到"猎鹰"火箭系统，将众多廉价的小推力火箭发动机并联，达到了以前单台大推力火箭才能实现的推力，有效地降低了火箭制造的固定成本。三是智能制造的网络协同同时协调企业内外部各项事物。传统的流水线生产是企业内部的活动，通过车间管理系统与生产计划部门联系,再通过计划部门与销售部门对接,以此实现市场需求与生产供应的协同。智能制造的网络协同系统则是一个基于工业互联网技术的云平台系统。企业外部的供应商、仓储、物流、终端客户、设计企业,以及企业内部的智能决策系统都通过云平台系统交互信息。网络协同系统首先在云平台对内外部信息进行前置甄别、筛选、分类、匹配,甚至是直接自动撮合交易。企业内部生产组织的各类信息也汇总到智能决策系统,通过智能决策系统处理后形成标准的信息传输到网络协同云平台系统,与外部网络形成交互。这意味着传统制造企业向智能化转型升级必须在建立智能生产系统的同时,搭建另外的网络协同系统。

(2) 网络协同系统的结构

网络协同系统究竟置于智能生产系统内部,还是独立为一个智能子系统,这既取决于智能制造体系的设计思路,也取决于智能制造的技术成熟程度。

通常而言,在智能制造体系发展的初期,人工智能技术还在处于高速发展的过程中,人工智能技术与精益制造技术和智能生产系统的融合,还存在众多需要反复磨合的工作,因此其升级过程通常是先从生产的工艺流程升级开始,即先解决企业内部的生产制造过程的智能化问题。此时,网络协同主要是解决企业内部各智能装备间、生产单元之间、智能系统间的协同。等到产品升级阶段,企业内部的网络协同系统已经基本运行平稳、磨合成型,此时用户参与设计、供应链网络化分包等工作会逐步推开,此时,网络协同系统会复制既有的智能生产系统的协同模式,以不断叠加的形式,增加对外协同的接口。也就是说,网络协同系统的形成过程是由内而外,不断扩展的过程。

随着外部供应链网络、外包生产(服务)协同、消费者协同规模的不断增长,网络协同系统会如同生产性服务业从制造业中不断分离出来一样,独立为一个智能子系统,甚至会因为外部协同的重要性不断提升,反过来引领智能企业本身的智能生产系统。

(三) 传统制造智能化的三个维度

产业升级是使产品附加值提高的生产要素改进、结构改变、生产效率与产品质量提高、产业链升级。产业升级实质是产业技术升级,传统制造企业智能化的过程本质上同样是一个由低技术含量向高度技术含量的技术升级过程,其特色是借助人工智能技术与数字化生产制造技术的融合,全面优化生产制造方式、生产组织的过程、生产消费的范式和技术创新模式,从而实现传统生产方式向智能化生产模式的转变，推动生产制造企业由低附加值状态向高附加值的状态跃升。上述定义其实包含了宏观的模式转型、中观的产业重构和微观的生产方式升级三个层次，据此，传统制造向智能制造的转型升级，也可以从宏观、中观和微观三个层次来分析。其中，宏观视角下的传统制造向智能制造的转型升级，是工业化向智能化升级的问题，即如何从工业化的生产制造范式，转型升级到数字化、网络化、智能化的生产制造范式。其核心议题包括：技术-经济范式的转换、全球价值链的升级、转型升级的战略。中观视角下的制造业智能化，涉及智能化背景下如何构建智能产业体系，以及如何组织智能制造体系的网络协同，包括数字生产要素的引入、智能制造产业的要素组成、智能产业的网络结构与组织模式等，由此确定传统制造产业智能化的升级路径、网络竞争策略等。微观层面的制造企业智能化，是从企业运行的微观视角，分析从传统生产制造企业如何实现生产制造方式的转型，包括向智能技术体系升级、模块化生产方式、个性化定制生产模式等。

借鉴"三链分析法"的概念，笔者将传统制造企业智能化转型升级概括为"生产方式改进、生产组织模式重构、生产技术范式变革"，并从"核心技术链升级、产业组织变革和价值链体系升级"三个维度，提出传统制造向智能制造转型升级的"三链互动升级"模型（见图3-10）。

1. 微观视角下的智能技术升级

传统制造与智能制造存在技术的代差，只有明确技术转型的方向和内涵，才能进一步探讨转型升级的可能路径。按照约翰·汉弗莱（John Humphrey）和赫伯特·施密茨（Hubert Schmitz）的观点，产业升级从低到高有四个阶段，分别是工艺流程升级（Process Upgrading）、产品升级（Product Upgrading）功能升级（Functional Upgrading）和跨产业升级（Inter-sector Upgrading）。[①] 其中，工艺流程升级是指企业通过重新组织产品生产系统或是引进技术，从而降低成本、增加产出。产品升级是指企业通过引入新产品或实施产品升级、产品差异化战略来提高产品的单位价值。功能升级是指企业通过产品功能的升级变迁，使经济活动的整体技能水平不断得到提高，以拥有更多的附加值。跨产业升级是指企业从较低的价值链环节跨越到较高的价值链环节。因此，微观

---

① Humphrey J, Schmitz H. Governance and upgrading: linkingindustrial cluster and global value chain research [R]. Institute of Development Studies, IDS Working Paper, 2000.

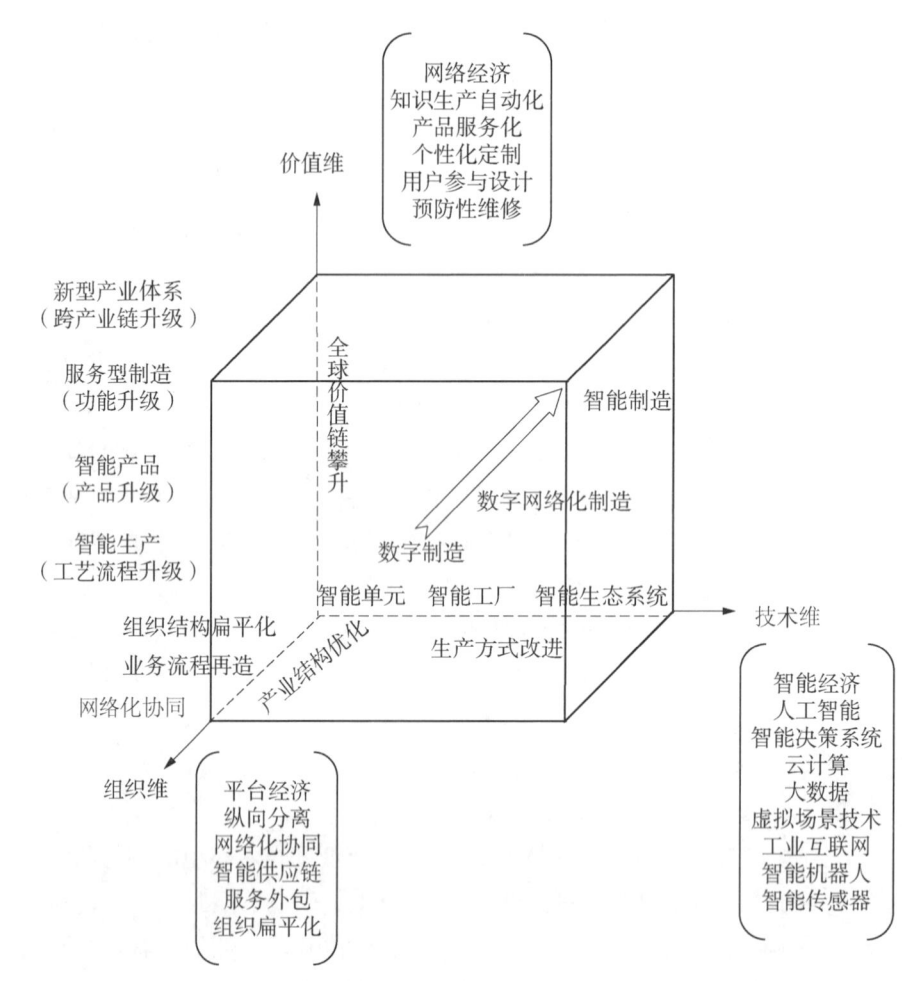

图 3-10 传统制造向智能制造升级的"三链互动升级"模型
资料来源：作者绘制。

视角下的企业智能化始于应用智能技术，以生产制造系统完成技术体系的智能化升级改造为入门标志。

从传统制造到智能制造，是智能技术与精益制造技术、数字制造技术深度融合、迭代升级的过程，能否实现"动态传感、自主决策、高度柔性化自动生产、自适应和自学习功能的专家知识库"，是判别智能化升级成功与否的主要技术标志。智能制造的关键技术体系构成见图 3-11。

智能制造与传统制造的一个主要技术差异，是以智能决策系统的机器智能替换甚至完全取代生产制造环节的人类智能。传统制造从刚性自动化到大

第3章 技术链升级视角下的企业智能化 / 67

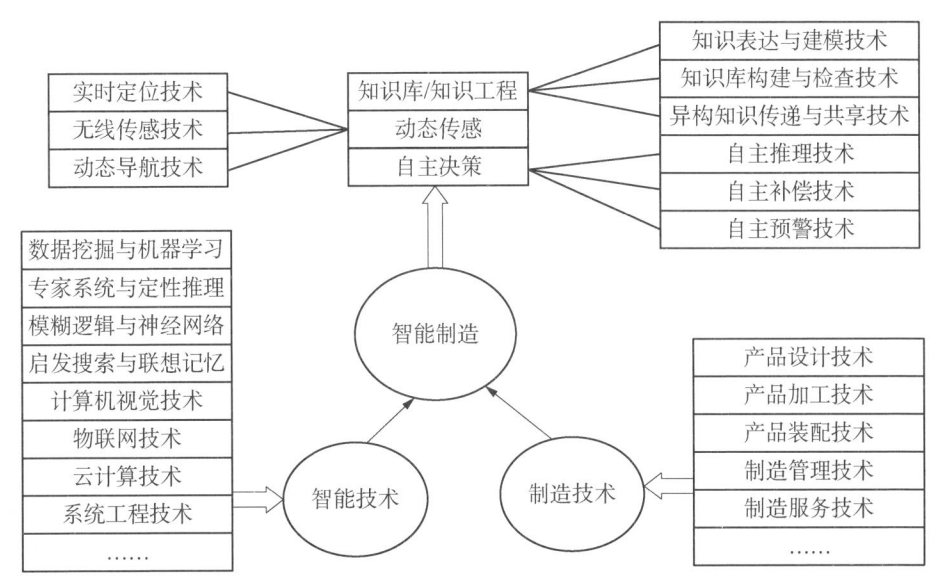

图 3-11 智能制造的关键技术体系构成

资料来源:谭建荣,刘达新,刘振宇等.从数字制造到智能制造的关键技术途径研究[J].中国工程科学,2017,19(03):39—44.

规模制造,再到柔性制造的升级过程中,由于忽视人在高效、高性能生产系统中的关键作用,导致计算机集成系统的发展出现了难以逾越的障碍。[1] 为克服这个障碍,智能制造体系引入了人工智能技术,建立起由智能制造系统与智能制造技术两个部分构成的人机一体化混合系统。其中智能制造系统是指"由智能机器和专家知识库共同组成的人机一体化系统",具有"动态感知、实时分析、自主决策和精准执行"四个典型特征。[2] 其主要功能是模拟人类专家的分析、判断、决策、学习和知识进化功能,延伸人类的智力活动范围,部分甚至全部取代生产组织过程中人脑的决策功能,从而可以用智能决策系统协调供应链、生产线和消费者的各项资源,突破生产制造体系综合效能的提升瓶颈。

智能制造与传统制造的另一个主要技术差异,是高度柔性化的生产重组能力。传统制造对应的是规模化生产方式,其生产线具有生产品种单一、生产线固定、设备重组周期漫长的刚性,很难满足个性化、小批量定制消费模式对生产及时性、产品品质和成本控制的综合要求。解决的办法是建立柔性制造

---

[1] 路甬祥,陈鹰.人机一体化系统与技术——21世纪机械科学的重要发展方向[J].机械工程学报,1994(05):1—7.
[2] 王焱,王湘念.智能制造的基础、组成及发展途径[J].航空制造技术,2015(13):32—37.

系统，以柔性的设备重组来满足个性化定制生产的要求。然而，人脑在设备动态重组、动作高频重复的环境中反应相对迟缓，导致柔性制造始终面临着"人机系统功能匹配"的瓶颈，制约了生产效率的进一步提升。智能制造体系通过引入神经网络技术和终端控制技术等智能技术，将之与精益制造技术进行深度融合，从而赋予生产设备"快速感知、精准定位、动态导航、自主决策、自主预警"能力，整个人机系统因此具备了"智能感知"和"动态重组"的功能，使得机器智能能够摆脱人工干预，自主协调和动态重组生产一线的工序、设备、物料、模具以及各类辅助资源。比如，北京汽车引进的德国汽车智能制造系统，可以在一条生产线上同时生产八种不同的车型，且可以随时转换，大幅提升了个性化定制生产的效率。

2. 中观视角下的产业智能化

中观视角下的传统制造业智能化是产业智能化问题。传统产业这个概念具有时间性和阶段性，其衡量的标准和定义的范围并非一成不变。相对于新兴时代的产业，上一时代的产业通常会被认为是过时的传统产业，比如电力发明出来后，蒸汽动力就被认为是过时了，与新兴的电力技术和电力行业相比，蒸汽机行业就是传统产业。但这种"过时"并不意味着"传统产业"就会立刻被市场淘汰，或者彻底失去生存的空间。事实上，直至超高压输电技术和电动汽车技术都已非常成熟而廉价的今天，传统的蒸汽机行业依然存在，并在不断吸纳新的技术，持续改进。因此本书所讲的传统制造业，特指我们面对新兴的人工智能技术、新能源技术和工业互联网技术，那些仍然处于工业化时代、应用传统的生产制造技术和生产组织模式的制造业。

3. 宏观视角下的技术经济范式变迁

宏观视角下的传统制造智能化，是由工业化向智能化升级的问题，核心是生产-消费系统的技术经济范式转型。技术经济范式在变迁前后存在两种类型的均衡：一类是技术经济范式变迁前，全球价值链体系下制造业的协同创新均衡，表现为跨国公司主导的高技术均衡和国内加工贸易企业主导的低技术均衡。[1] 另一类是技术经济范式变迁后，工业物联网模式下的生产企业的竞争均衡。在前一类均衡中，跨国公司为全球产业分工体系和产品分工均衡的主导力量，并通过技术优势、品牌优势和垄断优势占据了全球价值链的高端，而以中国制造为代表的加工贸易企业，缺少核心技术和市场品牌，主要依靠要素

---

[1] 刘明宇，张琰.制造业协同创新的网络化治理机制与产业升级对策[J].社会科学，2013(04)：52—58.

成本优势融入跨国公司主导的全球生产体系,生产中低端产品和零部件,占据产业链的低端。跨国公司主导的这种全球分工体系,是一个相对封闭的产品内分工体系。这种相对稳定的供需匹配循环体系,因为劳动力无法有效跨国流动、跨国技术和服务贸易的长期不匹配,使进出口贸易双方累积了巨额的贸易赤字和顺差,对国际汇率体系的稳定构成巨大的风险。此外,技术与市场的失衡将削弱企业竞争力,不利于企业获取和维持竞争优势。[①] 因此,面对微观的经济收入不平等和宏观的汇率不稳定,处于产业链低端的加工贸易企业更加急于通过协同创新打破低技术均衡的瓶颈,向产业链的高端升级。

在后一类均衡中,技术经济范式的改变,为处于产业链低端的制造企业向价值链高端攀升提供了历史机遇——工业物联网将生产体系与外部的环境系统紧密联系在一起,网络构架体系的连接机制由企业间的创新合作关系构成,企业得以向整个工业物联网平台的企业寻找创新资源、实现合作创新,从而突破原有链式技术体系下线性创新所必须面对的投入产出约束。[②] 同时,工业物联网体系下,产业链分工的进一步细化增强了各个分工模块的独立性,创新过程也被分解和细化为更加独立的环节,模块化创新大幅减轻了企业对上下游生产环节的要素依赖,整个系统因此能够开展并行创新。[③] 这样,处于价值链低端的企业能够借助技术创新,摆脱在位企业的技术封锁和市场打压,在新的竞争均衡中实现企业的转型升级。

由此,宏观视角下的传统制造业智能化,就转变为企业如何从第一类均衡跨入第二类均衡、实现生产技术经济范式转换的问题,核心是如何克服技术范式转换的瓶颈,快速而又平稳地融入工业物联网模式下的生产协作体系。

(四) 笔者对传统制造智能化的理解

三种视角下的智能化升级,分别从技术链、产业链和价值链三个维度,提出了不同的升级方案、升级路径和政策建议,三者是一体三面的关系,有着相互促进、彼此制约的关系。其中,技术链的智能化升级,从微观层面实现了生产线、生产车间的智能生产,"由点及线"地为智能产业体系的升级提供了技术

---

① 李巍.中小企业创新均衡对竞争优势的影响机理研究——营销动态能力的调节效应[J].研究与发展管理,2015,27(06):10—18.
② Freeman C. Networks of innovators: a synthesis of research issues [J]. Research Policy, 1991(20): 499-514.
③ 张琰.模块化分工条件下网络状产业链中知识创新研究[D].上海:复旦大学,2008.

支撑。产业链的智能化升级,从中观层面为智能技术的知识创新提供了网络协同的平台,企业可以依托网络平台进一步进行顺轨技术创新和知识协同,从而形成技术链与产业链协同升级的互动效应。而宏观层面的智能产业升级是价值链升级的产业支撑,新的技术经济范式在网络协同中成型,小批量个性化定制生产的技术-经济范式在产业组织层面得以体现,而价值链层面的升级又反过来以技术壁垒、平台隔离、节点限制、知识分割等方式,对技术升级和产业升级形成新的制约。

因此,笔者对智能化背景下传统制造业转型升级问题的研究,拟从技术链、产业链和价值链三个维度展开,重点研究四个方面的问题:一是智能技术链、产业链与价值链升级的关系。究竟是产业智能化、生产制造企业智能化,还是智能化背景下制造业的价值链攀升?彼此的关联关系、促进机制和制约因素又是什么?二是智能技术升级的内容、路径与策略。主要回答的问题是:究竟是选择自主研发的技术升级路径,还是选择引进技术的路径?不同类型的企业选择技术升级路径的依据是什么?三是如何构建智能产业体系。企业如何根据网络化协同的特征,在升级过程中提前抢占有利的升级赛道?四是智能化转型升级的战略如何制订。这涉及智能制造的平台体系结构、产业组织模式与技术创新模式。以上就是笔者将重点研究的几个问题。

三、智能技术升级与智能产业升级

(一) 技术升级与产业升级

技术是促进经济发展的重要因素,技术促进经济发展是通过促进产业发展来实现的。[1] 技术创新不仅是影响产业升级和结构转换的核心因素,而且与产业发展之间也存在互补互促效应。没有技术创新,就没有产业结构的演变;没有产业结构的演变,就没有经济的持久增长。[2] 技术创新与产业发展的互补互促,推动经济持续发展、由低级向高级不断演进,企业技术应用和技术更新的周期更迭,推动产业链固定资产投资的周期性更新,进而导致宏观经济出现跨度约为9—10年的朱格拉周期波动。因此,产业升级实质是产业技术升级,

---

[1] Romer P M. Endogenous technological change [J]. Journal of Political Economy, 1990, 98(5): 71-102.
[2] 傅家骥. 技术创新学[M]. 北京:清华大学出版社,1998.

技术链完备是产业链能够顺利运营的必要条件。各环节劳动密集、资本密集、知识密集的不同技术特征,决定了产业链的核心环节和价值分布。[1]

技术链和产业链的互补互促和协同发展,在经济的起步阶段有"技术进步推动产业发展"和"产业发展拉动技术进步"两种模式。[2] 从技术进步与产业发展的关系看,技术的革命带来了产业的变革,技术的边界决定了产业的边界。从技术升级与产业升级的关系看,核心技术链升级能够推动核心产业链升级,企业的技术路线选择直接影响产业的发展空间和创新模式。在整条技术链中,核心技术链升级能够产生关联效应,带动周围的次生技术链升级,为核心产业链的升级奠定基础。核心产业链的发展可以巩固和扩大核心技术链的主导地位,最终以技术标准与技术路线的形式,为企业赢得关键性的市场竞争。因此,研究传统制造企业的智能化升级,首先需要从技术链升级的视角,分析智能制造的技术构成、技术关联和智能技术升级的内容。

1. 技术创新推动产业升级

技术创新与产业升级的关系有两个假说:一是供给推动说,二是需求拉动说。供给推动说认为,技术革命是产业革命的前提,[3]技术创新是产业结构升级的决定手段。[4] 产业发展的起步模式是"技术进步推动产业发展",然后才有产业和技术的交互作用和协同升级。

内森·罗森伯格(Nathan Rosenberg)和乔瓦尼·多西(Giovanni Dosi)认为技术创新活动是由来自影响供给方面的诸如科学知识的发现、技术被发现的概率、研发人员和研发机构的效率、大规模推广创新技术的成本等因素决定的。[5][6] 市场只是被看作研究开发成果的被动接受者。供给推动说意味着"更多的研究开发投入能够产生更多的创新产出",因此,需要将技术研发作为创新发展和转型升级的重点。

然而,国家层面的实证检验并不支持"供给推动"假说。一是增加技术研

---

[1] 高汝熹,纪云涛,陈志洪.技术链与产业选择的系统分析[J].研究与发展管理,2006(06):95—101.
[2] 洪勇,苏敬勤.发展中国家核心产业链与核心技术链的协同发展研究[J].中国工业经济,2007(06):38—45.
[3] 陈爱容.科学革命、技术革命、产业革命的相互作用及其社会效益[J].现代哲学,1986(03):55—58.
[4] 丁云龙,李玉刚.从技术创新角度看产业结构升级模式[J].哈尔滨工业大学学报(社会科学版),2001(01):78—81.
[5] Rosenberg N. nnovation and economic growth [J]. Economic Journal, 1974(3):51-77.
[6] Dosi G. Procedures and microeconomic effects of innovation [J]. Journal of Economic Literature, 1988(26):1120-1171.

发的投入,并不一定能够带来经济的增长。① 实证研究并未发现研发投入占GDP 的比重与各国经济增长率之间存在线性正相关关系。二是无法为发展中国家实现后发赶超提供理论支撑。现实中,许多国家并不真正重视技术创新,也没有将主要资源引向创新部门。② 现有的供给推动假说无法有效解释外国直接投资、产品内分工等的现实问题。

同时,分行业的计量研究则支持"供给推动"假说,但随着产业的技术层次不同,技术创新促进制造业结构优化和升级的效应,也会呈现出明显不同的效果。③ 马特里奥·卢切斯(Matteo Lucchese)对欧盟六个主要成员国的研究也表明,细分行业间技术创新的差异对各国产业结构的变迁有明显的影响。④ 其中,高端制造业的核心技术研发能够促进资源流向新兴技术领域,虽然高新技术行业未必是劳动生产率较高的行业,但技术创新和技术升级显然能够提升高新技术行业的劳动生产率增长率,边际投资收益递增会吸引更多资本和人才流入这些高增长率的高新技术产业,从而有助于产业结构的优化。

需要注意的是,技术创新推动产业升级所形成的产业结构优化效应,通常率先表现为产业结构的高级化,而非产业结构的合理化。由于资源主要流向高端制造业,技术升级(创新)推动产业升级的过程,反而可能会加剧制造业的结构失衡。只有当自主创新能够打破资源流动的障碍,进一步推进新技术向中低端产业和其他行业应用时,高端产业的自主研发才会在促进产业升级的同时,促进产业结构的合理化。

与上述理论推论相违背,傅元海的研究表明,中国制造业的自主创新仅仅促进了产业结构优化,没有促进制造业的升级。只有当自主创新提升高端产业的核心技术创新能力后,外资企业才会形成技术溢出效应,促进产业结构的升级和合理化。⑤

2. 需求拉动引致技术创新

需求拉动说认为创新的主要目的是赢利,需求引导比知识进步更能刺激

---

① 林毅夫.潮涌现象与发展中国家宏观经济理论的重新构建[J].经济研究,2007,42(1):1—6.
② 范红忠.有效需求规模假说、研发投入与国家自主创新能力[J].经济研究,2007,42(3):33—44.
③ 赵惠芳,牛姗姗,徐晟等.基于技术创新的我国制造制造业产业结构升级[J].合肥工业大学学报(自然科学版),2008(9):1485—1488.
④ Lucchese M. Innovation, demand and structural change in Europe [J]. Working Papers,2011.
⑤ 傅元海,叶祥松,王展祥.制造业结构优化的技术进步路径选择——基于动态面板的经验分析[J].中国工业经济,2014(09):78—90.

发明活动。① 实证研究表明60%—80%的重要创新都源于需求。② 需求能够拉动技术创新,进而推动产业扩张和产业升级。其主要机理如下:

一是创新的目的是满足市场需求。企业组织生产是为了满足市场需求,新技术的生产量是由新技术的市场供给和市场需求共同决定的。③ 销售规模的扩大和盈利的变化会刺激企业的研发投入,称为"需求所引致的创新"。随着全球化程度的加深,这种引致创新的市场需求空间也日趋庞大,技术进步成为跨国企业竞争的重要推手。④

二是需求拉动的规模效应会引致创新。迈克尔·波特认为庞大的国内需求能够帮助企业建立竞争优势。⑤ 因为内需市场能够为国内企业提供规模化生产的可能性,进而引发对服务业的各种派生需求,特别是与货物交易相关的服务需求,如通信、运输、批发和零售等,会刺激对新产品和新技术的创新积极性。⑥

三是发展中国家应采取"产业引进拉动技术进步"的起步模式。需求拉动可以引致创新,意味着一个高速增长的内需市场,能够部分替代对外部市场的依赖。发挥本土需求的规模效应,能够引致创新培育出本土企业的能力。⑦ 发展中国家在产业起步阶段,需要高度重视国内市场的需求,而不必照搬发达国家"技术进步推动产业发展"的模式。可以立足于后发赶超,先引进国外的先进技术,在产业复制和技术模仿的基础上建立新产业、新体系,进而随着本土购买者日渐老练、苛求,市场需求的升级会刺激和指引企业不断改进技术、创新产品,从而实现产业成长拉动技术升级。

3. 技术链与产业链的协同升级

技术链、产业链和价值链之间存在协同发展的关联关系。高汝熹将技术链、产业链、价值链之间的关系归纳为三种:

一是技术链决定产业链和价值链。从单一环节看,每一个环节的技术状

---

① Schmookler J. Invention and economic growth [M]. Cambridge: Harvard University Press, 1966.
② [美]阿特拜克 J. M. 把握创新[M]. 高建,李明译. 北京:清华大学出版社,1999.
③ Romer P. Are nonconvexities important for understanding growth? [J]. American Economic Review, 1990, 80(2):97-103.
④ Judd enneth L. On the Performance of Patents [J]. Econometrica, 1985, 53(3):567-585.
⑤ [美]迈克尔·波特. 竞争战略[M]. 北京:中信出版社,2012.
⑥ [美]杰夫·马德里克. 经济为什么增长[M]. 乔江涛译,北京:中信出版社,2003.
⑦ J Zweimüller, Brunner J K. Innovation and growth with rich and poor consumers [J]. Blackwell Publishing Ltd, 2005, 56(2):233-262.

况,决定了该环节的产品种类、市场结构和竞争状况,进而决定了该环节的价值回报。从整体上看,技术链的完备是产业链形成必要条件,而各环节总体上劳动密集、资本密集或知识密集的不同技术特征,决定了产业链上的核心环节和价值分布。[1]

二是价值链对产业链和技术链的影响。如果价值分布在产业链极不均衡,则回报率高的环节会吸引较多的企业进入,进而改变该环节的市场结构和竞争行为;而竞争行为的变化可能引发该环节技术束的变化,例如高回报和激烈竞争会加速技术的升级换代。

三是产业链对技术链的影响。产业链各个环节的需求特征、对该环节的技术变化可能产生重要的拉动作用,例如能源成本大幅提高将会鼓励节能和替代能源的技术研发和运用。产业链某个环节的竞争状况也可能会影响其他环节的技术状况,例如半导体设备商为了降低风险和成本,会向发展中国家外包芯片生产并提供生产技术,整车制造商会提供零配件供应商精益生产、柔性生产、物流等技术。

技术与产业协同发展的机理是:技术与产业协同发展的起步模式是技术进步推动产业生成与发展;在之后的协同发展过程中,技术自身升级的推动力和产业发展对技术升级需求的拉动力共同引致新技术的产生;随着新技术产生和发展,在创新驱动"三维"因素的作用下(要素维、动力维、竞争维),产业也遵循其内外部条件向前发展,产业结构机制、需求结构机制、劳动生产率机制以及贸易竞争机制等得到优化升级,直至升级为与新技术相对应的新产业。

(二) 智能技术升级的新内涵

与传统的技术升级不同,传统制造向智能制造的技术升级,可以分为两个阶段:第一阶段是用人工智能技术和其他高新技术改造传统制造业,表现为智能技术向各行各业的渗透与融合;第二阶段是智能制造体系建立后,企业在新的智能化生产制造方式基础上,顺轨进行智能技术升级。据此,智能技术升级有以下五个方面的内涵。

智能技术升级的内涵之一是用智能技术改造传统制造业,即推进新一代信息技术、智能技术与精密制造技术进行深度融合,加速制造业与服务业在技术融合过程中持续创新。产业融合是智能制造与传统制造的一个重要区别。

---

[1] 高汝熹,纪云涛,陈志洪.技术链与产业选择的系统分析[J].研究与发展管理,2006(06):95—101.

产业融合使得企业边界和产业边界因为范围经济、技术跨界和产品服务化而变得模糊,彼此为适应新的产业分工合作模式而发生产业边界收缩、扩张甚至消失。① 狭义的产业融合主要是指信息技术、数字技术所促进的制造业与信息服务业的整合。广义的产业融合是指不同产业或同一产业的不同行业之间相互渗透、彼此交叉所形成的融为一体现象。② 根据智能技术链升级的这个特征,可以用数字化率、智能化率来衡量智能产业的技术链升级。

智能技术升级的内涵之二是建立数字化生产制造系统,改进生产制造方式。对离散型制造而言,研发环节的数字化升级的主要任务是建立五个方面的数字化系统:虚拟仿真系统、数字化辅助设计系统、计算机辅助制造系统、计算机辅助工艺设计与工艺规划系统、产品数据管理系统。制造环节则主要包括:生产制造的执行系统、生产制造的运行管理系统、数字化的加工制造系统、自动化检测系统和柔性装配系统。对流程型制造而言,研发环节的数字化包括四个方面的数字化:工程套件优化的工艺设计、过程工模拟软件、设备设计与评级、化学制程模拟软件。制造环节的数字化则包括:制造执行系统、制造运行管理、操作员仿真培训系统、调度优化系统、在线控制优化系统、实验室信息管理系统、先进控制系统、无线移动巡检系统。

智能技术升级的内涵之三是拥有智能决策系统。郭进认为传统制造与智能制造存在技术的"代差"。从传统制造到智能制造,是智能技术与精益制造技术、数字制造技术深度融合、迭代升级的过程,能否实现"动态传感、自主决策、高度柔性化自动生产、自适应和自学习功能的专家知识库",是判别智能化升级成功与否的主要技术标志。③

智能技术升级的内涵之四是动感感知能力的升级。传统的制造技术升级主要集中于制造能力和生产效率的升级,而智能制造体系通过引入神经网络技术和终端控制技术等智能技术,将之与精益制造技术进行深度融合,从而赋予生产设备"快速感知、精准定位、动态导航、自主决策、自主预警"能力,整个人机系统因此具备了"智能感知"和"动态重组"的功能,使得机器智能能够摆脱人工干预,自主协调和动态重组生产一线的工序、设备、物料、模具及各类辅助资源。

智能制造技术升级的内涵之五是企业专家知识库和企业知识创新模式的

---

① D B Yoffie. Competing in the Age of Digital Convergence [J]. California Management Review, 1996,38(4):31-53
② 厉无畏,王振.中国产业发展前沿问题[M].上海:上海人民出版社,2003.
③ 郭进.传统制造企业智能化的路径选择研究[J].人文杂志,2021(6):69—78.

升级。智能制造业是典型的专业供给商行业(Specialized Supplier Industry),其最本质的特征是信息系统为生产制造体系增加了自动认知、深度学习等功能。默会知识(Tacit Knowledge)的积累对智能制造的智能决策系统实现上述功能非常重要。因此对智能制造企业而言,智能技术链升级的核心在于专家系统、智能知识库、智能决策模型的升级,使企业能够更加及时准确地将这种在生产、销售、协作和服务过程中积累的默会知识显性化、标准化、模型化。

(三) 智能技术促进产业升级的机理

相对技术升级与产业升级的普遍规律,智能技术升级与智能产业升级另有独特之处,突出表现为智能技术范式变革引发一系列产业变革,包括产品智能化、产品服务化、服务型制造、决策智能化、协同网络化等,为技术与产业的互动升级提供了新的研究视角。既有的产业升级研究主要从全球价值链、国际贸易和投资、创新驱动、产业协同演进等视角展开,相关议题包括如何优化产业资源配置、提升生产技术水平、强化市场竞争优势等。但对于技术进步如何促进生产技术范式变革,驱动产业转型升级,却缺少系统性的深入研究。尤其是对互联网技术促进制造业转型升级的研究,散见于网络状产业链、ERP、电子商务、大数据、智能制造等领域,至今缺乏"智能技术促进制造业转型升级机理"的深入研究。

所谓机理,主要是从系统要素构成、结构功能及技术原理等角度,讨论系统运行的规则和原理。机制则原指机器的构造和动作原理,进而被引申为机体的构造、功能及其相互关系,目前泛指组织机构为实现既定的功能,内部各要素之间以及内外之间相互关系以及相互作用的方式和过程。机制的外延比机理大,通常包含人为的组织因素。机理是机制的内核,只是一个理念或者逻辑原理,由具体的理论、数据和事实构成,一般不包含人为的组织因素。智能技术对制造业转型升级的影响,主要通过"技术经济范式变革、生产制造方式升级、效率提升机制、供应链流程再造、商业模式创新"五个机制实现。

1. 智能技术推动技术经济范式变革

(1) 技术经济范式的定义与成因

所谓技术-经济范式是一定社会发展阶段的主导技术结构以及由此决定的经济生产的范围、规模和水平,[①]表现为使用技术实现某种经济目标的思维

---

① 王春法.新经济:虚幻与真实——经济大国的复兴之路[M].北京:中共中央党校出版社,2003.

模式、产业化模式和生产消费模式。

技术-经济范式之所以存在,是因为生产方式必然建立在特定的生产技术基础之上,企业的生产方式、社会的发展模式不可能超越其所处的技术阶段,技术水平和技术轨道决定了生产的技术边界。同时,任何技术都处于发展之中,并遵循着其特定的逻辑和规律,这些逻辑和规律形成特定的技术轨道,技术轨道的边界决定了经济模式的潜在边界。乔瓦尼·多西将这些技术轨道称为"技术范式",即挑选出来的解决特定技术问题的一种"图景"(或模式),以及那些以获取新的知识为目标,并尽可能地防止这些新知识过快地扩散到竞争者的特定规则。[①]

技术范式一旦形成,就需要在一段时期内保持相对的稳定性,使企业能够在技术锁定的情况下实现有效的规模扩张。在这种相对稳定的技术范式下,主导技术体系决定了生产的水平、经济范围和最优规模,即特定的技术-经济范式。技术经济范式成型的过程并非一蹴而就,而是技术、企业与市场之间长期竞争和反复博弈的结果。李宇将之归纳为两种类型的竞争:一种是旧有技术范式同新技术范式之间的竞争,另一种是新技术范式之间的竞争。[②]

在第一种新旧范式的替代竞争中,新的技术能否取代旧的技术取决于技术使用成本与技术使用收益的比较,而非通常认为的技术普及性和技术使用成本的比较(见图3-12)。其原因是旧的主导技术由于普及度较高,能够从多种渠道获取,使用成本也相应较低。新的技术在成为主导技术之前,无论是普及性还是使用成本,都无法与旧的主导技术相比。因此,新技术通常选择价格敏感性较低的高收入群体为目标客户,从而能够更高的市场定价摊销研发成本。但是新技术要想成为主导技术,必须占领更为广阔的大众消费市场、新技术范式能够替

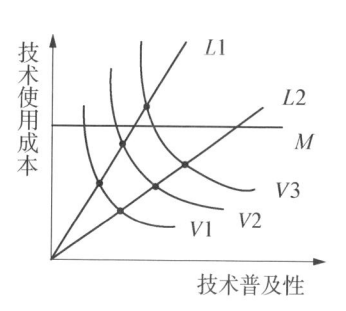

图3-12 不同技术范式的竞争

资料来源:高良谋,李宇.企业规模与技术创新倒U关系的形成机制与动态拓展[J].管理世界,2009(08):113—123.

[①] Dosi G. Technological paradigms and technological trajectories [J]. Research Policy,1982,11(3):147-162.

[②] 李宇,郭庆磊,林菁菁.企业集团如何引领产业创新升级一个网络能力视角的解析[J].南开管理评论,2014,17(06):96—105+157.

代旧的技术范式的前提,要么是在同样的成本开支下,能为企业带来尽多的收益;要么就是在相同的销售收入下,节约更多的成本。因此,以往发生的新旧技术范式替代,通常是成本-收益的竞争,然后才是规模经济和范围经济的比拼。

第二种竞争是各种新技术之间范式竞争。新技术之间的竞争具有极大的不确定性。一是因为技术变革本身具有不确定性,当局者并无法准确预判哪一种技术更具有发展前景,能够更早取得关键性的技术突破。二是因为技术变革由重大技术创新和众多渐近式技术创新的组成,是少数主干技术和若干分支技术组成的技术体系变革,同时在技术、组织和管理三个维度展开。不同技术路线博弈的结果往往并不完全取决于主干技术的种类、路径、先进性和成熟度等因素,更为关键的是要在技术先进性和市场扩展性之间取得平衡。一项主干技术能否成为主导市场的主流技术,更取决于该主干技术的可复制性和普及性,使后续的技术创新能够以较低的成本迅速市场化、产业化,渗透到既有的行业,以技术创新带动市场销售模式创新,进而带动整个生产方式、生产组织模式、增长模式的变革。因此,新的技术范式竞争是可复制性和普及性的范围经济竞争。

(2) 传统技术经济范式的困境

现行的技术经济范式被称为第五次技术-经济范式,是工业化由蒸汽化—电气化—自动化阶段,升级到信息化阶段之后,一种自动化与信息化初步融合的技术经济范式。该范式有如下特点:一是生产制造过程高度自动化。自动化生产是第五次技术-经济范式的主要特征。继蒸汽机替代人力和畜力以来,人类的生产方式就一直在延伸人体机能的道路上持续改进,并终于在信息化时代达到了全自动化精密生产的高度。精密制造、机器人和系统集成等技术的成熟,使得自动化系统能够以相对合理的价格广泛应用,极大地提升了生产制造过程的效率,同时最大可能地减少了生产制造一线的工人数量。二是管理系统实现信息化。信息技术的普及使的企业和社会的管理进入信息化、网络化时代,但是工业生产系统对稳定性、精密性的严格要求,导致加工制造环节的信息化推进缓慢。三是追求生产成本最小化。由于社会系统的高度复杂性,生产供应系统还无法精准地掌握每一个消费者的个性化需求,也没有能力对消费者和供应链的信息进行及时、准确的数量化分析,因此自动化生产对应的是企业规模化扩张,整个社会的供需匹配模式是通过批量化生产不同标准型号的方式,来满足不同消费者的需求。比如,衣服分为不同大小的型号,分别满足高矮胖瘦者的不同需求,而非为每一个人量体裁衣地定制生产,从而以成本最小化的生产方式对接社会需求。四是产品标准化。对应成本最小化,标准化中间产品和最终产品更有利于发挥管理信息化的优势,最小化更换产品型号而带来的更换系统费用和供应链调整费用,使企业能够充分发挥刚性生产制造系统的效率优势,将产品转换的成本降至最低。这种产品标准化的思路发展到极致,就是模块化。五是全球化。其核心特征是产品内分工、全球片段化生产和普遍的外包生产。与之相对应全球跨国公司成为全球化生产的主要组织者和推动者。

然而,现有的技术-经济范式也面临着巨大的困难和瓶颈,突出表现为以下几个方面:

一是批量化的生产模式无法真正满足用户的个性化需求。第五次技术-经济范式下,生产制造能力的极大提升,使人类总体进入了生产过剩的时代。物质产品的极大丰富,将世界带入买方市场,谁能满足用户的真实需求,谁就能赢得竞争。因此,以标准产品进行批量化、规模化生产的方式,已难以适应商品过剩时代的市场竞争,必须提升给用户精准画像的能力,以个性化定制生产、动态及时交货,甩开竞争对手。

二是刚性的生产系统难以适应快速转换品种的个性定制化要求。面对一个海量的、碎片化的、实时的、多场景的需求,企业如何能够满足或者应对这样的需求,是传统制造企业转型升级所要解决的根本问题。现有的自动化生产系统主要满足连续化生产而设计,即使是号称能同时生产数种车型的模块化汽车生产线,也只能为离散型制造提供有限的车型转换能力。流程型制造则依旧需要较长的转换时间和转换成本。美国国家标准与技术研究院(NIST)将智能化转型升级归为三个基本问题:差异性更大的定制化服务、更小的生产批量、不可预知的供应链变更和中断。德国弗劳恩霍夫研究院认为工业4.0的逻辑起点就是如何适应产品需求的快速变化。

三是管理信息系统需要实现办公自动化系统(OA)与信息技术系统的融合。目前的管理信息系统只是建立了办公自动化系统,实现了办公自动化,而没有能够进一步与信息技术系统融合。导致两者融合缓慢的主要原因,是技术-经济系统很难成功模拟人类智慧,其进程远远滞后于人体物理机能的扩展。这表现为生产制造系统的效率得到了极大的提升,日益接近纯机械系统所能达到边界,而生产制造系统的组织能力和社会系统的决策能力,仍然严重依赖人类智慧,远远未达到生产制造系统的效率提升幅度。这种生产组织能力与生产制造能力的不同步性,严重制约了生产制造系统的性能发挥。

四是全球化生产带来海量的组织协调工作。全球化建立在产品内模块化分工的基础之上,现有的生产组织能力已经无法支撑全球化分工的进一步细化。从技术能力上,主要表现为宏观和微观两个层面的组织能力滞后:在微观层面,高度的产品内分工已经细化到生产工序这个层面,海量的生产组织协调工作,尤其是生产制造一线的组织协调工作已经超过了人类身体机能的极限,必须依靠智能决策系统来接管生产一线的组织协调工作。在宏观层面,海量的决策变量给人类的决策提出了如何提高决策科学性和及时性的问题,传统的专家知识库、决策模型等信息决策系统,在人工智能、深度学习模型等新一代智能技术面前,已经变得无比陈旧和简陋,也迫切需要应用新一代的智能技术,用机器智能替代人类智慧,实现生产组织功能的智能化。

(3) 智能技术经济范式的特征

面对第五次技术-经济范式面临的瓶颈问题,智能技术-经济范式着重以"智能化、数字化和信息化"的"第三次工业革命"为基础,推动"大规模、批量化"的生产模式向"柔性生产和智能生产、精益生产、灵捷制造"等三个方向升级,[1][2]以满足消费者个性化、主体化、多样化的需求变化。

数字化、网络化、智能化突破范式瓶颈的机理:一是在宏观层面用精确量化管理解决复杂的供销匹配问题,使按需生产成为可能。传统范式缺少精准量化需求的技术和手段,因此无法及时、准确地掌握消费者的真实需求,也无法精准掌握供应链、生产链和流通链等各生产-流通环节的供应动态,所以只能以生产标准型号产品的形式,满足消费者。智能技术的突破,使得建立一个完整的数字化社会体系成为可能,体系中的任何一个基础单元和环节,都被赋予一个唯一的数字解析标识,并可以纳入数量化模型予以描述和分析,从而为准确掌握个性化需求信息、精准描绘消费者需求画像,由定性管理、经验管理、人工管理向全面定量化管理、数字化管理和柔性管理的升级,实现全面数字化管理提供了前提。

二是在微观层面建立动态感知系统,使办公自动化系统与信息技术系统融合成为可能。宏观层面实现数量化精确管理,还需要在产业层面实现与微

---

[1] 汪应洛,孙林岩,黄映辉. 先进制造生产模式与管理的研究[J]. 中国机械工程,1997(02):63—73+124.
[2] 杜传忠,杨志坤,宁朝山. 互联网推动我国制造业转型升级的路径分析[J]. 地方财政研究,2016(06):19—24+31.

观生产系统的实时对接,即办公自动化系统与信息技术系统的融合。传统的办公自动化系统与信息技术系统是分立的,因为两者对动态感应、实时操作的即时性要求显著不同,现有的技术无法满足两个系统的无缝对接和即时响应。智能制造技术、动态传感技术和 5G 高速通信技术的成熟,使得建立一个完整的智能传感网络成为可能。以智能生产线和智能工厂为基础,智能传感网通过嵌入生产制造系统,借助工业互联网与企业的办公自动化系统实现对接,使办公自动化系统能够在工业互联网和智能操作系统的加持下,实现远程低延时甚至是即时操作,从而实现生产制造系统与需求管理系统的实时对接,使个性化的消费信息能够及时地传输和汇总到生产一线,批量化定制消费因此成为可能。

三是智能技术替代人脑决策,使高度柔性化生产成为可能。高度柔性化生产需要在生产管理层面大幅提升了生产线模块化重组的效能,降低生产线和供应链动态重组的成本。这涉及数以万计,甚至是数十万级别的零部件供应管理、设备管理和工序管理,人类的大脑和生物机体根本无法适应如此规模和级别的生产组织工作,这正是传统的生产线通常都选择刚性系统的主要原因。智能技术的发展使得机器大脑已经能够在较大程度上追平甚至超越人脑的功能,比如深蓝打败卡斯帕罗夫。机器智能可以满足生产制造现场在高速运转和动态场景模式下,所需要的高精度识别、分类、重组和加工等功能。融入工业互联网平台的智能生产管理系统,则借助模块化协同功能,在纵向供应链协同、横向分工模块协同和微观工序协同等三个层面,使高度柔性化生产以功能模块动态重组的形式成为现实,从而补齐了个性化定制消费的成本短板,整个智能化技术-经济范式因此成行。

四是智能技术进一步细化全球产业分工。目前的全球化是基于产品内分工而建立,智能技术在此基础上进一步向工序分工、模块化分工演进。智能技术大幅提升了企业跨区域、跨平台的并发协同能力,数据要素化、产品服务化和知识协同均使得企业需要更加专注于自身具有竞争优势的领域,新的工序分工、知识分工的网络全球化模式,将替代目前基于地理区域、资源禀赋和市场临近等因素建立起来的全球化,并极大地改变全球产业布局和分工模式。也就是说,在智能技术-经济范式下,产业的空间布局将基于网络节点展开,提升节点的中心性将成为产业竞争、创新竞争的焦点。

综上所述,智能技术从网络体系和智能决策的角度,化解了第五次技术-经济范式所面临的四大瓶颈问题,构建了一个基于个性化定制消费的技术-经济范式,颠覆性地重构了整个企业竞争的商业逻辑、产业的分工模式和产业的全球布局。传统制造企业的转型升级,因此需要面向新的技术-经济范式,在生产制造方式、生产组织模式和知识创新方式上,分别实现技术升级、产业升级和价值链升级。

2. 智能技术改变生产制造方式

智能技术推动传统制造业转型升级的第二个机理是变革生产制造方式,提升制造效能。生产制造方式包括产品的生产制造方式、技术的作用方式和要素资源的组合方式。智能技术从要素构成、产品形态、制造方式等三个方面,推进数据要素化、产品智能化和高度柔性制造,以满足消费者个性化、主体化、多样化的需求变化,进而推动传统的规模化、批量化生产模式,向高度柔性生产、个性化、小批量、服务型制造模式转型升级。

(1) 数据要素化

数据成为基本生产要素,并参与生产-消费的全过程,是智能技术-经济范式的典型特征,数据也因此成为企业竞相争夺的关键资源。优化要素资源的组合,是产业创新和技术升级的重要方式。数据要素的加入不仅改变了企业的生产函数,而且也改变了终端产品的形态。这种从源头到终端的改变,表现为生产制造方式的重大转变。

一是在现有物理世界基础上,构建起一个智能感知的产业数字化体系。这个体系是现实物理世界的数字镜像,具有全感知、全联接、全场景、全智能的能力,是一个集数据采集、传输、存储、处理和反馈为一体的全新数字经济体系,能够打通不同层级与不同行业间的数据壁垒,构建起一个克隆现实的虚拟数字世界,为收集数据信息筑牢了基础。

二是构造一个数字化的虚拟生产和控制系统。在虚拟现实的基础上,数字要素进一步向生产制造等细分行业渗透与融合,建立起基于闭环流动数据的虚拟生产系统和强化学习模型。通过"状态感知、实时分析、科学决策、精准执行"四个环节,将生产制造系统的模拟信息和供应链的状态信息,转换成连续的数字信息,据此帮助智能制造系统描述、诊断、预测、决策,实现数据驱动的生产过程优化。

三是数据要素提升资源的配置效率。通过智能感知系统把物理世界的信息转变成可以标准化处理的大数据,再通过智能决策系统把数据变成知识、知识变成决策,以此全面赋能生产、研发、销售、服务各个环节,实现从流程驱动向数据驱动的转变,从而将经验决策升级为模型决策和机器学习的自我迭代升级,大幅提升生产制造过程的效率和各环节资源配置的效率。也即,数据资源要素化通过改进和优化现有系统的工艺和流程,实现资源配置的优化和效率的提升。

四是数据要素化与智能化的进程合二为一。人类生产制造方式的演变可以划分为五个阶段:农业化、工业化、网络化、数字化、智能化。数字化是继工业化、网络化之后一个新的阶段。但是由于5G、人工智能、精密加工等技术的迅猛发展,数字化作为一个独立发展阶段的存续时间被大幅压缩,且与网络化、数字网络化和智能化的进程密切交织。因此,在经济长周期的视角下,数字化阶段可以被视为智能化的一个前置进程,合并入智能化的发展阶段——数字化为智能化累积了分析数据、建构了产业基础、搭建了虚拟环境,数字化是智能化推广应用的根基;智能化是提升数字化工效的有力工具,离开人工智能技术所提供的智能分析和智能决策工具,数字产业化和产业数字化都将很快陷入海量数据的围堵,局限于对既有生产方式的局部优化和现有网络生产组织模式的有限改良,并且在海量的数据信息中迷失前进的方向。

(2)产品智能化

在智能制造体系中,随着生产的目标由追求效率和效能,转变为追求生产和消费的效果,产品的物理形态和功能的实现模式都发生变化,表现为三个方面的产品智能化:

一是产品互联化。未来的产品都是面向互联网的智能互联产品。工业时代的产品是彼此独立的,尤其是作为最终消费品的商品,其功能的发挥依赖于独立的物理形态。数字时代的产品则首先必须是一个互联网产品,产品需要具备可监测、可控制、可优化、自感知等基本智能功能,以便降低人工现场干预的机会成本。是否具有联网功能和智能组件,是区别传统产品与智能产品的必要条件。

二是产品虚拟化。数字要素化使得中间产品和终端商品的形态发生变化,智能制造的产品可以是不具备物理形态的软件产品和数字服务。比如,现在通过音乐网站购买数字音乐的付费服务,可以下载高品质音乐产品。未来随着终端产品的数字化和3D打印技术的成熟,生产制造企业间的中间产品协同也可能是一个个富含知识的软件包或是数据产品,而生产加工的过程则是数据要素组合和数据模块嵌入物理实体的过程,终端产品日趋数字化、虚拟化。

三是硬件与软件解耦。智能互联产品由四个部件组成:动力部件、执行部件、智能部件、互联部件。其中,动力和执行部件是传统产品功能的延续,而智能与互联部件服务于智能产品的特有功能。为调和个性定制与工业批量化生产的成本矛盾,产品智能化需要从技术体系和产品架构层面将四个智能部件进行解耦,实现软件与硬件相分离,硬件变得越来越通用化,而软件服务变得越来越可编程。让"变化快"的软件摆脱束缚,使之变化更快;让利用率高的硬件逐渐沉淀趋于统一,可用性更高,①以平衡个性化定制消费固有的不确定性、高成本,与工业生产追求低成本、规模化的内在矛盾。其中,硬件标准化、模块化能够提高资产通用性,使个性化定制生产的硬件部分可继续沿用规模经济的生产逻辑,大规模、批量化地生产标准化工业产品,以降低生产成本。智能化的软件部分则主要用于满足个性化定制,比如手机都是相同的配置,但可以根据用户的不同付费,提供不同功能的软件服务和定制服务,由此相同的硬件产品可以面向不同客户,提供多样化、个性化的服务,软件可以在智能技术的加持下沿着范围经济和功能提升的路径持续升级,不必对企业生产制造的硬件装备进行更新。与智能产品"软硬解耦"的趋势相适应,整个生产制造的方式也由机械控制、电子控制,转向软件控制、云端优化。

(3)服务型制造

围绕个性化定制生产和服务,需要企业实时洞察客户需求,及时对接客户并提供相应的商品和服务,信息和数据在生产消费循环中的地位和作用因此日益提升。随着数据要素化、产品虚拟化、软硬解耦和3D打印的普及,软件定义的机器使硬件在生产制造中的比重日趋下降,未来所有生产商都将转型成为客户运营商,服务型制造将成为重要的生产制造方式。

一是服务成为生产制造的重要组成部分。在个性化定制消费的商业模式中,随着产品由功能导向转为"功能+体验"导向,客户的注意力从关注商品的性价比、产品功能、耐用性等,转移到文化认同、企业品牌、参与度、分享与交流等,消费日益社群化、体验化和品质化。产品交付客户仅仅是服务型制造的开始,持续提供后续的内容更新和软件升级,才是提升定制消费的品质、提升用户黏性的核心。

二是服务型制造的核心是用户需求导向。传统的生产制造以产品为中心,是供给满足需求的逻辑,企业生产什么,市场上就销售什么,生产部门占据

---

① 安筱鹏. 数字化转型的逻辑,重构基于"增量"的创新体系[EB/OL]. [2021-03-18]. https://www.sohu.com/a/456272670_470089.

主导地位。所有的商业逻辑和商业模式围绕着销售商品展开,产品的质量、价格、交付期限等是各方关注的焦点。但服务型制造以消费者的需求为导向,是需求引领供给的逻辑。生产制造以满足消费者全生命周期的体验为重点。用户不仅是消费者,也是设计和生产的参与者,甚至成为主导者,整个生产制造过程和商业模式围绕用户的需求变化而展开。这是与传统的商品制造完全不同的理念与生产方式。这要求企业的售后服务部门由维修和保障的功能定位,转变为生产制造的一个部门,不仅需要动态跟踪智能商品联网反馈的信息,而且要主动地提供服务产品、创造服务需求。

三是生产与服务一体化。服务型制造的生产与服务都是预先设计好的,是一个整体框架下由智能决策系统按照事件流程进行整体安排,是一个个预设场景的逻辑选择后的流程安排,即智能制造虽然具有智能,但这种智能是基于算法逻辑和预设流程实现的,通常不会超越已有方案库,即不会有人类所谓的随机应变和临场发挥。这种设定是出于保护人类自身安全和生产系统可控,而被人类先天安排在智能系统之中的。因此,智能生产系统里的服务型制造是一体的,通过高速的工业互联网将分布式存在的模块化智能装备,连接成一个动态的智能生产线,智能传感系统将数字化的生产加工状态信息实时传输给现场管理系统和智能决策系统,实现实时分析、实时评估和智能决策,信息在生产制造系统、管理系统和服务系统中是实时共享的,而不像传统的生产制造过程中信息是碎片化、事后检测确认的。

3. 智能技术优化生产组织模式

智能技术优化生产组织模式表现为三个方面的再造:一是对工厂车间的生产组织流程再造,二是企业间协作流程的再造,三是对供应链体系的流程再造。

(1) 生产流程再造

一是流程再造是依托工业互联网体系而展开。在智能技术经济范式下,工业物联网不仅仅是一个信息发布和技术交易的平台,更是整个技术经济系统的神经网络,甚至是中枢载体。从功能上看,数字制造、人工智能、工业机器人、添加制造和远程通信、虚拟场景这些基础性的关键技术,解决是生产加工现场的智能制造和场景再现问题,但只有通过工业物联网的桥梁和纽带,才疏通了生产制造系统与消费市场动态沟通的渠道,消除了"产销之间长期存在的信息不对称问题",将点上的技术突破转化为对整个生产流水线体系的全面改造,发挥出智能化柔性制造系统"1+1>2"的协同创新效应,促使制造业的竞争模式由规模经济向范围经济转变、生产方式由"以产定销"向"按需生产"转变。

二是微观层面的流程再造表现各功能模块按任务组织生产。工业物联网体系下的工厂车间生产,生产任务的流程管理不再以订单的层级管理为重点,生产流水线通常无须根据订单任务进行临时的刚性调整,而仅仅是依据智能生产系统的控制指令,在既有的流水线上完成各自的标准模块任务,最后通过组装模块,以拼积木的形式完成定制生产,以实现个性化定制生产的成本最小化。

三是组织管理层级扁平化。生产场景再现、生产模块重组和远程精确控制等信息技术和自动化技术的进步,大幅提升了企业管理人员的沟通便捷和管理幅度,使企业的决策层能够实时、精准地掌控一线的生产作业,管理范围的扩大使得压缩管理层级成为可能。当企业的每一台设备、每一个人都成为一个信息沟通节点时,中间管理层的功能和职能将进一步弱化,层级式的管理因此不断松动,组织体系扁平化、柔性化成为趋势。

(2) 模块化网络协同

在企业间协作方面,模块化网络协同成为智能制造体系的主要协同制造模式。与以往的模块化、网络协同相比,模块化网络协同有如下的特征:

一是智能企业间的分工进一步细化。分工可以提升效率,而分工程度取决于分工可能带来的收益,以及分工所增加的协调成本。20世纪70年代以来,信息技术的迅猛发展和海运费用的节约,使得全球片段化生产的协调成本大幅下降,全球产品内分工迅速普及。但受制于专用性资产投入、人力资本累积和产业配套体系、资金成本等因素,全球片段化生产目前基本接近极限,这是全球化退潮的内在技术因素。工业互联网的出现,能够进一步发挥网络平台的协调优势、成本优势和知识传播功能,从而降低企业内外部的协调成本,加速全球市场的整合力度,促使范围经济取代规模经济和成本竞争,成为工业互联网时代的主流竞争模式。范围扩展、竞争加剧和持续创新等要求,都使得企业的资源和能力捉襟见肘,难以在每一个领域和环节都保持竞争优势,强化核心竞争力、采取差异化竞争策略成为理性选择,这一方面促使企业更加聚焦核心业务,另一方面促进产业分工的进一步细化。

二是分工细化以模块化形式深入。企业的业务流程因智能制造和知识自动化而发生改变,基于泛在网络,用户可以通过智能终端及各类付费云服务平台,即时获取所需的制造资源与能力。消费需求及其获取资源方式的变化,使得平台和企业都需要专注于核心业务,以图在知识付费、专业服务和创新竞争的长跑比拼中胜出。过度专业化可能带来的巨量的社会化协同等问题,则通过标准化、模块化、平台化的形式,借助机器智能的超级计算能力和算法优化模型予以解决。只掌握核心技术、解决方案而没有生产实体的运营总部、网络企业、虚拟企业,成为工业物联网体系下重要的组织模式创新,制造业的形态和生产组织模式因此由有界趋向无界、从有形走向无形,知识生产率替代劳动生产率成为制造业决策制胜的终极力量,最终实现对制造企业组织体系的优化。

三是模块化协同以非核心业务的网络分包形式展开。生产组织的模块化为网络化协同创造了内外部条件,协作企业增强了生产柔性、降低了生产投资风险,获得了低成本优势,加强了对市场的应变能力,也强化了协作企业在专业领域的竞争优势。[1] 智能制造的网络平台则可以凭上述优势吸引不同类型的企业,形成智能制造的网络集群,众包研发、协同创新、个人制造等基于网络的分布式、柔性生产组织成为变革的主要方向。[2] 企业将非核心业务分包给更为专业的企业,自身一方面集中精力和资源壮大核心竞争力,另一方面通过非核心业务模块的分包,获取外部的技术,自己则成为资源的整合者,从而打破了行业垄断和市场分割,促进基于网络协同的统一大市场的加速形成。

(3) 供应链流程再造

当企业进一步升级至工业物联网体系后,企业扁平化趋势进一步加速,供应链管理的三个核心要素均发生变革:

一是供应链网络结构更加复杂、更加动态化。[3] 互联网时代,企业分销渠道不断减少甚至完全取消中间环节,[4] 越来越多的厂商通过"脱媒"产生效能,[5] 流通组织模式由渠道控制向供应链整合升级。[6] 供应链整合力的提升对企业的财务绩效、市场绩效和运作绩效的获取均发挥了积极作用。[7]

---

[1] 李刚,孙林岩,李健.服务型制造的起源、概念和价值创造机理[J].科技进步与对策,2009,26(13):68—72.
[2] 童有好.互联网+制造业的路径与机遇[J].企业管理,2015(06):6—11.
[3] 何哲,孙林岩,李刚.中国制造业发展战略的研究评述与展望[J].科学学研究,2008(S1):83—92.
[4] 李海舰,原磊.论无边界企业[J].中国工业经济,2005(04):94—102.
[5] 罗珉,李亮宇.互联网时代的商业模式创新价值创造视角[J].中国工业经济,2015(01):95—107.
[6] 谢莉娟.互联网时代的流通组织重构——供应链逆向整合视角[J].中国工业经济,2015(04):44—56.
[7] Patnayakuni R, Rai A, Seth N. Relational antecedents of information flow integration for supply chain coordination [J]. Journal of Management Information Systems, 2006, 23(1):13-49.

二是信息治理成为供应链管理的核心。供应链管理模式由供给驱动转化为需求驱动,供应链需要对用户需求做出快速反应,从而向高度柔性化方向发展。① 为保证所有参与主体在交往过程中产生高质量的业务、流程、数据和行为,最终创新价值,②供应链的管理的重点由业务管理向信息治理调整,实现信息治理驱动的供应链业务流程整合。

三是链主企业主导供应链优化。制造业的链主企业借助工业物联网的技术优势和生产配套优势,加速向服务领域延伸并迅速扩展经营范围,传统的加工组装式产品制造模式,开始向"制造+服务"和"产品+服务"的融合发展模式转变,由此,范围经济替代规模经济成为制造企业的主要赢利模式。工业互联网平台企业则发挥网络平台优势和信息技术优势,依托人工智能、大数据等技术不断精确扩展服务群体、细化业务收入来源,为产品制造过程提供从研发设计、生产制造、系统集成到经营管理、信息服务、市场销售和运维服务等一系列的全方位服务,将业务链向制造业的前端设计和后端服务等领域延伸,不断通过外包生产和服务外包,强化与制造业上下游产业链、生产性服务业的协作配套关系。供应链流程再造已不再是智能制造体系外部的事务,而是链主企业主导下网络协同业务的重要一环,纵向一体化、产业链扁平化都将成为智能制造流程再造的重要选项。

4. 智能技术改变企业创新模式

在智能制造体系下,企业的技术升级模式也发生重大的转变,主要表现为创新动力、资源配置、知识传播等三个方面的变化。

(1) 用户成为企业知识创新的重要来源

熊彼特认为竞争的本质是创新的竞争。③ 在智能制造体系下,熊彼特的这个论断日益成为常态。需求导向、个性化定制、用户参与设计等一系列变化,大幅提升了消费者在整个生产-消费循环中的作用。消费者成为重要的创新资源,互联网提供了基于网络的原型、虚拟产品测试和虚拟市场测试等多种方式,使企业可以将消费者或客户的集体智慧融入创新过程,④使制造企业借助

---

① 陈正阳. "互联网+"时代下的供应链管理变革——模式、趋势与系统构建[J]. 中国管理信息化, 2016,19(19):44—45.
② 宋华. 新兴技术与"产业供应链+"——"互联网+"下的智慧供应链创新[J]. 人民论坛·学术前沿, 2015(22):21—34.
③ [美]熊彼特. 资本主义、社会主义与民主[M]. 上海:上海译文出版社,2020.
④ Sawhney M, Verona G, Prandelli E. Collaborating to create the internet as a platform for customer engagement in product innovation [J]. Journal of Interactive Marketing, 2005,19(4):4–17.

智能化集成提高人类脑力劳动的自动化效率成为可能。互联网环境下消费者的增权过程，使智能制造需要将更广泛的人的范畴纳入智能制造体系，不仅推动企业商业模式向开放创新转型，以便为消费者创造更多的价值，而且推动企业的战略管理转向用户资源观，更加强调打破企业边界、强化知识创造。

(2) 智能技术和工业互联网改变了企业的资源配置方式

所谓创新就是建立一种新的生产函数，或是引进新的生产要素和形成新的生产要素组合。智能经济模式下，智能制造体系借助互联网的优势，使资源配置方式发生四个方面的改变：客户成为中心、人才利用社会化、创新金融配置渠道和制造资源云化。[①] 一是智能制造平台整合产业内外的生产资源，通过思想众智、业务分包、平台融合，以更低的成本、更高的效率和更专业的方法获取外部资源，实现生产要素资源的全球配置和动态优化，从而获得超过实有资本的超额利润，形成超常规发展。二是工业互联网体系下，智能设备、智能网络和智能决策融为一体，大数据和云计算充分挖掘消费数据的价值并更快地转化为信息资产，为制造业的转型提供重要支撑。[②] 三是工业互联网提升了企业的资本比重。智能制造意味着更多的机器替代人工，不仅仅是自动化的生产设备对人类体力的替代，还包括机器智能对人类智慧的替代，这都意味着更多的资本投入。

(3) 网络协同促进知识的溢出与传播

以工业互联网为载体，智能制造实现全球智力资源、制造能力的广泛汇聚，促进从封闭式创新转向开放式创新。一方面，网络协同极大地扩大了分包业务的规模，业务分包则能够促进共性技术和专有知识的传播，大幅提高了智能制造体系内部知识和技能的传播速度。另一方面，智能技术的发展也能够加快信息的传播速度和准确性，降低技术创新的不确定性。需要引起高度关注的是人工智能的飞速发展，也带来了机器深度学习、自我创新的现象，甚至是自创语言、方案和逻辑的现象，这是以往创新研究所从未涉及的领域。

四、智能技术升级的阶段划分

(一) 技术升级阶段划分的多视角比较

数据要素、工业互联网平台和智能决策系统，是智能制造区别传统制造的

---

① 童有好. 互联网＋制造业的路径与机遇[J]. 企业管理，2015(06)：6—11.
② 李培楠，万劲波. 工业互联网发展与"两化"深度融合[J]. 中国科学院院刊，2014(2)：215—222.

典型特征。以此为依据,根据数据要素和智能技术应用领域的拓展程度,把传统制造企业智能化转型升级的技术过程,分为数字化改造、装备智能化、网络化协同、构建生态体系四个阶段。四个阶段中,智能技术沿着"工艺流程改进—系统集成—协同制造—全面智能化"的路径,由局部应用到全面普及,持续由低向高地递进升级。

与此同时,企业智能技术升级的过程也是向产业链和价值链向高端持续攀升的过程,会有不同视角的阶段划分。基于产业链升级的视角,安筱鹏以工业云到工业互联网平台的演进为依据,将智能制造的技术升级过程划分五个阶段:成本驱动导向、集成应用导向、能力交易导向、创新引领导向、生态构建导向。[①] 基于价值链升级的视角,曾繁华、王飞根据企业具备的核心能力及全球价值链升级方式,依次将战略性新兴产业发展阶段分为基于全球价值链的战略性新兴产业横向扩张升级阶段,基于全球价值链的战略性新兴产业纵向渗透升级阶段和基于全球价值链的战略性新兴产业跃迁式升级阶段,这三个发展阶段所应具备的核心能力存在着由低到高的递进关系,前一发展阶段能力是后一阶段能力发展的基础。[②]

划分升级的阶段,其目的是更好地确定和评估各个阶段的主要任务、考核指标与实施路径,以便针对性地组织资源,保障升级需要。三种不同视角下,智能技术升级的阶段划分,其实是一体两面、彼此关联的,各种阶段划分的对应关系见表3-4:

表3-4　　　　　不同视角下智能技术升级的阶段划分

视角	技术链视角	产业链视角	价值链视角	逻辑关联
依据	智能技术应用	云平台演进	价值链升级方式	
升级阶段	数字化改造（数字化）	成本驱动导向	新兴产业横向扩张阶段	智能技术率先以节能增效的形式推广
	装备智能化（单点智能化）	应用集成导向		率先升级的制造企业首先整合同行
	网络化协同（互联化）	能力交易导向	新兴产业纵向渗透阶段	随之推进供给消费循环的全面智能化

[①] 安筱鹏. 从工业云到工业互联网平台演进的五个阶段[EB/OL]. [2018-04-02]. https://articles.eworks.net.cn/iot/article141028.htm.
[②] 曾繁华,王飞. 技术创新驱动战略性新兴产业跃迁机理与对策——基于全球价值链视角[J]. 科技进步与对策,2014,31(23):51-55.

续表

产业生态体系构建（全面智能化）	创新引领导向	新兴产业跃迁式升级阶段	知识创新成为核心竞争力
	生态构建导向		平台竞争围绕产业生态体系展开

资料来源：作者编制。

以智能技术应用领域的显著变化为依据，笔者将传统制造智能化的转型升级过程，划分为数字化改造、装备智能化、网络化协同、全面智能化（产业生态体系构建）四个阶段。其逻辑是：人类经济和社会发展的历史一再证明，新兴技术替代传统技术的过程，不仅是新、旧两种技术的交接和替代过程，更是新、旧两种技术理念、产业势力及其政治势力、社会力量的博弈过程。因此，任何新兴技术从萌芽、应用到成熟、壮大，要么选择监管最为薄弱的环节野蛮生长，要么选择各方阻力最小的领域突破发展。新技术在创造新产业、新领域的同时，不断改良既有技术和传统产业，最终在创新突破与新旧融合的交替循环中，完成技术升级和产业更新，实现新旧势力的兴衰更替。因为，支撑技术发展的是人的思想观念和对世界的科学认知，市场力量的最终会顺应人性和社会规则，选择成本收益最大或者风险损失最小的方案，以实现成本收益的最优。比如信息技术选择几乎没有监管的互联网领域发展，而非去直接改进工业领域的生产制造技术；还有革命性的电力技术，最终也是选择先发展市场需求相对更大的照明领域，而非技术风险更大、收益更高的电力推进领域。

（二）技术链视角下技术升级的三个阶段

技术链视角下，智能技术升级可以分为四个阶段：数字化改造、装备智能化、互联化和全面智能化。其中，装备智能化贯穿于数字化改造与互联化的过程中，理论上可以划分为一个独立的阶段，但实际中却是分解到数字化改造和互联化的过程中的，比如数字化改造的过程，就是传统生产制造装备数字化、智能化升级的过程。在互联化过程中，虽然重心是构建智能决策系统，以更好地组织各类智能主体进行网络协同，但装备智能化却是其中非常重要的一环。基于理论与实务之间这种差距，下面主要分析智能技术升级的三个阶段，即数字化、互联化、智能化。

第一阶段是数字化阶段。数字化阶段可以概括为产业数字化和数字产化。产业数字化是生产自动化阶段的延续,数字化改造的主要任务有三项:淘汰和改造老旧自动化设备、数控技术赋能自动化生产系统、引入高水平数字化装备。三项任务的最终目的是实现办公自动化系统与信息技术系统的融合,建成数字场景、现实虚拟和数据中台,实现对企业内的产品信息、工艺流程信息、投入要素和可用资源信息的规划和重组能力。也就是用数字技术改造传统的自动化生产系统,将自动化系统的模拟信号升级为数字信号,实现生产制造过程由概略估计和模糊控制向全流程、数量化的远程控制升级。数字化阶段为进一步向互联化、智能化升级,提供了必要的数字环境和技术支撑,是传统制造企业实现智能化转型升级必要的前置阶段。升级的标志可以用数字技术的渗透与普及率、数字化装备率、数字化设计率、数字装备普及率、数字车间完整率等指标来衡量。

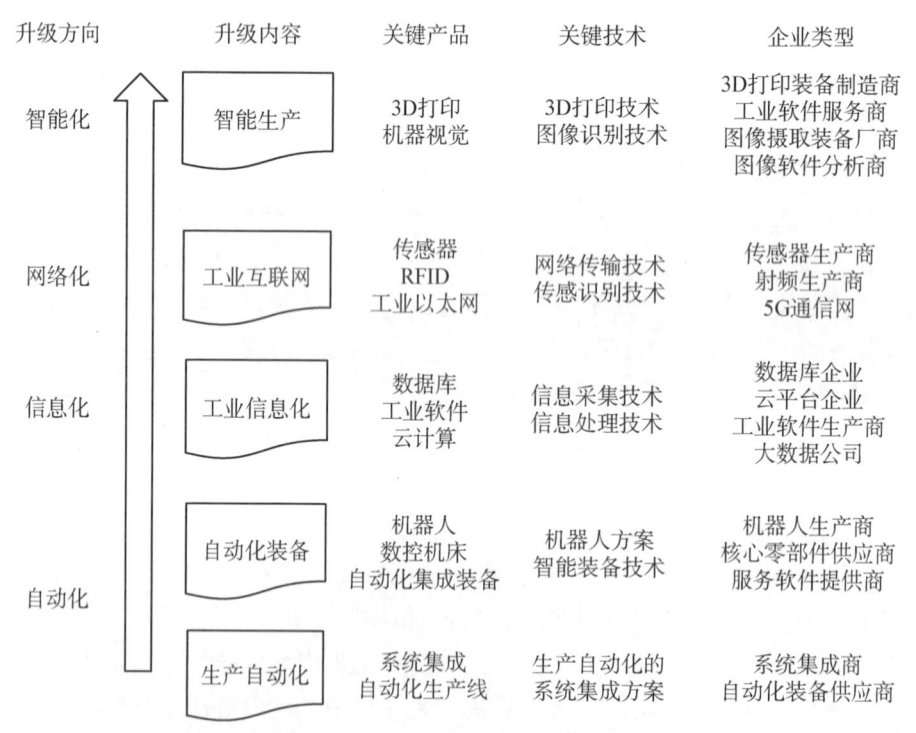

升级方向	升级内容	关键产品	关键技术	企业类型
智能化	智能生产	3D打印 机器视觉	3D打印技术 图像识别技术	3D打印装备制造商 工业软件服务商 图像摄取装备厂商 图像软件分析商
网络化	工业互联网	传感器 RFID 工业以太网	网络传输技术 传感识别技术	传感器生产商 射频生产商 5G通信网
信息化	工业信息化	数据库 工业软件 云计算	信息采集技术 信息处理技术	数据库企业 云平台企业 工业软件生产商 大数据公司
自动化	自动化装备	机器人 数控机床 自动化集成装备	机器人方案 智能装备技术	机器人生产商 核心零部件供应商 服务软件提供商
	生产自动化	系统集成 自动化生产线	生产自动化的 系统集成方案	系统集成商 自动化装备供应商

图 3-13 传统制造企业智能化的升级演进及其核心产业链
资料来源:作者根据 WIND、民生证券、中商产业研究院等发布的报告综合整理。

第二阶段是互联化阶段。这个阶段的特征是打破企业内的信息孤岛,实现各个系统之间的网络连接,重塑智能企业的生产组织流程。互联化包括数字制造的网络化和网络化协同制造两个部分,前者是企业内部的数字化生产系统自动组网,后者是数字化企业之间依托工业互联网进行供应链协同、产品内分工协同和供销协同。企业可以同时推进这两种网络化,也可先搭建管理信息系统与服务互联网的关联,再推进工业互联网与其他互联网的对接。互联化阶段的主要任务是完成两个集成,即数字装备系统的网络集成(装备集成)、工业互联网的内外集成(网络集成),使独立的装备系统和彼此物理隔绝的网络,能够在链主企业的统筹下形成一个宽泛的网络生态,以便各类生产和消费资源和信息的共享。与之相应,智能技术升级的重点在于产品数字化的技术、工业互联网技术、系统集成技术、供应链和价值链的集成技术、端到端的集成技术。

第三阶段是智能化阶段。互联化阶段构建了数字化企业、数字化智能装备的泛在联接,但这种联接一方面没有统一的智能生产协同系统和智能决策系统,另一方面也只是解决了智能企业间彼此互联的有无问题,无法真正满足无人工厂级别的网络协同制造。面对的智能单元、智能模块、智能装备和大数据的海量涌现,简单互联也无法有效管理和应对。管理和利用这些资源,提供了创造新价值的空间,元宇宙概念下的智能决策系统和网络化协同应运而生,这也是智能化阶段区别于互联化阶段的主要特征。智能化阶段同时是构建产业生态体系的阶段,企业的知识创新、网络协同、装备智能化、业务模块化都将围绕智能产业体系的生态进行适应变革,企业的竞争模式和升级策略也相应进行调整。新一代的智能化制造体系由三大功能和两个平台组成,即智能产品、智能生产、智能服务和工业互联网、智能云平台云空间。这个阶段技术升级的核心是智能决策系统、专家知识库、深度学习、知识自动化等技术,以实现数字孪生工厂、虚拟场景空间的建设。

(三) 产业链视角下技术升级的四个阶段

1. 成本驱动阶段

成本驱动阶段的典型特征是智能技术向各行各业的渗透与融合。如前所述,新兴技术成长为主导技术有两条路径,一是以技术创新带动产业创新,开创新产业、新模式、新空间。进而带动整个技术经济体系的转型,新技术伴随着新体系的确立而成为主导技术。二是新技术向传统产业渗透与融合,以传统产业升级引致技术创新,最终在产业升级的过程中确立新的行业技术标准,进而成为主导技术。

由于大数据、云计算、人工智能等先进技术率先应用于消费互联网领域，微软、谷歌等大型的软件公司和初创科技公司掌握了核心的智能技术，而生产制造企业普遍处于技术引进者的角色，因此，生产制造企业为了确保行业发展的主导权，避免被优势的互联网公司拿住，通常选择保守的技术升级路线，以确保生产制造系统的稳定。这导致生产制造企业的智能化普遍选择了改良现有系统的成本节约型升级模式，即新技术向传统产业渗透与融合的路径。

在成本驱动阶段，智能技术的应用空间取决于技术体系转换的成本与收益，即进入新技术轨道需要花费的成本，及其所能带来的经济效益之差。技术换轨的成本越低，越容易转向新的技术轨道。给企业带来正向的收益反馈越大，智能技术升级越顺利。因此，成本驱动阶段需要尽可能降低新技术导入的进入壁垒，降低企业和系统的运营成本，提升企业的竞争实力。比如引入智能感知系统、数据中台和智能决策系统，能够为企业的流程管理、节能降耗提供新手段、新工具。智能新技术、新手段使企业的生产制造过程更加透明化，其中生成的大量数据可以用来分析和挖掘现有工艺流程和生产组织的潜力，进一步优化企业生产过程的原料投入、能源供应，为企业节省大量的成本开支。比如通用电气在宣传工业互联网的成功案例时，就曾介绍全球商业航空公司节约1%的燃料消耗，每年能多增加20亿美元左右的收入。

2. 应用集成阶段

如果说成本驱动阶段是智能技术向传统制造业的点状渗透，那么应用集成阶段就是智能技术由点及面的加速应用，智能化背景下传统制造业的转型升级因此表现为"装备智能化（单点智能化）—智能生产线（应用集成）—平台智能化（网络化协同）—智能生态体系（知识和创新协同）"的升级路径。

应用集成阶段的主要任务是全面普及智能技术，解决生产自动化阶段始终无法突破的瓶颈和难题——社会生产组织的效率瓶颈和企业模块协同的技术难题。以推动整个社会生产-消费体系向智能技术-经济范式的全面转型，大幅度提升人类所面临的生产组织效能问题。

突破生产组织的两个瓶颈，主要采取两项举措：举措一是在企业内部用智能技术推进办公自动化系统与IT融合，以系统集成解决普遍存在的信息孤岛问题。信息孤岛的普遍存在，在企业内部主要是技术问题：一方面，管理信息系统中的办公自动化系统与生产制造信息技术系统的技术标准不同，两者在信息技术时代很难实现实时对接，而企业出于连续生产和系统稳定的考虑，企业的信息技术系统在稳定性和安全性方面有着异乎寻常的高标准,以至于工业级别的芯片和信息技术系统的性能指标,甚至远远落后于手机芯片。另一方面,泛在智能装备的数据整合与利用需要统一规划。成本驱动阶段同样会产生众多新的分立系统,如果不整合为统一的智能制造系统,那么信息孤岛问题非但不会解决,反而会愈演愈烈。虽然现在芯片的运算性能足够强大,人工智能的分析能力也日臻成熟,但显然一个具有更高的运营效率、更少的投资成本、更强的整合能力的智能企业,更容易赢得竞争,也更具风险抵抗能力。因此,经历了成本驱动阶段的单点突破、各显神通之后,必然有一个智能技术优选、系统方案竞争的应用集成阶段,最终实现企业智能生产系统的一统。

举措二是在智能企业之间推进工业互联网的平台互联。工业互联网平台可以视为一个网络版的产业集群,一方面借助工业互联网的高速连通性和正外部性,吸引上下游企业和协作企业加入智能企业的工业互联网平台,为成员企业带来更多的信息优势、资源优势、连接优势,大幅提升企业间的协作效率。当平台的成员企业加入平台后可能获得的收益,远大于企业独立经营可能获得的收益时,工业互联网平台就会形成一种正向激励的效应,带动更多的业务关联企业加入这个平台认证体系,带动企业同步智能化。另一方面,企业模块协同的难题可以借助平台的智能决策系统,由机器智能的高效撮合能力予以解决。模块化协同的难题在于模块的标准化、交易信息的识别、知识的协同以及交易的可靠性和即时性。网络集成的优势在于统一的智能制造云平台体系是一个基于资质认证和信用评估的体系,平台企业起到链主企业的功能,成员企业只有达到平台的技术标准和产品标准后,才可能参与网络平台的任务认领和模块匹配,从而为成员企业节省了合作对象评估、信息搜寻、交易安全等方面的成本。同时,工业互联网又能大幅提升交易便捷性和知识扩散的迅速,有助于成员企业获得新的知识、新的技能,因此智能制造的工业互联网平台实际发挥了一个知识集成的功能。

3. 能力交易阶段

能力交易阶段是应用集成阶段之后一个相对稳定的平台运营阶段。企业经过成本阶段的跑马圈地,应用集成阶段的技术比拼之后,能力交易阶段的重点任务是平台与企业互动,各种成熟的模块分工和技术经济模式将在这个阶段成型。

在应用集成阶段完成云平台体系的建设后,智能生态体系初具规模,可以为能力交易提供三项基本功能:一是信息发布与供需匹配,二是企业间的网络协同,三是设计协同。大数据和边缘计算技术的成熟,使云平台体系中的一切资源都能够被精确计量,即使是企业内部的生产设备也可以成为分时交易、计件出租的资产。同理,企业的服务能力、物流能力、数据资产等都可以在网络云平台中进行交易,企业也因此能够通过网络云平台进行即时的订单协同、生产制造资源协同等生产协同活动。

万物皆可计量交易、即时协同,意味着智能企业在能力交易阶段,需要根据网络协同的要求将自身的能力数量化、标准化,以提升企业相关能力交易信息的可知性、可获得性和可计量性。这带来了企业形态、企业边界、产业分工、知识协同等一系列的变革,将在第4章第二节中详细讨论。

4. 知识创新阶段

智能制造产业链是技术型产业链,体系的稳定有赖于持续知识创新,和不断提升平台生态功能。因为一个产业生态体系的稳定和发展,首先取决于体系能否为成员企业提供创造价值的机遇和企业升级的空间,因此链主企业的知识创新不可或缺。未来的产业竞争和区域竞争,也将主要围绕着平台生态体系展开,创新能力和赋能能力是竞争的关键。

将知识创新转化为企业能力的关键环节是能力的交易。在智能制造的生态体系中,围绕着如何满足用户个性化定制需求,海量的知识、专利和应用软件将持续涌现,无论是智能平台、链主企业还是普通的成员企业,都面临着如何有效地搜寻信息、更新知识和整合知识的问题。这是智能平台的生态体系建设,首先需要考虑的问题。

知识创新阶段需要最大化智能制造平台和成员企业的价值。知识创新阶段的技术升级将集中优化平台生态体系的运行机制、功能提升和商业模式的创新,以此疏通为生态体系赋能的渠道,实现系统价值的最大化,进而超越其他智能生态体系。

知识创新阶段也是后发国家实现价值链跃迁的必经之路。如果说在成本驱动阶段、应用集成阶段、能力交易阶段,后发国家还有引智创新和引资升级的可能,那么在生态体系构建的知识创新阶段,新的技术-经济格局将逐步成型,知识创新不仅决定智能企业的未来,也将重构整个全球贸易体系和产业分工的格局。未来的产业分工将围绕知识的含量、密度、更新速度和交易能力而展开,并形成新的"核心技术锁定"。

五、传统制造企业智能化升级的技术路径

(一) 传统制造智能化的路径组合

1. 智能化转型与智能技术升级

智能化是与农业化、工业化、网络化、数字化相对应的宏观概念。智能化背景下传统制造业转型升级,既是生产方式由"机械化、电气化、自动化"向"数字化、网络化、智能化"升级的技术过程,也是社会生产范式由供给端主导的"标准化、批量化、规模化"生产-消费模式,向消费者占据主动的"个性化、定制化、小批量"定制消费模式的转型过程。前一个技术升级过程是生产制造方式的智能化,笔者称之为狭义的智能化升级(简称"智能化升级");后一个生产消费模式的升级,是实体经济向智能经济升级的过程,笔者称之为广义的智能化升级(简称"经济智能化")。

广义的经济智能化就是要以数字技术、新一代远程通信技术、网络技术和人工智能技术为驱动力,全面提升传统制造业的产品形态、产品结构、技术结构、产业结构、生产消费范式以及知识创新的模式,实现基于网络平台的数字化生产制造体系,以及数字化的服务型生产制造模式,从而推动制造业由劳动密集型、资源粗放型、低附加值型的传统制造业,向技术密集型、集约型和高附加值型的服务型制造、数字化制造、网络化协同和智能化决策转变。狭义的智能化升级则特指生产制造方式的技术升级。

2. 智能技术升级的四种路径

传统制造向智能制造升级是整个技术体系的跨越,企业将同时面临"技术缺口"和"营销缺口"。率先突破哪一个缺口,不仅取决于企业的升级策略,更需要遵循智能制造产业链与技术链的互动规律。洪勇将技术链与产业链之间相互促进、彼此带动的关系,归纳为"技术进步推动产业发展"和"产业发展拉动技术进步"两种起步模式。[1] 其中,技术进步是推动产业结构调整升级的内生动力。[2]

向智能制造转型升级的策略可以概括为"技术引领、产业嵌入、需求拉动、

---

[1] 洪勇,苏敬勤.发展中国家核心产业链与核心技术链的协同发展研究[J].中国工业经济,2007(06):38—45.
[2] 张晖明,丁娟.论技术进步、技术跨越对产业结构调整的影响[J].复旦学报(社会科学版),2004(03):81—85+93.

直接升级"四种。基于技术能力和营销管理能力两个维度，这四种策略可以归为"工具智能化"和"智能化工具"两类。其中，技术嵌入、市场拉动属于工具智能化的升级路径，是典型的改良式、渐近式升级策略；技术引领、直接升级属于直接发展智能工具的升级路径，代表了技术引领的跨越式升级策略（见图3-14）。

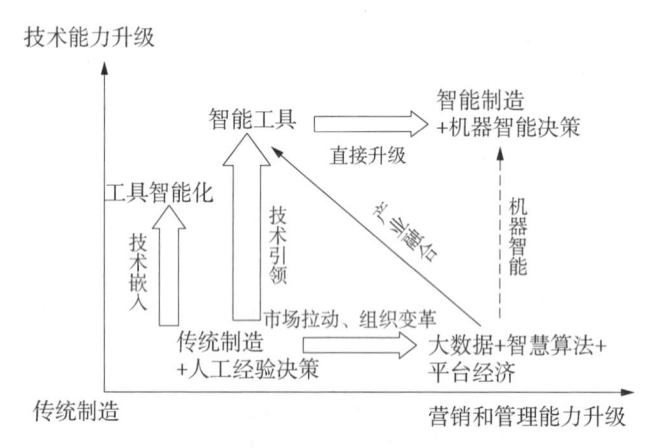

图3-14 传统制造向智能制造转型升级的策略选择
资料来源：作者绘制。

实现技术跨越有"自主跨越、引进跨越、合作跨越和并购跨越"四种路径，后三种都属于引进技术的不同模式。[1] 智能制造产业链是网络状的技术型产业链，具有技术链决定产业链的特性。同时，技术链中的知识密度和企业的创新能力，决定了智能价值链的形状和价值分布。链主企业只有掌握了核心智能技术和标准，才可能拥有产业链治理的话语权，进而营造一个良性发展的智能生态环境。因此，传统制造的链主企业或者具有垄断优势的企业，通常会选择自主跨越的技术路径，重点突破关键性的技术缺口，以技术进步带动产业升级。比如美国通用电气公司就采取推广智能工厂技术、建立工业互联网平台等举措，将其在先进工艺和高端设备领域的优势，与工业互联网、云制造技术紧密结合起来，以具有数字化、智能化功能的"自升级工厂"为核心，将分布全球的设计机构、生产厂商和供应商等各环节，并联至数据共享、产业互联的工业互联网平台，带动其全球生产网络向智能制造体系升级。

数量更为众多的中小型传统制造企业，既没有通用电气公司这样的技术

---

[1] 陈德智．技术跨越基本模式研究[J]．技术经济与管理研究，2003(02):96．

研发能力,也缺乏雄厚的资金实力和市场地位,通常只能在"基于研究开发的技术创新"和"基于引进技术的技术创新"两种模式中,采取"以市场需求导向+引进技术"的混合升级策略,跟随链主企业选择适合本企业的工艺流程升级和产品升级的路径,以产业的发展带动技术的进步。因此,后发企业也常常利用技术扩散过程中存在的各种机遇,采取模仿、干中学等举措,实现技术追赶。同时,更多的企业则意识到自主研发的重要性,不断加入对研发的投入,以创新和积累智能化转型升级所需要的关键技术。但是,众多的研究表明,企业单凭自身的研发往往不能很好解决自身技术能力薄弱的问题,也无法提供向智能制造转型升级所需要的全部技术。

笔者以传统制造企业是否拥有核心智能技术为标准,区分市场需求弹性大小和产品差异情况,梳理了传统制造企业向智能制造转型升级的技术路径组合(见表3-5)。

表3-5 传统制造向智能制造转型升级的技术路径组合

需求特征 \ 技术优势	拥有研发优势	需要引进技术
市场需求弹性大	灵活选择升级路径	成本节约型工艺流程升级
市场需求弹性小	提升市场占有率式组合升级	提升效率型工艺流程升级
产品差异大	产品创新+工艺流程升级	工艺流程升级+产品创新
产品差异小	提升灵活性的工艺流程升级	工艺流程升级

资料来源:作者分析整理。

(二) 领先企业的技术引领式升级

升级策略的选择实际上是一个对不同技术升级模式的投入成本和预期收益进行比较和权衡的过程。传统制造企业的技术升级策略有技术引进、技术跟随、自主研发、知识积累、干中学等多种策略,可以概括为渐近式改造和颠覆式重构两种策略。其中,技术引领是传统制造向智能制造转型升级的主导策略。

智能制造是技术型产业链,链上各产业间的相关关系主要由核心技术决定,[1][2]

---

[1] 张巍,高汝熹,车春鹂.工业物联网技术链、产业链、价值链互动机理研究[J].上海管理科学,2010,32(06):51—57.
[2] 王兴元,杨华.高新技术产业链结构类型、功能及其培育策略[J].科学学与科学技术管理,2005(03):88—93.

核心技术能力决定了企业转型升级方式的差异。[①] 链主企业只有掌握了核心智能技术,才能带动整个传统制造链整体升级。在全球技术链的演进路径和扩散模式下,跨国公司主要依靠主导技术的先进性,对全球产业链进行分工协调,全球技术链依附于全球产业链的分工体系而形成。跨国公司一旦失去核心技术的先进性,或者失去关键技术的垄断权,将很难维持在终端消费市场的垄断地位,其主导的全球产业分工体系也将迅速萎缩。比如,柯达的胶片成像技术被数码成像技术取代后,其全球产业网络也随之解体。因此,在传统的全球价值链网络体系中,主导企业会全力维持其技术领先性,在强化顺轨创新的同时,积极收购新的技术,并通过专利壁垒、保护性专利池等策略,打压其他企业的技术创新。在智能技术升级的实际案例中,美国通用电气公司提出的工业互联网战略就采用了典型的技术引领策略。

技术引领的关键在于智能工具。所谓智能工具,主要包括智能决策系统、专家知识库、工业互联网及其智能感知系统等,是智能制造区别于传统制造的主要判别标准。以企业是否掌握智能工具、是否拥有智能制造平台为标准,技术引领策略有两种路径模式:

一是直接升级模式,美国通用电气公司是该模式的代表。瞄准智能化的全球趋势,美国提出了再工业化战略,试图以智能制造弥补劳动力成本劣势。[②③] 由于通用电气等公司同时拥有精密制造和智能技术的双重优势,因此选择搭建工业互联网平台、新建智能工厂的方式,直接升级到智能制造体系(见图3-14右上角从"智能工具"到"智能制造"的直接升级策略)。

二是技术领先模式。德国西门子、日本川琦重工等传统制造业的行业龙头企业只在特定的领域内拥有部分优势,但是其主导的产业网络却对地方产业集群升级十分重要。这些公司采取了先研发智能决策系统、专家知识库等智能工具,以继续保持本企业在行业的技术领先优势。再以技术引领、产业融合的方式带动整个生产制造体系,向智能制造体系升级(见图3-14左侧"传统制造"到"智能工具"的技术引领策略)。

---

① 曾繁华,王飞.技术创新驱动战略性新兴产业跃迁机理与对策——基于全球价值链视角[J].科技进步与对策,2014,31(23):51—55.
② 吕铁,韩娜.智能制造全球趋势与中国战略[J].人民论坛·学术前沿,2015(1):16—17.
③ 郭进,杨建文.美国再工业化战略对中国产业发展的影响及对策[J].经济问题探索,2014(4):37—46.

(三) 中小企业的技术嵌入式升级

传统制造业的每个细分行业中,除了头部两三家大型企业外,更多的是为龙头企业提供各类配套的中小型企业。这些企业或是专精特新的隐形冠军,或是优质低价的零部件企业,但总体上缺乏人工智能和工业互联网领域的核心技术。因此,对这些跟随领先企业或者链主企业的中小型企业而言,其智能技术升级的首要任务并不是进行整体的智能化转型,而是把先进的智能技术与企业既有的生产装备相融合,维持甚至提升其在传统生产制造领域市场份额和竞争优势,即实现"工具智能化",为进一步融入链主企业的智能制造平台做好准备。这也是成本驱动阶段广大中小型企业普遍面临的问题。

所谓"工具智能化",是指将智能技术嵌入既有的产品和服务,通过工具升级实现智能传感、智能维护、数字网络化生产等,从而局部替代重复性、危险性、高耗时的劳动密集型、成本敏感型工作,提升生产制造系统的效能。技术嵌入是一种渐近的升级方式,在不改变企业既有生产体系、业务模式的情况下,用智能技术嵌入传统企业的生产系统、业务环节,局部改善和提升这些环节的功能。比如,应用智能分析技术,可以为企业的生产和运输设备加装智能传感器,将油料消耗和待机时间等数据即时汇总到后台的决策模型,在决策模型的算法优化下,降低生产和运输系统的待机能耗,从而以成本节约的方式,大幅提升企业的生产效能。

与突变的整体转型升级相比,技术嵌入的渐近式升级以一种与现有技术妥协与融合的面目出现,更容易为企业的技术人员和管理团队熟悉和接受。因为广大中小制造企业通常既缺乏技术创新能力,也缺乏市场拉动能力,突变式的智能化升级模式要求企业的技术体系、业务模式乃至经营战略都进行大幅度的调整,其背后是对既有生产、营销团队的人员调整和优化,所以必然遭到这些人员的强烈抵制。因此,面对智能化转型的技术缺口和营销缺口,多数企业尤其是中小型企业,更倾向于引进智能技术,改造传统设备,通过工具智能化渐近式融入智能制造体系,充分挖掘渐进式创新带来的技术进步,推进产业链由低端走向高端。如中国大力推进的"场景应用"等,其"引进智能技术→学习模仿→消化吸收→二次创新"的升级路径,就是典型的渐近式和延续性的智能化升级模式。

(四) 渐近式改造与跃迁式升级

智能技术升级的新特征不仅体现在升级的新内涵上,还体现在升级的模式和升级的顺序之上。其中突出的两个特征：一是革命性技术引发的跃迁式升级与顺轨创新的渐近式升级是同步推进的，而非激进式的全面变革。二是面对这个特征，传统制造企业会因地制宜地选择按部就班串联升级和并联升级。在升级顺序的选择上，企业会根据自身的资源基础和技术积累，兼顾各种目标，并不存在统一的标准路径和标准模式。

技术变迁包括渐近式技术变迁和跃迁式升级两类。渐近式技术变迁属于顺轨技术创新，即遵循原有的产业技术范式和技术轨道，沿着既有的技术路线展开创新，通常表现为工艺技术的改进、产品设计的更新、制造技术的完善等渐进性的技术创新。这种顺轨创新的技术升级路径，在全球化时代表现为"技术创新是在同一技术链条内的不同节点间的移动，仅仅是产品的外观、结构和性能的改进和生产效率的提高，并不断地沿着既有的全球技术链，由较低层次的技术节点升级为较高层次的技术节点"。

跃迁式升级属于跨越式创新，表现为从较低层次的技术链整体跃迁到相邻的较高层次的技术链。它由根本性技术创新和技术范式变革所致，催生了新产业和新技术范式。用智能技术改造传统产业，实质上是将数字制造技术、网络平台技术、人工智能技术等高新技术，导入原有的生产制造技术系统，在全面数字化的基础上，通过人工智能技术重新优化原有的生产组织过程和生产组织系统，从而使原有的刚性技术经济系统，向基础网络平台的模块化智能传感系统和网络协同平台跃迁。这是一个革命性的过程，人类的智慧将在这个过程中，被机器智能大范围、大幅度地替代，表现为颠覆性、跨越性的技术赶超。这是一种跨越式、革命性的技术范式变迁。

每个阶段以智能化转型升级的某个核心环节取得突破，或是某项关键性的技术应用成熟并普及为标志。之所以如此划分，是因为智能技术作为一项跨时代的技术，其主要功能是解决生产组织任务日益复杂的问题。随着对生产组织任务的要求日益复杂化和动态化，人类的生物机体和脑力智能已经无法适应及时响应的协调要求，必须依靠机器智能辅助人类智慧，以解决生产组织能力严重滞后于自动化生产能力的问题。因此，智能技术主要是以渗透与融合的方式来改造和重构各个行业的，即使是在大数据和人工智能技术非常发达的互联网服务业，这种改造的过程也是渐近式的、累积性的升级。软件开发和浏览器升级中一直强调的向下兼容，都是这种渐近式改良思想的体现。也即，虽然技术是颠覆性的，但其作用的过程却是渐近式的。

此外，智能化背景下传统制造向智能制造的转型升级过程中，智能技术升级同样具有创新的复杂性,创新的内容和升级的过程充满风险和不确定性,企业常常面临"不创新等死、瞎创新找死"的困境。以医药行业为例,2019年全球Top12生物制药巨头在研发上的投资回报率仅1.8%,而十年前峰值时也仅10.1%。一个新药产品的研发成本则从2010年的11.88亿美元上涨到2019年19.81亿美元。[①] 虽然医药行业本身就具有知识密集、高投资、风险大的特殊性,但也足以表明跨轨创新、跃迁式升级之艰难。

渐近式升级主要是考虑到技术发展的路径依赖性。通常技术发展对初始的发展条件十分敏感,具有不确定性。一是外部的偶然因素对技术路线和技术方案的影响明显,企业并不能事先确定选择何种技术。二是技术路线一旦选择,就形成强烈的技术锁定效应。利益相关方甚至技术本身都会不断自我强化、自我完善,形成有利于自身发展的内外环境,消除发展的不确定性,最终在市场竞争中,淘汰其他技术路线,成为市场中主导的技术。三是这种偶然因素形成并在市场竞争成为主导的技术,并不一定是最优的技术路线。因为技术路径一旦形成相应的产业技术的生态体系,就会呈现出明显的刚性。新兴技术即便更加先进,也很难打破这种技术专利和产业生态所构成专利封锁和市场垄断。通常只有外部需求环境发生重大变化时,新兴技术应用的绿灯才会点亮。这也是各国都在积极制定人工智能技术标准和智能制造技术路线的主要原因。因为掌握了智能化的技术标准,也就掌握了智能经济的发展高地和技术基础,未来智能制造等技术应用领域的产业发展,也将依赖并沿着这些技术轨道进行延续性创新,直到新的颠覆性技术革命出现。

---

① 德勤.2019医药创新回报率评价[R].北京:德勤健康解决方案中心,2019.

第4章　产业链视角下传统制造企业的智能化升级

智能化是现代产业体系转型升级的最终方向。[①] 在智能经济体系下,数据要素作为核心资产的价值将被进一步发现。数据不仅是赋能企业的重要工具,而且其本身也是重要的可贸易商品。市场交易会优化资源的配置,促进数据等要素将流向更具效率的部门,智能产业链的结构也将随之改变。同时,智能制造产业链的网络状结构,自带信息传播与信号放大的属性,数据流动带来的结构变迁效应和产业升级效应将变得更为明显。

数据要素影响产业结构和产业升级的机制,与传统的要素流动有较大区别。数据要素渗透于智能产业的各个行业,同时作用于纵向的上下游产业链和横向的分工协作企业。智能制造体系下企业形态、分工协作模式和产业链治理模式都发生较大的改变,突出表现为无边界企业、模块化分工和网络化协同,企业的竞争策略和升级模式也因此发生改变。本章试图从智能制造产业链的结构体系和网络组织模式入手,探讨模块化分工模式下企业智能化升级的可能路径,并提出智能制造产业生态体系构建和技术-经济范式转换的路径。

一、智能制造的产业体系与网络结构

(一) 智能制造的产业体系

1. 智能制造产业链的构成

所谓产业,是指具有相同结构、相同技术特征或者相同功能的一系列企业的组合。产业链涉及环节众多,通常可以从投入产出结构、空间布局、治理结构、体制框架等四个方面予以描述。但对产业升级构成重大影响的通常只有若干个关键环节,称为核心产业链。本章将围绕核心产业链来分析智能制造

---

① 黄群慧.以智能制造为先导构建现代产业新体系[N].光明日报,2016-06-08(015).

的产业体系。

立足于企业智能化生产制造的微观视角,智能制造的核心产业链可分为关键设备制造、核心元件生产和终端产品加工三个环节。关键设备是指在核心元件生产和终端产品加工中发挥重要作用的一些高技术工艺设备,如无人工厂中所使用的高端数控机床、高精度定位系统等;核心元件是指支撑智能产品实现功能的关键元器件,如无人驾驶汽车的激光雷达和运算芯片;终端产品则通常是指不再需要工厂深度加工,消费者可以直接使用的产品,如智能手机、平板电脑等。

立足于智能制造平台体系的中观视角,智能制造产业链可以分为"云、网、端"三个层面。其中,云是指工业大数据及云计算;网是指工厂内部的高速局域网以及工业互联网;端是指各类智能终端、智能装备。智能制造产业链涵盖感知层、网络层、执行层和应用层四个层次。其中,感知层主要包括传感器、RFID、机器视觉等领域;网络层主要实现信息传输与处理,主要包括云计算、大数据、智能芯片、工业以太网等技术领域;执行层主要为智能制造终端集成产品,包括机器人、数控机床、3D打印设备等;应用层主要为智能生产线。智能制造细分产业链的构成见表4-1。

表4-1　　　　　　　　　智能制造产业链的构成

	物理架构	领域	技术链	细分行业
智能制造的产业链	应用层	系统集成	智能制造的系统集成技术	自动化生产线集成
		系统集成 智能装备		自动控制系统集成
	执行层		机器人和智能装备技术	工业机器人
				数控机床
		智能装备 工业数据库云计算		其他自动化装备
	网络层		信息处理技术	数据库
		工业数据库和云计算 工业软件		云计算
				生产管理软件
				企业资源软件
		工业软件 工业互联网	网络传输技术	工业以太网
	感知层	工业互联网	传感感知技术	RFID
			信息采集技术	传感器

资料来源:作者根据公开资料整理。

2. 智能制造的产业特征

生产方式的变革必然要求生产组织模式的匹配。传统制造向智能制造的转型升级,同样带来企业的内部生产组织模式和外部协同模式的适应性变革,并呈现出一系列新的特征:在产业链的组织形态方面,由传统的线性产业链升级到网络状的智能制造产业链;在生产组织模式方面,企业间的生产协作模式日益模块化、网络化、虚拟化等。

一是产业链的类型发生变化。根据"资源、市场、技术、协调"四种关键要素的作用不同,产业链可以分为"资源驱动型、市场主导型和技术主导型"三类。[①] 传统制造向智能制造转型升级的过程,是制造业由"资源驱动型+市场主导型"的传统制造体系,向"技术引领+市场主导型"的现代制造体系升级的过程,传统的由上下游企业构成的线性产业链,将向网络状的智能制造产业链演变,企业的边界日益模糊,彼此的关联关系更加复杂。

二是产业链的治理模式发生变化。在智能制造体系下,生产组织模式进一步"网络化、平台化、模块化",广泛的服务外包和定制化生产提升了交易的复杂程度和识别难度,虚拟企业、机会网络成为重要的生产组织模式。链主企业对价值链的治理由层级型(Hierarchy)治理向市场型、模块型的网络治理模式转型。笔者从经济形态、技术特征、企业能力、竞争模式、产业结构特征等5个方面,比较两种产业链特征,如表4-2所示。

表4-2 传统制造与智能制造的产业特征比较

	主要项目	传统制造业	智能制造业
经济形态	经济发展阶段	工业经济	知识经济
	收益曲线	投资收益规模递减	知识累积收益递增
技术特征	生产方式	工厂化流水线生产	动态柔性化可塑生产体系
	核心系统	精益制造系统	智能决策系统
	生产模式	特定产品专业化生产	个性化定制生产
企业能力	核心能力	研究与发展、生产能力	知识创新能力、设计与营销
竞争模式	进入障碍	规模经济	范围经济
	竞争焦点	批量生产/成本竞争	定制生产/社群竞争
	分工模式	产品内分工	工业互联网平台分工
	竞争策略	纵向一体化 横向一体化	网络化治理

[①] 杜龙政,汪延明,李石.产业链治理架构及其基本模式研究[J].中国工业经济,2010(03):108—117.

续表

主要项目		传统制造业	智能制造业
产业结构特征	产业分类	三次产业分工	产业跨部门渗透融合
	竞争形态	资源部门自然垄断	数据资源垄断
		产品部门寡头竞争	细分行业垄断竞争
	主导企业	跨国公司、大型企业	知识创新型企业、工业互联网平台、终端消费品牌
		资本密集型企业	知识集约型企业

资料来源：作者编制。

3. 制造新模式的特征比较

表4-3　　　　　　　　制造业新模式的属性比较

	数字制造	网络制造	智能制造
代表性战略	工业3.0	欧盟"第六框架计划(2002—2006)"JSF联合攻击机项目	德国工业4.0 美国先进制造业国家战略 中国制造2025
内涵	产品数字化 生产过程数字化 产品使用过程数字化	依托网络实现生产体系内外部资源的网络共享，通过资源重组、网络协同实现敏捷制造	以智能技术提高生产组织系统的整体配置效率，进而优化人类生产消费循环体系的效能
生产方式	数字化产品 高度自动化生产 数字化服务	产品数字化 网络分包 网络协同	个性化定制生产、产品数字化、产品服务化、服务型制造
支撑要素	数控设备 数字控软件 数据仓库 数据建模	大数据 云计算 实时网络 智能机器	智能决策系统、智能工具、智能物料、智能工厂、工业互联网平台
产业组织	巨型数字化工厂 垄断企业	平台型企业、分工细化、片段化生产、协同设计	无人工厂、网络集聚、工业互联网生态体系
竞争模式	规模竞争 效率竞争 质量竞争 优化服务	资源整合效率竞争 地区专业化 产业配套体系竞争	平台生态体系竞争 网络协同效率竞争 知识创新能力和效率竞争

资料来源：作者编制。

从表4-3中大致可以看出数字化、数字网络化、智能化之间是逐步升级的概念。在现时语境下的数字制造,更接近计算机集成制造(CIMS)的概念,即沿着"单点数字化—数字机床—数字生产线—数字生产网络"的路径逐步推进。智能制造强调生产系统的模块化组合、智能决策系统对人脑功能的替代、网络协同对工厂生产组织的替代,是从生产方式到生产组织模式的全方位变革。

(二)智能制造的网络状产业链

定性描述智能制造产业链的体系构成,有利于传统制造企业提前做好战略规划,规划企业在未来产业生态体系中的定位。把规划变成现实,在平台企业的竞争中占据有利的网络节点,则需要进一步探讨智能制造的网络体系和结构关联。

1. 智能制造产业链的网络结构

(1) 网络结构的定义

网络结构是指其组成节点的连接形态、空间位置、节点大小以及各节点的功能。各节点相对固定的位置,以及各节点之间所形成的稳定联系,是网络组织保持整体性和功能性的内在依据。[1] 这可以总结为"维系和规范"两个方面:网络中不同组织互动原则的组合、匹配网络变化所形成的结构。[2] 在智能经济时代,大数据成为重要的生产要素,不仅为企业提供了跨轨升级的价值空间,而且改变了传统制造的产业结构。

产业结构由企业间的业务关联关系决定。在智能制造产业链中,模块化关联和网络协同是企业彼此建立业务关联的主要形式,企业间的关联关系也由传统的上下游产业链的因果关系,转变为基于大数据身份识别和业务模块契合的相关关系。相关关系的指标包括企业多样性、网络密度、网络连通性、节点间平均路径长度、网络开放性、小世界特性、网络集聚系数等。[3][4] 智能制造的产业体系因相关关系呈现网络状结构,其结构形态与产业链中企业类型

---

[1] 孙国强.网络组织理论与治理研究[M].北京:经济科学出版社,2016:18.
[2] 林闽钢.社会学视野中的组织间网络及其治理结构[J].社会学研究,2002(02):40—50.
[3] Watts D J. Networks, dynamics, and the small-world phenomenon [J]. American Journal of Sociology, 1999, 105(2):1-10.
[4] Rosenkopf A L. Social network effects on the extent of innovation diffusion: a computer simulation [J]. Organizationence, 1997,8(3):289-309.

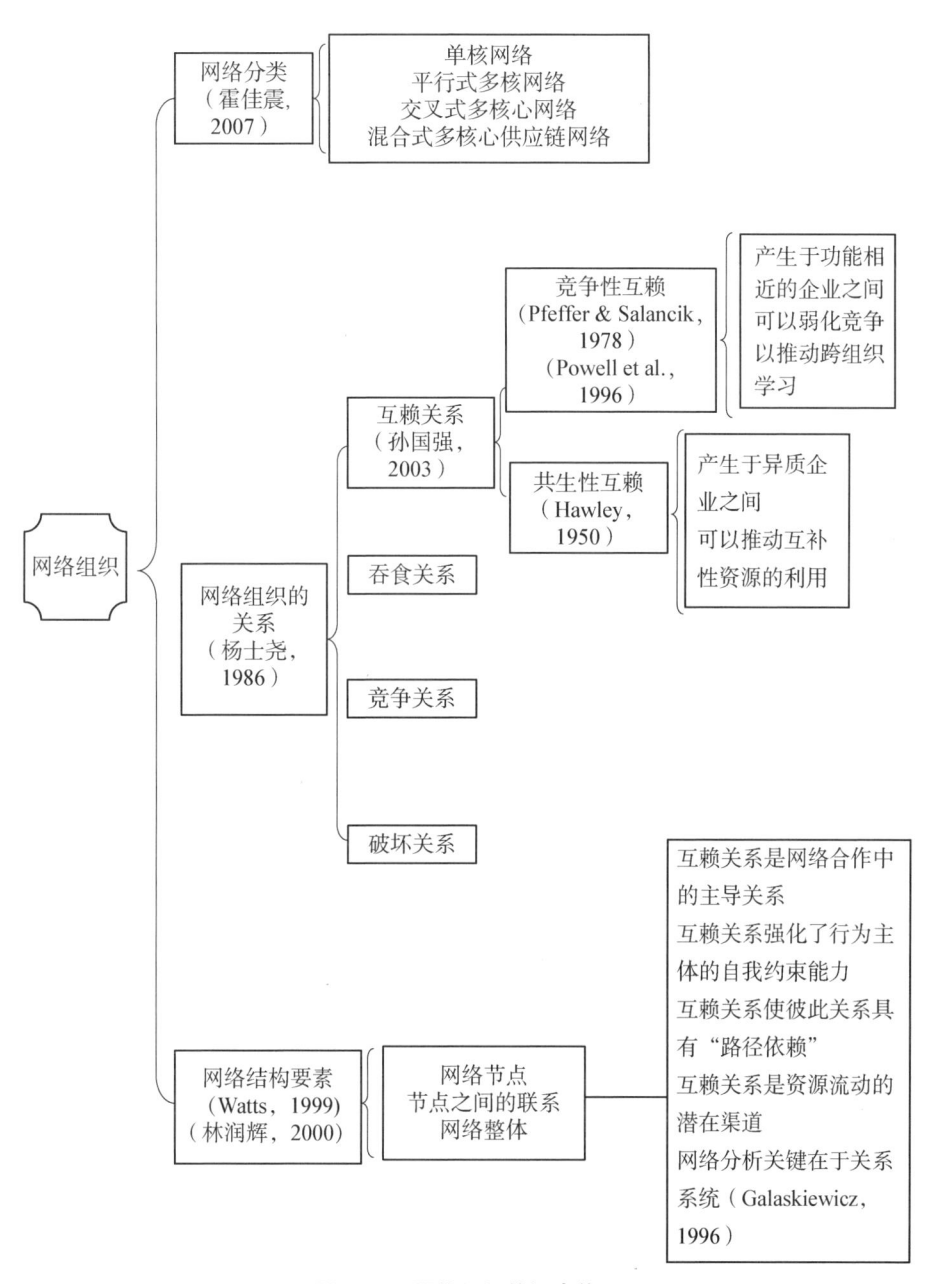

第 4 章 产业链视角下传统制造企业的智能化升级 / 109

```
网络组织
├─ 网络分类（霍佳震，2007）
│   └─ 单核网络
│      平行式多核网络
│      交叉式多核心网络
│      混合式多核心供应链网络
│
├─ 网络组织的关系（杨士尧，1986）
│   ├─ 互赖关系（孙国强，2003）
│   │   ├─ 竞争性互赖（Pfeffer & Salancik，1978）（Powell et al.，1996）
│   │   │   └─ 产生于功能相近的企业之间
│   │   │      可以弱化竞争以推动跨组织学习
│   │   └─ 共生性互赖（Hawley，1950）
│   │       └─ 产生于异质企业之间
│   │          可以推动互补性资源的利用
│   ├─ 吞食关系
│   ├─ 竞争关系
│   └─ 破坏关系
│
└─ 网络结构要素（Watts，1999）（林润辉，2000）
    └─ 网络节点
       节点之间的联系
       网络整体
       └─ 互赖关系是网络合作中的主导关系
          互赖关系强化了行为主体的自我约束能力
          互赖关系使彼此关系具有"路径依赖"
          互赖关系是资源流动的潜在渠道
          网络分析关键在于关系系统（Galaskiewicz，1996）
```

图 4-1 网络组织的概念体系

资料来源：作者整理。

的多样性及其彼此的从属关系密切相关。

(2) 智能制造的网络结构

网络结构可以用联接模式来描述。根据网络核心节点的数量和节点间的相互联接关系,网络联接模式可分为四类:单核网络、平行式多核网络、交叉式多核心网络与混合式多核心供应链网络。[①] 其中,网络结构首先取决于核心节点的数量,其次才是节点与核心之间的联结方式。

单核式集群　　平行式多核集群　　交叉式多核集群　　混合式多核集群
供应链网络　　供应链网络　　　　供应链网络　　　　供应链网络

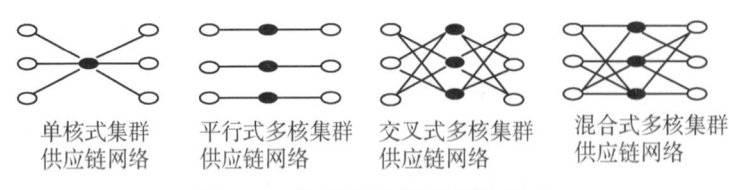

图 4-2　集群供应链网络联结模式
资料来源:霍佳震,吴群,谌飞龙.集群供应链网络的联结模式与共治框架[J].中国工业经济,2007(10):13—20.

智能制造产业链由若干智能平台连接而成,成员企业在智能平台中建立起虚拟企业,共同协作完成生产制造和消费服务,每一个平台就是一个智能产业的网络集群。这些独立的网络集群可能覆盖上下游的全部业务模块,也可能仅是某一环节的专业性平台。平台与平台之间,究竟是竞争关系还是协作关系,取决于三个因素:一是智能制造的行业标准是否通行。如果平台与平台之间有统一的标准协议,不存在显著的技术标准隔离关系,比如有统一的平台规则和协议,或者彼此间提供二次开发的数据接口,那么平台之间可以顺利地开展合作,彼此之间是竞合关系,如当年众多家用电脑制造商,可视为平行式多核集群。二是是否允许成员企业跨平台承接业务。如果在平行的集群关系之上,允许成员企业与其他核心建立联系,则其网络结构是混合式集群网络。三是如果平台的核心企业主要依靠知识和技术来整合产业链上下游的企业资源,成员企业只是均遵循统一的准则和标准,根据业务模块的需求与核心之间建立分包与承包的关系,那么成员企业与平台的核心企业之间彼此竞合,其网络结构是交叉式多核心的网络集群,比如制造企业的横向协作网络关系。

智能制造的产业结构究竟是"单核式网络集群",还是"交叉式多核心集群",抑或"混合式多核集群"结构,取决于网络平台的核心企业数量,以及链主

[①] 霍佳震,吴群,谌飞龙.集群供应链网络的联结模式与共治框架[J].中国工业经济,2007(10):13—20.

企业对平台体系和成员企业的治理机制。即平台和链主企业会事先从战略规划层面设计好平台的网络架构，比如用业务安排、网络规划等形式，确定成员企业在平台协作体系中的功能和地位，以及不同的网络节点位置和连接模式。这意味着提前规划了成员企业可能赢得的市场规模，以及发展中可获得平台资源。成员企业面对平台和链主企业的这种平台架构级别的发展制约，在试图改变企业的网络节点位置，实现智能化升级时，必须考虑清楚自身的发展定位和网络结构体系。比如在平行多核集群中，成员企业只要绑定核心节点企业，其升级路径就是跟随核心节点同步升级。

同时，平台组织的虚拟集聚形式和企业的网络协同模式，也会影响网络的密度、节点中心度、集聚系数，使得网络的静态结构在企业的实际运营中呈现出不同的动态线路。比如，在交叉式多核集群中，成员企业间以数字化的业务模块进行业务协同，链主企业本身没有能力或者是只是在特定的模块领域占据优势，则成员企业可以合理利用网络规则，在模块化协同的过程中，强化自身的创新能力和节点属性，努力成为新的核心节点，智能产业的动态网络结构也会因此改变。

（3）企业关联与网络结构

更进一步，智能产业链的动态网络结构受到生产协作过程中数据、信息和资源流动的影响，变动方向与成员企业在智能网络平台的模块化协作关系密切相关：资源越来越向各个中心节点集聚，强者恒强；离中心节点越近的成员企业，越容易得到资源，相应规模能够越来越庞大；而远离中心节点、缺少业务关系的企业，所能获得的资源会越来越少。在这种机制作用下，整个智能制造产业链的网络结构会呈现"以中心节点企业为核心的网络状丝带结构，中心节点通常就代表不同行业、不同地区集群的链主企业"，不同产业链平台之间的联系也将主要在中心节点企业之间进行。

智能制造产业链是中心化的产业链，不会因模块化网络协同呈现出去中心化的趋势。形成这种网络结构的主要原因是：智能制造产业链是依托工业互联网的产业体系，面向个性化定制生产而组成，集设计、供应、生产、运输、销售、服务为一体。这要求智能制造的每一个环节都以数字化技术为支撑，纳入智能制造网络决策系统的统一调配。智能决策中枢的机器智能会根据网络节点、生产环节、企业资质、关系紧密程度等信息，动态形成一个以数据信息实时交换、功能模块网络协同的产业链协作网络。智能制造体系的这种网络组织模式，决定了纵向的上下游企业和横向的协作企业之间，更多地依托知识、数据进行网络协同生产。虽然依靠资源占有和部分工艺流程,传统的上下游产业链关系仍会存在,但所占比重显著下降。要素数据化、协同模块化、业务分包、生产服务化以及 3D 打印等先进的数字化制造技术,使多数生产工序可以同步实施,然后进行零部件的模块化拼装。生产制造方式和协作模式的变化,使企业之间的关系转变为业务关联、模块协同。

(4) 信息流动与网络结构

网络中的信息流动也会影响智能企业的转型升级。信息流动越密集的线路,网络节点的中心度也越高,相应在网络节点中的重要性也高。成员企业在智能制造网络中实现升级的重要标志之一,就是提升自身在网络节点中的地位。以人工智能技术支撑的 BP 神经网络为例,作为一种信号前向传播的非线性映射的柔性网络,其信息传播的流程见图 4-3。

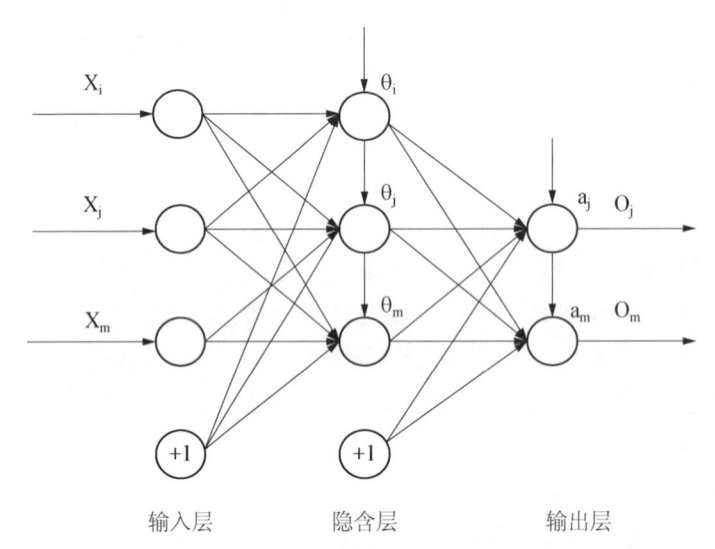

图 4-3 基于 BP 神经网络的智能制造产业链信息传播流程

资料来源:参考 Rumelhart D E, Hinton G E, Mcclelland J L. A general framework for parallel distributed processing [M]. Massachusetts: MIT Press, 1986。

在图 4-3 中,智能制造神经网络的数据和信息是前向传播的,即智能感知系统接收到的状态、位置、温度、高度等状态信息以及企业间的分包协作信息等,都单向往前传输给网络平台的隐含层。各个智能节点可以同时向任意一个隐含层的节点传送信息。隐含层的每一个节点经过决策系统的数据分析运算后,筛选出有限的输出层节点并向其输出信号。输出层得到信息后,会对信息进行检验并生成误差的反馈信息,反向传播给输入层和隐含层进行修正和校验。依次调节输入导、隐含层的权重和偏置就可以得到最终所需要的正确信息,并最终形成对智能系统、智能装备、智能制造单元的操作指令。

智能制造体系的这种信息传播模式意味着处于产品链同一环节的行动者之间的地位是平等的,只要不是特意设置了针对性的信息分层筛选和分发机制,那么无论是链主企业还是网络平台的成员企业,都应当能够同步接收到智能网络平台所发布的信息,因而在理论上也就可以同步回馈信息、确定外包协作关系并展开生产协作活动。此时,选择什么样的成员企业进行合作,取决于企业距离信息源头(通常是链主企业)的距离、企业所拥有的关系资源、企业的生产实力、知识创新能力、企业的信誉评级等,以及智能企业自身的决策反馈时间。这也就是说即使是在信息同步发送、同步接收的 BP 神经网络中,智能决策系统也会在人工智能的大数据算法支配下,根据企业的核心竞争力和企业的地理空间和网络空间位置,来排定智能网络体系中合作企业的优先级别,并以此决定企业间的生产协作关系。智能制造神经网络的这种信息传送和反馈模式,决定了节点位置必然影响信息流动,距离中心节点的距离等因素则会强化既有的网络结构。

2. 智能企业的网络集聚

企业的网络集聚模式直接影响成员企业与链主企业的互动关系。这种互动关系相对稳定后,会把成员企业相对锁定在网络的特定节点、相对稳定的互动频率。成员企业试图提升网络中心度,以实现价值链升级的举措,会受制于这种既定的模块互动关系和网络节点位置。因此,在分析网络结构及其节点关联的基础上,还需要进一步在企业层面讨论智能制造企业的网络集聚模式。

智能制造企业的网络集聚并非企业在地理空间的物理集聚,而是依托网络平台实现的企业虚拟集聚。虚拟集聚有三种模式:生产环节围绕核心企业的供应链虚拟集聚、消费环节围绕电商平台的虚拟集聚、围绕标准和行业联盟的产业虚拟集聚。[①]

(1) 围绕核心企业的虚拟集聚

该模式中核心智能企业是链主企业,比如苹果、通用电气等公司其搭建智

---

① 王如玉,梁琦,李广乾. 虚拟集聚新一代信息技术与实体经济深度融合的空间组织新形态[J]. 管理世界,2018,34(02):13—21.

能制造网络平台,将生产协作企业进行智能化升级后连接入网。此时,作为产业链链主企业的苹果公司只是将生产协作网络化,掌握着智能制造的核心技术。成员企业与链主企业之间是互赖关系。成员企业之间是竞争关系和吞食关系,彼此间缺少知识交流和信息交流。因此,依托原有的生产协作关系形成的智能制造网络,其供应链的虚拟集聚是以核心厂商为中心的单核网络结构。由于链主企业就是虚拟集聚的发起人,其会将既有的线下治理模式略加改动后复制到网络平台,因此这些成员企业即使接入工业互联网平台,也会因为知识创新能力的不足,以及链主企业对其商业行为的严密监控,仍旧是一个单一功能的普通节点。

(2) 电商平台的虚拟集聚

智能企业依托电商平台,作为销售渠道和供应网络进行虚拟集聚。在这种情况下,电商平台事实上只是通过财务系统和电商评级系统对平台的智能企业进行管理,成员企业之间的联系仍需要成员企业自己去构建,由此形成一种多中心的网络结构,既可以是交叉式多核网络,也可以是混合式多核网络。对于成员企业而言,到底是自建智能制造的平台网络,还是依靠电商平台的销售渠道,主要取决于电商平台对成员企业的外部性。

外部性包括金融外部性(Pecuniary Externalities)和技术外部性(Technological Externality)两种。[①] 金融外部性是指在网络平台虚拟集聚后所增加的客户资源、销售收入和节约的生产交易成本。比如阿里巴巴平台使企业同时可以面向全球的供应商,这是许多中小成员企业很难通过自身努力在短时期内所能达成的。智能企业到底是依托电商平台,还是自建网络体系,主要取决于电商平台的金融外部性与自建网络之间的收益权衡。

(3) 围绕技术标准的虚拟集聚

此种虚拟集聚会形成一种混合式的多核网络(见图4-4)。

与混合式多核心供应链网络不同之处在于,在围绕技术标准和行业联盟所形成的智能制造网络体系中,各个核心智能企业之间会发生技术协作关系,甚至彼此进行专利授权、数据、信息和零配件交易,即图4-4中以黑色表示的智能网络核心节点之间也会发生业务联系。同时,会形成一个围绕各个核心节点的次一级的单核或者多核心智能制造网络。在这种围绕技术标准和行业联盟的智能制造体系中,每个智能企业都可能成为一个节点核心企业,企业与

[①] 梁琦,刘厚俊.空间经济学的渊源与发展[J].江苏社会科学,2002(6):61—66.

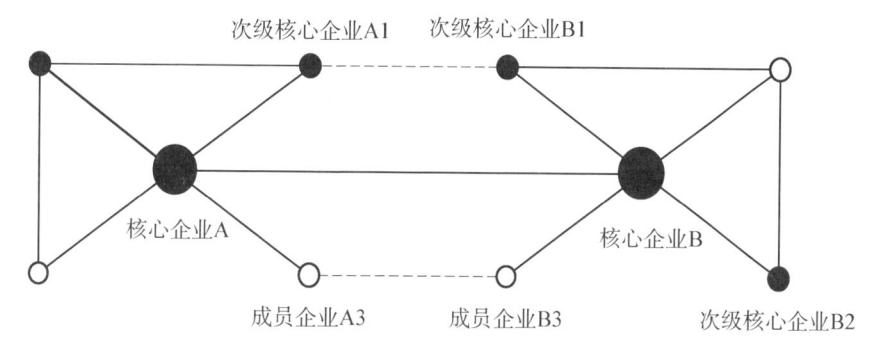

图 4-4 围绕技术标准和行业联盟的智能制造网络结构

资料来源：作者绘制。

企业之间、平台与平台之间是竞合关系，企业核心能力（知识创新能力、智能生产能力等）决定了其在网络平台体系中的地位。每一个层级的智能制造网络的稳定性取决于这个体系的知识创新能力、团队绩效能力以及长期合作协议的制约。

3. 网络中心性与企业绩效

如前所述，智能制造网络的结构可以用智能节点在网络体系中所处的位置、网络节点的密度、节点之间的联系强度来描述。节点之间的地位差异因为数据、资本、信息等要素资源的流动差异而形成，持续有要素资源流入的智能节点，会不断扩充规模、强化与周边合作企业的联系，表现为节点所在区域智能制造企业密度的增加。理论上，获得更多要素资源的智能企业，其盈利能力更强、绩效越好。智能制造体系的网络结构是基于信息流动所形成的一种虚拟合作网络，基于同一工业互联网平台之上或者彼此间有紧密业务联系的工业互联网平台体系之间，因业务合作关系而形成的相对固定的虚拟产业集群，可以用"网络中心性、网络密度、网络联系强度"来描述和衡量。

智能制造网络的体系结构由数量巨大的智能节点，以及节点之间的复杂关系组成。既有的研究表明网络创新绩效与网络中心性、网络密度存在正相关关系，但节点间联系强度与创新绩效之间的关系存在不确定性。[①] 在以数据交易和知识创新为核心竞争力的智能制造体系中，这个结论是否依然正确需要进一步讨论。

拉德克利夫·布朗（Radcliffe Brown）最早提出网络中心性概念，用以衡

---

① 孙国强. 网络组织理论与治理研究［M］. 北京：经济科学出版社，2016.

量节点在网络中的地位。林顿·弗里曼（Liton C. Freeman）将网络中心性（Network Centrality）分解为度中心性（Degree Centrality, CD）、接近中心性（Closeness Centrality, CC）和介数中心性（Between Centrality, CB）。[1] 中心性体现了网络组织在网络体系中的位置和层次，组织所处节点的中心性越高，则其对网络体系而言就越重要，其影响力可以比普通节点更快地影响到智能网络的其他节点。同时，具有特定功能的节点，其重要性也会较高。节点的中心性通过比较节点之间的联系程度来衡量。通过对各个节点的中心性进行量化、计算赋值并排序，可确定节点的重要性。其中节点 I 的度中心性被定义为两个节点之间的联系，如果节点 i 与节点 j 之间有直接连接关系，则 X_{ij} 的值为1，反之为0。接近中心性用于描述某节点与其他所有节点的距离远近，CC 为节点与所有节点之间最短路径的平均距离的倒数（$C(x) = 1/\sum_y d(y, x)$）。接近中心性越高，表明这个点距离其他点越近，也就是越接近网络的中心。介数中心性定义为节点间最短路径穿过某节点的次数，CB 越高表明该节点的流量越大，CB 的数值大小反映了节点做"桥梁"的重要程度。

网络节点的中心性对网络绩效的影响主要有三种机制：一是企业网络是获取信息和其他资源的通道。[2] 企业网络提供的多元化知识有助于管理不确定性和资源的相互依存性。[3] 网络节点的中心性越高，通过该节点的数据和信息越多，则该节点获得信息的能力越强，从而更容易获得多元化的知识。二是结构良好的网络是企业的一种社会资本和战略资源。[4] 节点中心性越强则其可供整合的战略资源越多，即企业所拥有的"网络权力"更大，其就更加容易与其他网络节点建立"互赖关系"，就更容易与其他节点进行网络协同。三是网络节点中心性越高，更容易进行知识整合创新，以此提升企业绩效。获取知识、分享知识有利于帮助企业获得并发展技术，改进生产过程，从而更有利于整体绩效的提升。

---

[1] Linton C, Freeman. Centrality in social networks conceptual clarification [J]. Social Networks, 1978,1(3):215-239.

[2] Burt R S. Structural holes the social structure of competition [M]. Massachusetts: Harvard University Press, 1995.

[3] Salancik G, Pfeffer J, Kely J. A contingency model of influence in organizational decision-making [J]. Academy of Management Proceedings, 1974(1):55-55.

[4] Nohria N, Garcia-Pont C. Global strategic linkages and industry structure [J]. Strategic Management Journal, 1991,12(S1):105-124.

绩效的提升对网络中心度的提升也有正向的反馈作用。绩效越明显的节点越容易得到各方的关注,网络评级和信誉度也随之提升,进而能够更方便吸引更多的资源,从而形成"绩效提升—资源加速流入—要素累积—节点中心度提升—绩效进一步提升"的正反馈循环。

衡量网络结构的另一个变量是节点间联系强度。网络联系强度指网络主体之间联系频率和组织资源对联系的承诺程度。① 马克·格兰诺维特(Mark Granovetter)提出了"强联系与弱联系"的概念,判别标准是"认识时间、互动频率、亲密性以及互惠性服务内容"。② 强联系能够提高企业间知识和信息的交流频率,增进沟通,从而提升信息交换带来的价值。布赖恩·乌齐(Brian Uzzi)认为强联结关系有利于网络成员解释外部机会和威胁,从而更有利于提升企业绩效。③ 但格兰诺维特认为相比强联结关系,弱联结所提供的信息更加丰富,重复或相类似的信息较少,更有利于信息传递。④ 对此,王建刚将网络关系按网络位置和联系强度分为四类,通过调查问卷的回归分析发现联系强度与企业竞争优势之间呈 U 形关系,即与外部组织建立广泛的社会联系或高水平信任与紧密联系能够促进企业竞争优势,但当企业与外部组织既没有广泛的联系也没有建立足够的信任的情况下,反而对企业不利。⑤

然而,对智能制造网络体系而言,网络结构与智能节点的绩效正相关这个结论是否成立,还取决于网络联系的强度。因为虽然网络中心性如同产业布局的地理区位一样,会影响企业对网络位置的选择,但中心性是否能转化为企业绩效,进而促进成员企业进一步以此提升其在智能网络体系中的地位,却不一定。也就是说网络的初始位置能够使企业获得更多的信息和资源,但这并不能确保成员企业获得更好效益、形成更多的技术创新。

---

① 李志刚,汤书昆,梁晓艳等.产业集群网络结构与企业创新绩效关系研究[J].科学学研究,2007(04):777—782.
② Granovetter M S. The Strength of weak ties a network theory revisited [J]. Sociological Theory, 1983,1(6):201-233.
③ Uzzi B. Social structure and competition in interfirm networks:the paradox of embeddedness [J]. Administrative Science Quarterly, 1997,42(1):35-67.
④ Granovetter, Mark S. Strength of weak tie [J]. American Journal of Sociology, 1973(78):1360-1380.
⑤ 王建刚,吴洁.网络结构与企业竞争优势——基于知识转移能力的调节效应[J].科学学与科学技术管理,2016,37(05):55—66.

(三) 智能制造产业链中的企业

1. 智能制造网络中的行为主体

智能制造产业链是基于人工智能技术的网络状产业链,由智能单元、智能系统和智能网络组成。模块化的智能组织是智能制造产业链的基本结构单元,在智能决策系统的统一调配下,与系统内外的各类资源建立网络协同关系。基于模块化组织的智能制造生产方式,以智能单元之间的功能匹配和智能决策系统的指令调度相结合,在很大程度上摆脱了人类智能的干预和控制,开创了新的合作生产模式。这种网络化的、机器自组织的生产组织模式,带来了"谁是产业链的升级主体"以及"如何才能在网络协同制造中持续保持竞争力"两个问题。

(1) 作为集成者的行为主体

行为主体、要素和结构、主体行动是描述模块化组织运行的三个要素。其中,行为主体之间根据规则发生联系,通过要素(知识)的溢出,以经济增长的形式对现有规则和产业结构形成冲击,进而在碰撞中产生新的规则和结构。

网络组织的行为主体可以是单个企业,也可以是由若干企业组成的复合体。[①] 智能制造产业链中的智能企业,虽然拥有独立的产权和决策权,但具体到一个智能产品的供应链、生产链和需求端,其生产组织的主导者应当是基于模块化分工的虚拟企业,智能企业需要遵循网络平台的运营规则,接受虚拟企业的组织治理。模块化组织、虚拟企业都是诸多产权主体的结合体,被称为垂直网络组织(Vertical Network Organization)。[②] 每一个垂直网络组织都有一个"集成者",作为网络的治理者和协调人。在智能产品的生产和服务过程中,链主企业是垂直网络组织的行为主体,发挥"集成者"的作用,主导着模块化组织的运行。链主企业通常是核心企业,但未必全是核心企业。能否成为虚拟组织的链主企业,取决于该企业是否具有影响产业链运营的技术实力、创新能力或产业规模,以及运用权力关系治理和影响成员企业的能力。

(2) 拥有话语权的行为主体

在"集成者"组织模块化生产的同时,参与智能生产的智能企业或者投入智能模块参与模块集成的智能企业,能够在两种情况中成为行为主体:一是这

[①] 郝斌,吴金南,刘石兰.模块化组织治理问题研究[J].外国经济与管理,2010,32(05):17—24+55.
[②] 杨锐,张时乐,芮明杰.基于关键资源视角的垂直网络组织及治理机制[J].中国工业经济,2011(07):44—53.

些智能企业或者智能模块,具有影响模块化生产、网络化协同的主导规则制定能力,或者参与制定这些主导规则。如果这些智能企业拥有足以改变规则的能力,那么它很可能拥有影响模块化生产的话语权。二是另一些成员企业负责"封闭模块"生产,这类模块没有成为行业标准,而只是在模块化组织内部形成了企业标准,抑或只是企业独家诀窍。这类模块需要较多的专有知识与技能,因此,相关成员企业能够获得相对较大的价值,并在模块化组织中享有较多的话语权。[1] 其同样能够成为智能生产过程的行为主体。

参与模块化生产的成员企业,大量的业务是在"集成者"的协调下进行的,以专属关系投资的形式加入虚拟组织,以获得关系租金。在这种权力结构下,成员企业凭借自身的知识、技术、装备、资源等优势,参与专业化团队的协作生产,大多数情况下都是被动接受外包订单,是智能产业链的参与者而非主导者。

需要注意的是,此处我们是从宏观视角来讨论网络组织的行为主体和普通成员,这并不否定微观视角下的网络个体和智能节点能够通过创新提升企业的网络能级,但这只可能为宏观视角下的网络组织增加新的集成者,而不会根本性改变网络的整体架构。

(3) 强联结关系的行为主体

最后一种情况是强联结关系网络。强联结关系的网络与外部相对隔绝,严格的壁垒限制了内部企业的对外交易。[2] 强联结关系网络通常有一个主导企业(集成者),成员企业相对封闭,且彼此之间有非常紧密合作关系,可以整体视为一个网络行为主体。

综上所述,网络行为主体的分类,取决于智能企业所处的网络组织、在虚拟企业中的实际作用。一个稳定的组织秩序只能由内部成员通过互动和协作而产生,[3][4]虽然模块化协同赋予了智能企业相对平等的主体资格,但能够成为集成者的行为主体,只是智能制造产业体系中的少数者。多数企业只是作为一个功能模块,参与虚拟组织的团队化生产。这意味着智能企业在网络团

---

[1] 郝斌,吴金南,刘石兰.模块化组织治理问题研究[J].外国经济与管理,2010,32(05):17—24+55.
[2] 杨瑞龙,冯健.企业间网络的效率边界经济组织逻辑的重新审视[J].中国工业经济,2003(11):5—13.
[3] Kooiman J, Vliel M V, Jentoft S. Rethinking the governance of fisheries in creative governance opportunities for fisheries in Europe [M]. London: Sage, 1999.
[4] 曹兴,司岩.协同视角下的网络组织治理一个文献综述[J].湖南工业大学学报(社会科学版),2013,18(05):45—52.

队生产过程,更多进行的是顺轨技术创新,以实现企业智能化升级。鉴于此,传统制造企业在制定智能化转型升级战略时,应当提前规划好自己在未来智能产业中网络定位——如果选择成为集成者的链主企业,应当采取技术引领式的升级路径,以便在未来的产业竞争中,提前形成相应的技术能力。如果传统制造企业只是想继续拥有一定的话语权,甚至只是继续担任功能模块提供者的角色,那么跟随链主企业同步升级,选择智能技术嵌入的升级模式,无疑是理性的选择。企业选择何种技术升级路径,取决于其在智能化产业升级过程中的功能定位。

2. 战略联盟

与传统企业相比,智能制造企业以模块化组合的方式进行网络协同,其组织模式类似于房地产公司的项目公司,以不改变母公司为前提,根据工程项目临时组建一个项目公司负责完成该任务。虚拟企业和战略联盟就是智能制造企业为展开合作、最大化竞争优势而组建的"项目公司"。其中虚拟企业针对短期项目,而战略联盟针对长期合作。

战略联盟因共同的利益而生,通常产生于拥有关键资源的企业之间。企业战略联盟是一种中间组织,介于企业与市场之间,为达到共占市场、共享资源、降低风险、实现自身发展等目的,而通过各种协议、契约形成的网络组织。这种网络组织不同于传统的公司制企业,公司是具有自主经营权和管理权的法人,依据出资份额承担法律责任。网络战略联盟的各个成员企业的地位是平等的,既没有核心企业,也没有中间调节者,彼此没有从属关系。战略联盟产生于各个经营环节与领域,常见于竞争对手之间的合作,可以是跨行业、跨地域、跨国界的联盟。[1] 由于战略联盟的存在,企业的边界得以扩大。同时,智能企业在同一时间里可以加入不同的战略联盟,因此,智能企业的能力边界又因战略联盟资源的可得性而动态变化。

合资企业是战略联盟的特殊形式,包括分工合作型合资企业和共同投资型合资企业两种类型。研究表明:较强的联盟能力可以极大地帮助企业从联盟中获取稀缺的资源和价值。[2][3] 选择什么样的战略联盟形式,取决于交易成

---

[1] 孙国强,兰玉武.企业网络组织模式比较[J].山西财经大学学报,1999(05):51—54.
[2] Kale P, Dyer J H, Singh H. Alliance capability, stock market response, and long-term alliance success the role of the alliance function [J]. Strategic Management Journal, 2002,23(8):747-767.
[3] Simonin B L. The Importance of Collaborative Know-how An Empirical Test of the Learning Organization [J]. Academy of Management Journal, 1997,40(5):1150-1175.

本的降低方式。战略联盟作为智能制造产业链的一个行为主体,其进行网络组织活动时会带来网络治理的问题,因此智能制造企业的战略联盟行为,需要进行专门的制度设计。这种制度设计与虚拟企业和共同产权的运行机制一脉相承。

3. 虚拟企业与共同产权

(1) 虚拟企业

肯尼思·普瑞斯(Kenneth Presis)、斯蒂文·L. 戈德曼(Steven L. Goldman)、罗杰·N. 内格尔(Roger N. Nagel)于1991年向美国国会提交《21世纪制造企业研究:一个工业主导的观点》的研究报告,首次提出"虚拟企业"的概念。杨蕙馨基于现代信息技术环境细化了虚拟企业的定义,将其界定为一个临时性的动态联盟。[①] 组成虚拟企业的主体,通常彼此独立且各具对方所需要的核心能力或优势资源。

虚拟企业是一个特殊的中间组织,介于企业与市场之间。为把握市场机遇而临时建立的特征,决定了虚拟企业天然存在风险高昂的特点,需要通过复杂的契约,界定彼此的协作关系和可能收益。即便如此,合约必然是不完备的,这导致虚拟企业的边界的模糊性和动态性。这是智能制造企业在网络协同中普遍遇到的问题,本章将第二节详细讨论。

(2) 共同产权

信任和沟通障碍制约了虚拟企业的发展,背后则是跨组织的文化认同问题。为保证智能制造体系的良好运转,模块化的虚拟企业组织还必须引入共同产权的概念,以对其他成员企业的正式权力进行约束。在共同产权形式下,核心企业以控股或参股的方式与其他成员企业形成命运共同体,以此整合虚拟企业资源,实现各主体之间的相互促进、共同发展。[②]

共同产权可以体现在企业实体、单项资产、关键技术、外部平台等多个层面[③],比较典型的共同产权形式有控股和参股等,虚拟企业是其中一种重要的形式。共同产权有助于解决系统设计者的个体认知局限性和主体间的知识共享问题,选择何种产权形式取决于核心智能企业的发展战略、用户需求的稳定性等因素。在智能制造平台中,智能企业根据生产任务和服务需求,拿出部分

---

① 杨蕙馨,冯文娜. 中间性组织的组织形态及其相互关系研究[J]. 财经问题研究,2005(09):55—61.
② 郝斌,吴金南,刘石兰. 模块化组织治理问题研究[J]. 外国经济与管理,2010,32(05):17—24+55.
③ 郝斌,吴金南,刘石兰. 模块化组织治理问题研究[J]. 外国经济与管理,2010,32(05):17—24+55.

资产以正式契约的形式组建成虚拟企业。虚拟智能企业的这种产权组合,是不同智能主体的共同产权,参与缔约的各个契约主体因共同产权而对虚拟企业的财产收益拥有剩余索取权。这也决定了智能制造企业通过虚拟企业、战略联盟等形式展开网络协同生产时,对网络协同生产所产生收益的分配机制,进而影响产业组织模式和企业的升级策略。

二、智能制造产业链的网络协同

(一) 智能环境下的网络协同

1. 网络协同的新特征

企业协同是产业组织的核心内容,是产业链中各行为主体建立关联的主要形式,对产业升级构成重大影响。协同有资源共享、工作协同、效应协同三种视角[1][2][3]。智能环境下的企业协同出现一系列新特征,知识协同和网络协同成为协同的新内涵、新方式,突出表现为四个新特征:一是智能单元的自组织性。智能制造体系中的智能单元和智能系统能够无须人工干预,即可根据大数据算法提供的计算结果,在智能决策系统的安排下,自主进行网络协作活动。二是多元互补性。智能制造依赖大数据算法提供的结论,在评级打分、算法排名的机制作用下,协作主体会倾向不断强化既有的互补关系联结,导致合作关系稳定化、持久化,出现"强者恒强"的现象。三是智能环境下网络协同的动态性。动态意味着变化,表明协作主体之间还存在"淘汰机制"。四是能够跨越企业的实体边界。智能制造体系下模块间协同,企业的边界在数据要素和网络平台的作用下日趋模糊,网络协同常常超越企业的产权边界。

2. 智能企业协同的种类

具体而言,智能企业间的协同可以分为三种:

一是智能企业间的战略协同。战略协同的目的是追求长期利益的最大化,促成成员企业间的战略互信、战略认同、形成共同的战略目标,有助力于智

---

[1] Porter M E, Millar V E. How information gives you competitive advantage [J]. Harvard Business Review, 1985, 63(4):149-174.

[2] Regli W C. Internet-enabled computer aided design [J]. Internet Computing IEEE, 1997, 1(1):39-50.

[3] Ansoff H I. The new corporate strategy: an analytic approach to business policy for growth and expansion [M]. New York: McGraw-Hill, 1988.

能企业间形成共同的利益集合,从而抑制机会主义行为,作为理性的合作选择。战略协同的三个关键要素是兼容、能力和承诺。对于智能制造平台而言,就是要构建网络平台的生态体系,以良好的平台文化,构建共同的发展愿景,以促成智能网络平台上的成员企业形成战略一致性,这也是进行战略协同的前提条件。

二是智能企业间的生产组织协同。智能企业的生产组织协同指对模块化生产过程和产品全生命周期的服务过程的工作协调。在智能制造网络体系中,由于企业分工高度细化,网络中的权力随知识碎片化而分散在不同的网络结点中,系统集成者需要设计一个共治的机制,将分散于各个网络节点(智能企业)的核心资源与功能形成一个共享的资源包,使得网络协同生产活动能够成为一个完整流程,顺利完成。这是一个通过生产组织协同解决模块化网络组织知识分散、能力分散、自我治理的过程,以此形成 $1+1>2$ 的网络协同效应。

三是智能企业间的能力协同。智能制造体系是基于能力形成的网络平台体系,成员企业因各自的能力而融合成为智能生产的协作体系。失去核心竞争力和知识创新能力的企业,会因为大数据算法下的企业排名下滑,而不断失去订单业务,从而被排除在模块化网络协同体系之外。因此,能力协同不仅是智能制造的协作生产网络得以成立的前提和基础,也是各个成员企业需要密切关注的业务。企业的能力具有异质性、稀缺性、难以交易性、不可模仿性、有限替代性等特征,能力协同必须突破"规则标准化、模块松散耦合、集成零散模块"等三重困境。

3. 智能制造的网络协同

智能化的生产制造方式推动生产组织模式的变革,网络协同成为智能制造的主要生产组织模式,传统制造企业的转型升级必须适应新的生产业组织模式。一是数据成为重要的生产要素,使得企业可以在更大的范围内获得要素信息、寻找合作伙伴、销售智能产品,为智能企业依托工业互联网平台,构建起开放的生产组织体系提供了可能。二是分工细化推动智能企业将更多的资源投入具有竞争优势的专业领域,以确保核心竞争力。这导致企业间广泛开展业务外包活动,由此形成了一个基于工业互联网平台的逆一体化的生产协作体系。三是由于模块化产品和模块化生产组合,智能企业可以并联式展开生产组装活动,企业由产品内分工细化到工序分工,原有的固定式生产工序和管理架构逐渐被取代。四是产品服务化和服务型制造,导致通用模块、中间产品、专用数据包等中间件产品大量出现,产品的价值取决于其所富含的知识、服务以及升级能力,智能制造产业的价值链形态和价值分布因此发生改变,由此引发各环节要素供给和生产组织方式的变化。

(二) 网络协同平台的选择

1. 企业技术实力与平台选择

智能化背景下传统制造企业的转型升级,在战略方向上需要明确"在哪一个平台进行网络协同"的问题,即究竟是自建工业互联网平台,还是加入第三方智能制造平台。由于网络平台通常会采取各种举措防止企业跨平台交易,以确保成员企业和客户的黏性,因此网络协同的前提是平台的选择问题。

自建平台还是引进平台,本质上还是自主研发和引进技术的选择问题。一般情况下,企业增加研发投入和促进技术创新,能增强企业竞争力,并带来丰厚的回报。但研究表明,新技术在实用化的初期所能产生的经济效用比较有限,技术替代能否带来高额的利润回报,还取决于创新者的学习能力和现有的市场规模。[①] 企业现有的市场份额以及竞争者坚守自身份额的努力,同样会影响新技术的研发与应用。模型分析表明,研发竞赛中处于领先地位的企业由于赢得竞赛的可能性较大,因此一般会愿意增加研发投入,而处于落后地位的企业,由于赢得竞赛的可能性比较小,一般会减少研发投入。[②]

这意味着,企业自建平台还是引进平台首先考虑的是成本和收益的问题,其次是不同技术实力的企业会做出不同的选择。通常技术的实力代表了市场规模,笔者假定在传统制造业这两者是正相关的。假定市场中共有 A 和 B 两家传统制造企业,同时生产 i 种产品。其中 A 为大企业,拥有规模优势;B 为市场内其他小企业的集合,为了简化运算的复杂程度,将其视为一个独立的企业。面对智能化转型升级的趋势,A 和 B 同时都面临着自建网络和引进平台的升级选择,可分为三种情况来讨论这个问题。

第一种情况,先假定大企业拥有雄厚的资金实力,能够承担起建设工业互联网的高昂费用,以及转型不成功所带来的经济损失,于是企业 A 选择率先进

[①] Young M J, Boulton A, Macleod A F, et al. A multicentre study of the prevalence of diabetic peripheral neuropathy in the United Kingdom hospital clinic population [J]. Diabetologia, 1993,36 (2):150.

[②] Grosssman G M, Shapiro C. Dynamic r&d competition [J]. Economy Journal, 1987(97):372 - 387.

行智能化转型升级,采取了自建工业互联网的模式。企业 B 由于缺乏资金实力,故而选择不采取行动,静等企业 A 先吃螃蟹,然后视情况采取行动。这种情况与我们实际观察到的现象比较类似——在生产制造领域,往往是大企业率先进行产业数字化的转型,而中小企业则多数维持现状。第二种情况,大企业 A 和小企业 B 同时采取升级行动,A 企业仍采取自建工业互联网的举措,而小企业 B 则选择引入第三方平台。第三种情况,大企业 A 继续沿用自建工业互联网的办法,新增外部服务型的平台企业。比如百度、腾讯等互联网巨头切入生产制造领域,宣布生产智慧新能源汽车。

2. A 企业自建网络 B 企业维持现状

假设 A 企业自建工业互联网平台的固定成本为 C_{WA}(假定就是企业的总固定成本),建成前企业产品的销售价格为 P_{Ai},单位产品的变动成本为 C_{VAi},建成后能够为企业节约的单位产品变动成本为 C_{SAi},同时企业 A 的 i 产品的产量为 Q_{Ai},能够为 A 企业带来的范围经济效应是原有销售规模($P_{Ai} \times Q_{Ai}$)的函数,范围经济的效应用 ∞ 表示,则 A 企业的利润函数为

$$\pi_A = \sum_{1}^{i}(P_{Ai} - C_{VAi} + C_{SAi} + P_{Ai} \times \infty) \times Q_{Ai} - C_{WA}$$

假定企业 A 和 B 的需求函数为线性,$Q_{Ai} = a_{1i} - b_{1i} \times P_{Ai} + d_{1i} \times P_{Bi}$

则,$\pi_A = \sum_{1}^{i}(P_{Ai} - C_{VAi} + C_{SAi} + P_{Ai} \times \infty) \times (a_{1i} - b_{1i} \times P_{Ai} + d_{1i} \times P_{Bi}) - C_{WA}$

最优时有

$$\frac{\partial \pi_A}{\partial P_A} = \left[(1+\alpha) \times \sum_{1}^{i}(a_{1i} - b_{1i} \times P_{Ai} + d_{1i} \times P_{Bi})\right]$$
$$- \left[\sum_{1}^{i}(b_{1i} \times [P_{Ai} \times (1+\infty) - C_{VAi} + C_{SAi}])\right]$$

可得,$P_{Ai}^* = \dfrac{1}{2b_{1i}}\left(a_{1i} + \dfrac{b_{1i}}{(1+\infty)}(C_{VAi} - C_{SAi}) + d_{1i} \times P_{Bi}\right)$

同理,对于企业 B,由于没有兴建工业互联网,所以企业 B 没有范围经济效应,也没有网络建设的固定资产投资可得,均衡时的价格为

$$P_{Bi}^* = \frac{1}{2b_{2i}}(a_{2i} + b_{2i}C_{VBi} + d_{2i} \times P_{Ai})$$

将 P_{Bi}^* 代入 P_{Ai}^*,可得

$$P_{Ai}^{*} = \frac{1}{2b_{1i}} \left(a_{1i} + \frac{b_{1i}}{(1+\infty)} (C_{VAi} - C_{SAi}) + d_{1i} \times \frac{1}{2b_{2i}} (a_{2i} + b_{2i} C_{VBi} + d_{2i} \times P_{Ai}) \right)$$

整理后可得

$$P_{Ai}^{*} = \frac{1}{(4b_{1i} \times b_{2i} - d_{1i} \times d_{2i})} \begin{bmatrix} d_{1i} \times (a_{2i} + b_{2i} \times C_{VBi}) + \frac{2b_{2i} \times (2b_{1i} - d_{1i})}{(2b_{2i} - d_{2i})} \\ \times (a_{2i} + b_{2i} \times C_{VBi}) \end{bmatrix}$$

将 $P_{Ai}^{*} = \frac{1}{2b_{1i}} (a_{1i} + \frac{b_{1i}}{(1+\infty)} (C_{VAi} - C_{SAi}) + d_{1i} \times P_{Bi})$ 代入

$$P_{Bi}^{*} = \frac{1}{2b_{2i}} (a_{2i} + b_{2i} C_{VBi} + d_{2i} \times P_{Ai})$$

可得

$$P_{Bi}^{*} = \frac{1}{2b_{2i}} \begin{pmatrix} a_{2i} + b_{2i} C_{VBi} + \frac{(a_{1i} \times d_{2i})}{2b_{1i}} + \left(\frac{b_{1i} \times d_{2i}}{2b_{1i} \times (1+\infty)} \right) \\ \times (C_{VAi} - C_{SAi}) + \frac{d_{1i} \times d_{2i}}{2b_{1i}} \times P_{Bi} \end{pmatrix}$$

整理后有

$$P_{Bi}^{*} = \frac{1}{(4b_{1i} \times b_{2i} - d_{1i} \times d_{2i})} \begin{bmatrix} 2b_{1i} \times (a_{2i} + b_{2i} \times C_{VBi}) \\ + d_{2i} \times (a_{1i} + b_{1i} \times \left(\frac{C_{VAi} - C_{SAi}}{1+\infty} \right)) \end{bmatrix}$$

均衡时有 $P_{Ai}^{*} = P_{Bi}^{*}$
可以解得

$$(C_{VAi} - C_{SAi}) = \left(\frac{1+\infty}{b_{1i}} \right) \times \left[\left(\frac{2b_{1i} - d_{1i}}{2b_{2i} - d_{2i}} \right) \times (a_{2i} + b_{2i} \times C_{VBi}) - a_{1i} \right]$$

将上式代入

$$P_{Ai}^{*} = \frac{1}{2b_{1i}} (a_{1i} + \frac{b_{1i}}{(1+\infty)} (C_{VAi} - C_{SAi}) + d_{1i} \times P_{Bi})$$

可解得

$$P_{Ai}^{*} = P_{Bi}^{*} = \frac{a_{2i} + b_{2i} \times C_{VBi}}{2b_{2i} - d_{2i}}$$

企业 A 和企业 B 在均衡时的利润分别为

$$\pi_A^* = \sum_1^i \left(\frac{1+\alpha}{b_{1i}}\right) \times [a_{1i} - (b_{1i} - d_{1i}) \times P_{Ai}]^2 - C_{WA}$$

$$\pi_B^* = \sum_1^i [b_{2i} \times (P_{Ai} - C_{VBi})]^2$$

从均衡时 A 企业的利润函数可知,企业 A 自建工业互联网在均衡时的利润其实只与均衡时每一种产品产量 $(a_{1i} - (b_{1i} - d_{1i}) \times P_{Ai})$ 的平方与企业需求系数 $\left(\frac{1+\alpha}{b_{1i}}\right)$ 的乘积相关,均衡时 A 企业的产品价格,取决于 B 企业的边际需求系数与单位变动成本的乘积。也就是说企业 A 是否选择自建工业互联网,只需要考虑市场内的竞争企业是高成本的运营模式,还是低成本的运营模式。只有当 A 企业自建工业互联网额外获得的范围经济和成本节约效应,能够弥补网络建设的固定成本,且余额超过其他企业原有利润时,企业 A 才会选择自建工业互联网。也即产量倍增效应 $\left(\frac{1+\alpha}{b_{1i}}\right)$ 所增加的利润,抵消建设成本后,要超过其他企业毛利 $(P_{Ai} - C_{VBi})$ 平方的 b_{2i}^2 倍时,企业 A 才会选择自建工业互联网。如果竞争企业是低成本的运营模式(C_{VBi} 较小),则企业 A 自建网络的风险将会增加。这也可以解释,为什么在智能化的初期,都是重资产的行业率先选择自行建设工业互联网。

3. A 企业自建网络,B 引进第三方平台

两家企业同步建设工业互联网,大企业 A 选择自建平台,小企业 B 选择引入第三方平台。则 A 企业的利润函数仍为

$$\pi_A = \sum_1^i (P_{Ai} - C_{VAi} + C_{SAi} + P_{Ai} \times \infty) \times Q_{Ai} - C_{WA}$$

均衡时有

$$\frac{\partial \pi_A}{\partial P_A} = \left[(1+\alpha) \times \sum_1^i (a_{1i} - b_{1i} \times P_{Ai} + d_{1i} \times P_{Bi})\right]$$
$$- \left[\sum_1^i (b_{1i} \times [P_{Ai} \times (1+\infty) - C_{VAi} + C_{SAi}])\right]$$

可得,$P_{Ai}^* = \dfrac{1}{2b_{1i}}\left(a_{1i} + \dfrac{b_{1i}}{(1+\infty)}(C_{VAi} - C_{SAi}) + d_{1i} \times P_{Bi}\right)$

此时,均衡时的价格的函数形式与第一种情况是一样的。

对于 B 企业,由于是引进的第三方平台,因此企业通常需要向第三方平台付出两笔费用。一笔是平台租赁费 C_{WZB},由于工业互联网需要与企业的设备高度绑定,而非淘宝等零售平台那样只是提供交易平台服务,所以企业 B 引进第三方平台的固定费用 C_{WZB} 既可能大于 C_{WA},也可能小于 C_{WA}。我们此处借鉴京东自建物流的案例,默认自工业互联网是高前期投入、高固定成本的模式。此时 C_{WZB} 小于 C_{WA},即假设第三平台更加专业,能够提供更加低价且优质的服务。同时,因为平台企业还会根据企业 B 实际使用的服务或企业的实际销售额收取产品的定量费用。因此,企业 B 的变动成本 C_{VB} 也应高于 A 企业,即 $C_{VB} > C_{VA}$。上述两个假设,意味着自建平台与引进第三方平台之间其实是两种智能化路径模式的比较,即高固定成本、低变动成本组合与低固定成本+高变动成本组合的比较。

$$\pi_B = \sum_1^i (P_{Bi} - C_{VBi} + C_{SBi}) \times Q_{Bi} - C_{WZB}$$

第三方平台为企业搭建工业互联网平台,通常不会负责再为企业提供额外的对接消费互联网的功能,即平台企业只负责提供智能硬件和智能软件服务,而不提供两网融合的功能。因为,对接消费互联网是平台企业的核心竞争力之一,平台企业不可能拱手将全部的核心资源提供给客户企业。这个功能我们将在第三种情况中具体讨论。因此,对企业 B 而言,引进第三方平台意味着基本不能享受到范围经济的效应,也即没有 A 企业 ∞ 的部分。则均衡时有

$$\frac{\partial \pi_B}{\partial P_B} = [a_{2i} - b_{2i} \times P_{Bi} + d_{2i} \times P_{Ai}] - (b_{2i}) \times [P_{Bi} - C_{VBi} + C_{SBi}]$$

按情况一的方法,可解得,均衡时有

$$P_{Ai}^* = P_{Bi}^* = \frac{a_{2i} + \left(\frac{b_{2i}}{1+\infty}\right) \times (C_{VAi} - C_{SAi})}{2b_{2i} - d_{2i}}$$

与情况一均衡时的价格 $P_{Ai}^* = P_{Bi}^* = \dfrac{a_{2i} + b_{2i} \times C_{VBi}}{2b_{2i} - d_{2i}}$ 相比,情况二均衡时,企业普遍建设工业互联网,使得均衡时的价格低于只有大企业自建网络的情形,因为 $\left(\dfrac{b_{2i}}{1+\infty}\right) \times (C_{VAi} - C_{SAi}) < (b_{2i} \times C_{VBi})$。这意味着普及工业互联网会

带来更强的外部效应,对企业效益提升的作用会通过降低均衡价格体现出来,即竞争的部分收益会以降价的形式转移到消费者手中。在情况一中,这部分收益被率先行动的 A 企业全部获得,即先进行智能化转型升级(建设工业互联网)的企业的确能够获得先发收益。

4. A 企业自建网络,第三方平台企业 C 收购企业 B

情况一和情况二讨论的都是狭义的智能化,即通过建设工业互联网实现生产制造过程的智能化。这两种情况下,企业仍然保持既有的生产组织模式和生产消费范式,现有的生产函数不发生改变。然而,第三方平台企业 C 收购企业 B,意味着拥有软件开发优势和网络平台优势的服务企业 C 切入生产制造领域。这个过程既是传统制造企业 B 实现智能化的过程,也是消费互联网与工业互联网实现快速对接的过程。随着数据要素的引入、消费者参与设计和制造全过程等因素的出现,企业的生产函数发生改变。我们很难写出平台企业的生产函数,比如服务型制造、产品服务化如何衡量。因此,只能定性地认为,如果平台企业 C 掌握了 B 企业,由于平台 C 企业的工业互联网天然具有成本优势和市场优势,再叠加 B 企业原有的生产制造技术,那么相对于企业 A,新的企业 B 在建设工业互联网的过程中,就处于低固定成本、低变动成本、高范围经济效应的有利地位,而均衡时企业所能获得的利润与其原有的规模是无关的,只取决于竞争对手的变动成本和弹性系数。理论上讲新的 B 企业将在智能制造的网络平台中处于优势地位。

上述分析可以解释为什么传统的汽车制造厂商普遍拒绝采用第三方软件企业提供的平台服务,因为一旦软件服务企业掌握了生产制造领域的"默会知识"和"独门绝技",其将拥有更为低廉的成本优势和更广阔的市场优势,这是传统制造领域的龙头企业很难通过自建平台所形成的。因此,出于保护自身安全的需要,处于领导地位的传统制造企业会理性地选择自建工业互联网平台,行业内的中小企业则会尽可能地引入第三方平台。这种情况与我们平时所见到的产业数字化竞争动态是相吻合的。

(三) 服务外包、网络协同与动态升级

网络协同的新特征对任何企业都是一种挑战。立足于企业的微观视角,面对网络协同的大量业务,智能企业首先需要测算和比较业务外包与自行生产的成本收益,并据此做出是否外包的决策。这与传统的企业与市场的边界理论并无差别。当要素契约相比市场契约更具优势时,企业会选择把适用于

要素契约的环节保留在企业内部,而把不具有优势的环节以市场契约的形式外包给其他企业。① 只是对于智能制造企业而言,这种外包与自产的决策过程更为复杂、发生的频率更高,由此导致企业需要在要素契约与市场契约中频繁切换、交替组合,而非一次性决定外包或者自产。

这首先是因为智能化的产品具有高度复杂性,模块化组合也具有高度复杂化。模块化本身并不是提高模块的复杂性,恰恰是模块化生产降低了对系统规模、速度和处理能力的要求。② 但是,降低模块本身对系统的要求,并不意味着将众多的智能模块集成为智能产品和智能系统,不需要更复杂的团队协作和更强的并发操作能力。产品性能的高低决定了所需技术的专用性和多样性,进而导致协同的复杂性。虽然单个模块外包的成本收益很合算,但随着交易频率、交易费用及模块组合的复杂性提升,智能企业只是根据成本收益的原则决定外包还是自产,其判断标准过于简单,需要加上系统的技术集成复杂度等指标。这意味着网络协同的利益来自企业的交叉互动,以及过程中的能力匹配。③

其次,是因为协同产生的动因具有多重性与复杂性。④ 外包还是自产的决策还取决于智能企业间的互动关系。智能制造体系也是一种基于工业互联网的网络组织,网络组织的架构体系是以关系互动为导向的,智能企业间的协同是一种共生的竞合关系。因此,通过外包进行网络协同生产,还是在智能企业内部自行生产,也取决于企业内外部那些能够诱发交互作用的各种网络关系以及关系的构造。尤其是工业互联网平台提供了消费者和生产者即时沟通的平台,用户参与设计等产销一体化的结构嵌入关系,使得智能制造的网络协同更为复杂。智能企业的升级不仅取决于自身技术能力的升级,外部关系和产业组织模式的创新和重构,也会构成重大的影响。

再次,是因为产品服务化要求网络化协同的即时化。产品服务化不但要求产品运行、管理、维修、服务的即时化,而且各种生产性服务和消费性服务都将以数字产品和服务形式提供。信息时代的工作方式因此具有群体性、交互性、分布性和协调性的客观需求,只有通过网络协同完成。服务化转型成为生

---

① 刘东.企业边界的多种变化及其原因[J].中国工业经济,2005(03):92—99.
② 胡晓鹏.企业模块化的边界及其经济效应研究[J].中国工业经济,2006(01):90—97.
③ Jari Juga. Organizing for network synergy in logistics: a case study [J]. International Journal of Physical Distribution & Logistics Management,1996,26(2):51-67.
④ 韩炜.企业网络组织治理机制与绩效:基于协同视角的研究[J].软科学,2011,25(06):97—102.

产制造企业智能化转型升级的重要内容。

三、传统制造智能化的产业路径

(一) 传统制造企业的智能化路径

1. 传统制造企业的智能化瓶颈

制造业实现数字化、智能化、网络化转型需要克服四个方面的瓶颈：

一是智能化工艺流程升级面临数字化改造的预算约束。制造企业进行数字化改造、融入工业物联网体系的前提，是数字制造增加的收益超过设施和设备改造而增加的成本以及可能承担的风险损失。当外部高速网络体系没有成形的时候，企业的智能化、数字化改造只能局限于柔性生产线的改造，并不能完全发挥智能化生产的功效；最终收益也主要得益于"机器替代人工"节约的成本，而非效率提升新增市场份额。因此，企业进行转型升级只能在现有的收支预算下进行，自有资金规模和融资成本是其转型升级的主要制约因素。

二是产品创新需要突破原有产业协作体系的信任危机。制造业转型通常沿着原始设备制造商(OEM)—原始设计制造商(ODM)—原始品牌制造商(OBM)的路径向微笑曲线的高端升级。工业物联网体系下，制造企业的产品向"制造＋服务"转型，将同时占领前端的设计和后端的品牌、服务等高端环节，对在位企业形成冲击，很可能因此遭遇发包方的信任危机，而失去链主企业的技术援助及其生产体系支持。企业如果不能迅速弥补因此流失的订单，其产品＋服务的转型路径很可能夭折。

三是功能升级需要突破生产范式转换的技术瓶颈。服务型制造、个性化定制都会增加企业的运营成本，保持企业竞争力需要借助技术进步的力量，而不是简单地增加人力投入。向工业物联网体系转型的过程，实质是制造业技术全面升级的过程，更是各国构筑未来制造业优势的竞争，能否掌握核心技术是竞争成败的关键。因此，单个企业通过跨国采购和本地组装是无法独立解决生产制造范式转换的问题，必须在基础制造技术、智能化制造技术、核心元器件和基础性生产装备等各个方面，完成国家装备生产体系的全面突破。

四是跨产业升级需要克服网络化治理的协同创新瓶颈。平台生态体系决定了工业物联网的竞争能力，有效的网络化协同决定了制造企业能否将技术优势、品牌优势顺利转化为市场的优势。由于中国制造依赖加工贸易融入全球生产体系，本土企业大多被锁定在产业链的低端，其相关的生产配套体系也均处于较低的分工环节,网络化协同和协同创新极易遭遇低端均衡的陷阱。

2. 传统制造企业智能化的影响因素

面对四个方面的瓶颈,制造企业与互联网企业有不同的突破重点。对于传统制造企业,首要任务是维护既有的市场份额,并借助智能制造的潮流,实现产业链的升级。转型升级的重点是对接工业物联网平台,实现生产流程的数字化、智能化、网络化改造,巩固既有的市场份额;通过工艺流程升级和功能升级,强化产品的垂直差异化,进而拓展其市场空间。

对互联网企业和生产性服务企业而言,首要任务是切入新的生产制造体系,开拓新的市场空间。转型升级的重点是发挥服务企业的技术优势,从设计研发、自主品牌的价值链高端切入协同创新的网络体系,通过产品创新、服务创新突出产品的水平差异化,以避开与在位制造企业的正面竞争,用模式创新和技术创新颠覆原有的价值链体系。与历次技术经济范式变革中通用技术的扩散路径相类似,工业物联网模式下制造业选择何种路径进行转型升级,主要取决于三方面因素:

一是核心的生产要素是否能够廉价获得且供给充足。数据作为新的生产要素被引入生产函数后,数据资源、智能化生产装备和高性能传感器系统的可获得性,决定了企业在转型升级过程中,对"节约成本、强化质量、效率提升和拓展市场"等升级目标的不同选择,由此影响了企业转型升级的路径。

二是工业物联网等配套基础设施是否完善。基础设施是企业进一步积累资本、实现生产再循环的基础支撑。在低水平分工均衡中,生产协作网络里的生产商、服务提供商、原料供应商均处于低水平专业分工,不平等的收入分配格局使企业很难依靠自身有限的资本积累和技术积累,打破低端均衡的陷阱。只有当生产协同体系的生产设备和基础设施网络有了质的飞跃后,企业才有可能跳出资本积累的局限,进入高水平的分工均衡。这意味着需要政府有形之手去推动数字化基础设施建设,解决资本初始积累问题。

三是工业物联网技术的应用成本足够低廉且适宜大规模推广应用。工业物联网的复制和推广具有很高的技术成本,仅仅为所有原料和设备安装电子标签就需要增加巨额的成本,而这些巨额的前期投入却不能立竿见影地转化为企业的收益。只有有效降低物联网技术的应用成本,才能跨产业普及和推广工业物联网,借助网络化的协同创新推进制造业转型升级。

3. 传统制造企业的智能化举措

传统制造向智能制造转型升级带来"三个替代"现象——智能机器对人力

劳动的替代,智能决策系统对管理信息系统的替代,网络化协同对工厂生产计划任务的替代。为此,传统制造企业需要从组织架构、业务流程、企业间协同等三个方面,变革生产组织模式,顺应"三个替代"的要求。

一是进一步扁平化企业组织架构。全要素数字化、全主体互联化、全时在线化的进程进一步加速,解构了原有的价值链条和产业格局,引发各产业生产方式、生产关系、生产要素的重新组合,产生出与传统工业时代完全不同的分工协作方式、产业链关系、消费与生产关系等,创造全新的产业生态和经济模式。[1] "三个替代"能够大幅提升企业组织管理的效率,降低企业技术创新的不确定性。企业高层的管理能力和管理幅度因智能化而大幅提升,而中间管理层的职能则被智能决策系统所替代。顺应智能化的生产方式,传统制造企业需要不断强化一线人员的技术技能和管理技能,知识型员工、专家型技工将构成未来智能企业的主体。

二是建立虚拟生产组织,再造生产业务流程。传统的自动化系统是资产专用、管理到人的刚性管理模式,难以适应个性化定制生产的要求。传统制造必须顺应远程定制、网络设计、智能生产、服务型制造的智能化生产方式,根据虚拟企业、机会网络等智能化组织模式的特点,再造企业的业务流程,让智能决策系统统一调配各类资源,向资产全生命周期的管理模式升级,以同时满足确保质量、及时交货、控制成本的高标准要求。

三是进一步细化产品内分工,推进网络化协同。产品内分工、模块化生产与网络经济紧密相联。[2] 分工程度主要由生产过程的空间可分离性、不同工序投入品比例差异、不同生产区段规模差异、单位价值运输成本、跨境生产交易成本等五项因素决定。[3] 智能制造模式下的产品内分工进一步模块化,产业组织模式由纵向一体化走向纵向分离,密集的多边联系和广泛的外包合作成为智能制造体系下网络协同的突出特征。企业边界的改变、竞争法则的重塑,促使"增值伙伴关系"日益发展,即企业将有限的资源集中于拥有技术优势的核心领域,以获得持续的竞争优势。[4] 智能制造的核心企业则通过战略联盟、虚拟公司、垂直网络、机会网络等形式,将众多小而强的细分领域的企业,网络集聚形成动态的生产、供应和销售系统,从而分担专业化投资的风险,保持组织

---

[1] 何军.互联网化助力产业转型升级[J].信息化建设,2015(1):60—62.
[2] 庄尚文.网络经济条件下的产品内分工与模块化生产[J].南京财经大学学报,2005(04):16—20.
[3] 卢锋.产品内分工[J].经济学(季刊),2004(04):55—82.
[4] 甘碧群,程凯.网络型组织知识经济时代的企业组织创新[J].经济评论,2001(02):120—122.

协作的灵活性。

(二) 智能生态体系的构建

1. 智能生态体系与产业创新

企业生态体系构建与创新引领是合二为一的过程,构建产业生态体系的目的就是营造智能产业创新引领、融合发展的氛围,以知识创新构建产业发展的核心竞争力。一是创新引领与生态构建是同步实施的。企业生态体系的构建过程也是企业以创新为引领的技术升级过程,离开了创新引领,企业很难保持自身在智能生态体系中的地位,也就无从谈及如何主导生态体系的构建。二是智能制造的生态体系是一个持续自我进化的开放体系。智能制造的生态体系中既有供应链的企业,也有终端用户群体,还有各层级分工的模块化协作企业。唯有借助产业链链主企业的持续技术创新,才能持续提供技术进步的动力,维持整个开放系统的动态平衡和前进方向。一旦该开放体系失去了技术赋能、利益共享的能力,多元化的生态体系必然因内卷走向解体。三是智能制造产业链是典型的技术型产业链,技术创新和技术引领贯穿于产业链升级的始终。链主企业因技术创新而形成竞争优势,并借助工业互联网的平台优势迅速做大,成为头部企业。知识的交易、知识的创新将成为生态体系中企业彼此交易的主要内容,很难清晰地将之区分为两个相互独立的阶段。

综上所述,在智能化的环境下,产业之间的竞争已经转变为平台生态体系的竞争,核心是如何构建良好的生态环境体系,使企业更好地进行网络协同,更高效地进行知识创新。因此,产业层面的智能化转型升级,是围绕着如何构建产业生态体系展开的。

2. 智能制造的产业生态体系

(1) 智能生态体系构建的三条路径

智能制造的产业生态体系有三种构建路径:一是传统制造的头部企业自建工业互联网平台,带动原有的生产协作体系智能化转型,比如德国西门子公司的数字化转型。二是互联网企业凭借人工智能领域的技术优势,切入生产制造领域,由消费互联网升级到工业互联网的智能制造体系,比如百度进入智慧新能源车的生产制造领域。三是人工智能企业直接创新出新的智能产品和智能服务,颠覆式重构整个生产制造体系,比如元宇宙。

无论哪一种路径,重塑智能化时代的制造业的产业竞争力,其关键是紧紧围绕用户的个性化需求,把产业数字化、智能化的转型升级与具体的应用场景结合起来。唯此才能真正打动用户，真正实现智能化转型。产业数字化和智能化主要有四种应用模式。一是智能化生产。通过部署工业互联网综合解决方案，实现对关键设备、生产过程、工厂等的全方位智能管控与决策优化，提升生产效率，降低生产成本。二是网络化协同。整合网络平台的设计、生产、供应链和销售资源等，形成协同设计、众包众创、协同制造等一系列新模式、新业态，大幅降低产品研发制造成本、缩短产品上市周期。三是小批量、个性化定制。基于用户的数字画像，精准捕捉用户的真实需求，通过灵活组织设计、制造资源与生产流程，实现低成本条件下的大规模定制。四是服务化延伸，依托工业互联网对产品的运行状态进行实时监测，并为用户提供远程维护、故障预测、性能优化等一系列增值服务，推动企业实现服务化转型。

（2）企业数字化转型的三种模式

为实现上述四种应用模式，企业数字化转型需要通过架构的转型和革新，解决数据孤岛、信息烟囱、互联互通、数据断层等问题。这一般有以下三种模式：

一是基于底层架构的信息技术系统升级模式。这是一种由点到链再及面的产业数字化升级模式，即面向企业内部的生产率提升，利用工业互联网打通设备、产线、生产和运营系统，通过连接和数据智能，提升生产率和产品质量，降低能源资源消耗，打造智能工厂。这种基于新技术、新架构的信息技术系统升级模式，最大优势在于目标明确。对于企业而言，首先解决技术的问题，将组织转型的问题延后至技术系统成形之后，从最简单的问题入手，使企业仅需要关心顶层应用即可，将更多精力投入业务创新，有助于企业的转型发展。

二是数据驱动模式。面向企业外部的价值链提升，利用工业互联网打通企业内外部产业链和价值链，通过连接和数据智能全面提升协同能力，实现产品、生产和服务创新，推动业务和商业模式转型，提升企业价值创造能力。数据驱动模式可以从三个维度来说明。第一是通用性（数据可重用）。传统工业是建立在模拟信号基础上，而数字信号是在模拟信号的基础上经过采样、量化和编码而形成的，这样就可以实现利用信息技术的高通用性解决工业数据非标的问题。第二是标准性（互操作）。随着包括硬件、网络、操作系统、数据库系统、应用软件、数据格式、数据语义等不同层次的互操作的实现，基于运行环境、体系结构、应用流程、安全管理、操作控制、实现技术、数据模型等的数据驱动模式即能达成，能够达到平台或编程语言之间交换和共享数据的目的，可以将传统产业非标的数据标准化。第三是敏捷性（流程的再组织、自组织和重构)。数据成为一种生产要素,参与企业生产制造到服务的全过程。数据使企业能够在决策模型的指挥下,提前做出预测,从而更加准确地组织生产、销售和服务的全过程,企业的生产组织模式、商业模式、供应链模式因此将发生重大的变革。

三是系统集成模式。未来智能制造系统的实现方式可概括为三个集成,即生产线上相关应用系统所有数据实现连通的纵向集成,生产与配套系统整个生态链、产业链、供应链的跨部门、跨企业全链条的横向集成,以及涵盖智能产品全生命周期所有数据和业务的端到端集成。其中,端到端集成的一体化应用更能体现信息化和制造业产业链条的全面再造与深度融合。世界经济论坛与麦肯锡于2019年发布的《全球"灯塔工厂"网络:来自第四次工业革命前沿的最新洞见》报告指出,全球44家"灯塔工厂"均具有制造系统集成特征。其中,端对端的价值链创新在降本、降耗、加速上市、提升定制化精度等方面更具优势。在整个端到端的价值链中,全球"灯塔工厂"网络的最佳数字化用例已经达到92个,囊括了供应网络对接、端到端产品开发、端到端规划、端到端交付、客户对接,以及可持续性等方面。

第 5 章　价值链视角下传统制造业的智能化

工业化时代,产业的转型升级深受全球技术经济体系的影响,全球价值链对制造业升级兼具促进和抑制作用。智能化时代,传统制造业的转型升级同样受制于全球价值链的治理,并因智能化网络协同的影响,呈现出不同的升级模式。这突出表现为:企业向智能价值链高端的攀升表现为企业边界的变动;知识创新成为智能企业价值链升级的主要动力。

一、全球价值链对智能产业升级的影响

(一) 全球价值链与产业升级

1. 价值链治理与产业链升级

对全球价值链治理与产业转型升级的问题,既有的研究主要从促进机制、治理水平、治理模式等几个方面展开。

一是全球价值链治理促进后发国家的产业升级。作为链主的跨国公司出于全球布局、市场准入等方面的考虑,会通过对外直接投资、专利授权、技术转让等方式,向后发国家或者目标市场转移产业。全球片断化生产会加速知识的分解和创新的扩散,垂直分解和重构价值链的创新过程,为后发国家的本土企业提供学习和升级的机会。[1]

二是全球价值链治理的水平也会影响企业的升级。价值链体系作为一种治理模式,占据不同价值环节的地方产业集群,在全球形成了严格的空间等级体系。[2] 制造业价值链的治理结构决定着市场准入程度以及利润分配情况。[3]

---

[1] 梅丽霞. 基于全球价值链视角的制造业集群升级研究[D]. 武汉:华中科技大学,2005.
[2] 张辉. 全球价值链下地方产业集群升级模式研究[J]. 中国工业经济,2005(09):11—18.
[3] Humphrey J, Schmitz H. Governance and upgrading: linkingindustrial cluster and global value chain research [R]. Institute of development studies, IDS Working Paper 120, 2000.

升级意味着要打破现状,必然面临原有等级体系的反制。企业的创新能力是制造业转型升级的必备条件,[1]市场失灵、路径依赖等问题都会影响企业在制造环节上的学习和升级过程。[2] 参与国际分工并不能保证制造业持续升级,除非出口导向活动能根植于区域并促进内生增长。[3]

三是价值链治理模式影响企业的升级前景。全球价值链的治理模式意味着不同的权力安排。市场权力的集中导致价值分配的非均衡,非均衡又进一步强化市场权力集中,这种权力的自我强化不利于发展中国家中小企业在全球价值链上的升级。[4] 笔者认为:在智能经济模式下,链主企业会利用价值链治理权对成员企业进行主动性遏制,智能企业会在智能化的不同阶段,以企业边界变动的形式重塑智能制造网络的价值链体系,在模块化协同和知识创新的过程中实现转型升级。

2. 全球价值链分布与产业升级

全球价值链是指"围绕商品从生产—消费—回收的整个过程,在全球范围内所形成的跨企业网络组织"。[5] 既有的全球价值链呈现出"哑铃型"分布——"微笑曲线"两端为发达国家掌控的研发、创意、自主设计和自主品牌等高附加价值、高利润环节,中间部分为承接产业转移的发展中国家所负责的委托加工、贴牌生产等低附加值环节。因此,全球价值链视角下传统制造企业的转型升级,就是沿着微笑曲线由中间低附加值的生产制造环节,不断向曲线两端服务化升级的过程。

微笑曲线并非客观规律,只是一种经验性的总结。全球价值链的空间形态和价值分布更多源于跨国公司刻意安排,是跨国公司全球战略安排和收益筹划的结果。这种全球筹划的前提条件是发达国家的跨国公司掌握了产业发展的核心技术,具有较强的技术领先优势,能够有效主导全球产业链的分工格局和分工模式,可以占尽技术、资本、市场等优势,将全球价值链的大部分利润保留在价值链的两端。发展中国家作为体系的被动融入方,只能接受这种分

---

[1] Humphrey J, Schmitz H. Local Enterprises in the Global Economy [M]. London: Edward Elgar Publishing, 2004.
[2] Lall S. Competitiveness indices and developing countries: an economic evaluation of the global competitiveness report [J]. World Development, 2001, 29(9):1501-1525.
[3] Bair J, Gereffi G. Local Clusters in Global Chains The Causes and Consequences of Export Dynamism in Torreon's Blue Jeans Industry [J]. World Development, 2001, 29(11):1885-1903.
[4] 梅丽霞. 基于全球价值链视角的制造业集群升级研究[D]. 武汉:华中科技大学,2005.
[5] 张辉. 全球价值链理论与我国产业发展研究[J]. 中国工业经济,2004(05):38—46.

工模式和利润分配方案。

多年来,众多的发展中国家企业试图复制跨国公司的成功模式,沿着OEM—ODM—OBM的路径实现制造业升级,或者按照"流程升级、产品升级、功能升级和跨产业链升级"的路径实现价值链升级。但它们无一例外地面临玻璃天花板,甚至是跨国公司的强力阻击。即使个别企业在研发、设计等高端领域形成了一定的技术优势,也会因产业链中关键环节的能力缺失,而无法获得相应的高附加值。比如,华为手机和芯片业务近年来受到美国的强力打压。因此,向全球价值链高附加值环节升级,需要消解这种制度安排的技术优势和产业基础。

(二) 智能制造价值链的空间形态

1. 智能制造价值链的主要特征

与传统的全球价值链相比,智能制造价值链有三个显著特征:一是数据资源作为新的要素被引入生产函数。新的要素组合能够大幅提升社会生产体系的效率,实现价值链曲线的整体提升。二是产业融合降低了市场进入壁垒。消费者参与产品设计、品牌营销等过程,促进了制造业与第三产业的融合,为制造企业向价值链两端延伸创造了条件。三是范围经济取代规模经济,企业边界日趋模糊。

在网络状的智能产业链中,资产关联服从于知识关联,[1]知识的不可分性对于产业链整合的影响大于资产的不可分性。[2] 全球智能产品价值链的形态主要取决于各环节的知识密集程度,企业在智能价值链中的最终收益将主要取决于产品和服务的知识含量。智能制造企业凭借知识的优势,可以不再被局限于某条固定的价值链或单一的平台。企业同时参与不同产业链体系、不同价值链环节的合作,导致智能制造价值链的"微笑曲线"变得更为平缓(见图5-1)。

2. 智能技术链的空间分布

价值链通常难以精确衡量,实践中常用全球专利技术分布、产业链分布、贸易数据等作为中间变量,以衡量全球价值链的分布和产业发展所处的价值

---

[1] 芮明杰,刘明宇.网络状产业链的知识整合研究[J].中国工业经济,2006(01):49—55.
[2] 李想,芮明杰.模块化分工条件下的网络状产业链研究综述[J].外国经济与管理,2008(08):1—7+17.

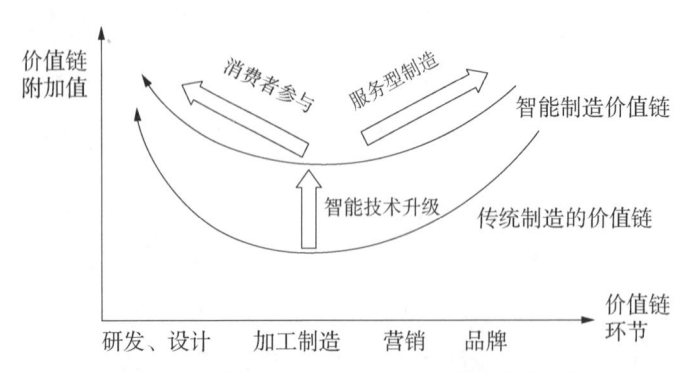

图 5-1 传统制造到智能制造的价值链曲线变化
资料来源：作者绘制。

链位置。所谓全球技术链，是指由发达国家控制，并在全球范围内配置技术资源而形成的产业技术链。[①] 全球价值链体系催生了全球技术链体系。为满足全球生产和销售的需要，跨国公司会面向业务需求，在全球范围内整合资源，建立起全球分工协作体系和协同创新链条，从而实现自身利益的最大化。这种由跨国公司控制，基于技术领先、品牌影响和资源跨界配置而形成的全球生产、销售网络，与技术链的全球纵向分布是高度匹配的。

跨国公司主导着全球技术链和产业链分布。其中，核心技术、关键技术和前沿技术研发等均牢牢地掌握在跨国公司手中。产业链的技术水平通常沿着"跨国公司—核心企业—代工企业"的顺序依次递减，呈现出由中心向外围持续扩散的技术涟漪。产业技术的梯度下降，是技术的地域分布随时间扩散的减函数。

技术链可以分为主干技术、辅助技术与配套技术链。在主干技术纵向扩散到全球的同时，辅助技术和配套技术也沿着主干技术链的全球分布，围绕着主干技术的产业空间横向扩散，与辅助技术、配套技术、侧链技术、边链技术等共同构成网状的区域技术体系，支撑起区域产业的顺利运转。跨国公司由此用全球技术链和产业内分工，主导形成一个全球生产网络。

3. 智能制造价值链的区域分布

与传统的全球价值链分布相比，智能制造价值链的空间分布呈现出新特征：

一是由传统制造的价值链链式分布向智能产业链的网络状价值链分布演

[①] 毛荐其.全球技术链的一个初步分析[J].科研管理，2007(11)：85—92.

化。传统制造的全球分工模式是产品内分工,其产业链的空间形态是线性的;智能制造产业链是基于工业互联网平台体系的模块化分工,是网络状的地区产业集群。线性产业链依据资源禀赋和市场规模,形成地区专业化的"极—轴"模式,全球价值链分布表现为"微笑曲线"。网络状的智能制造产业链,对劳动力成本优势的依赖性大幅下降,价值分布主要取决于模块化企业的技术实力、知识创新能力、企业在网络节点中的位置以及企业整合资源并迅速变现的能力。因此,智能制造的价值链分布与地区产业集群的综合实力和创新能力相匹配,产业体系创造的价值向网络体系的各中心节点集聚,呈现类似神经网络的节点分布、块状集聚。

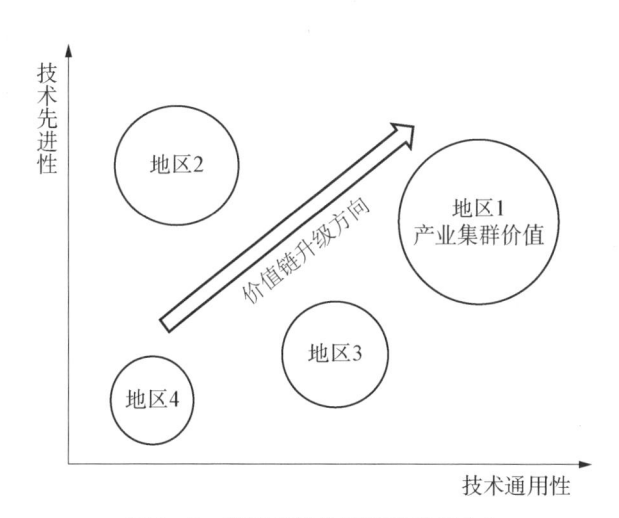

图 5-2 智能制造价值链的空间分布

资料来源:作者绘制。

二是智能制造的价值链分布与地区产业集群的技术通用性、技术先进性和集群产业完整性密切相关。网络状的智能制造产业链使得全球片段化分工的必要性大幅下降。同时,为满足个性化定制生产对时效性的要求,产品服务化和服务型制造应运而兴。这种情况有点类似网络外卖的点餐服务,在菜品没有显著差异的情况下,平台之间交付时间、选择便利性等指标就会成为平台竞争焦点。这就导致各区域越来越倾向在本地区构建完整的产业链体系和产业集群。智能制造体系下网络平台非但没有使企业选址分散化,反而进一步将地区产业集群平台化、网络集聚化、供应体系本地化。

三是外部的产业集群更多的是提供完整的差异化最终产品作为消费者个

性化需求的补充供应,而非目前通行的零部件产品。这导致智能制造的价值链按"技术通用性、技术先进性"呈现区域规模的显著差异,越是拥有通用技术优势和技术领先优势的地区,其占有的附加值规模越大。

(三) 传统制造企业向智能价值链攀升的障碍

传统制造企业向智能化转型升级,以及转型后不断在新的智能体系中调整位置、提升价值的过程,都属于企业向智能价值链高端的攀升。企业的转型升级是对现有稳定结构的改变,也必然面临现有稳态结构的刚性制约,我们将之称为瓶颈、障碍和制约。其中,瓶颈和障碍是客观存在的,彼此间只是程度的差异,而制约和限制是主观行为。瓶颈和制约可以分为一个体系固有的结构性障碍、体系中企业的主动制约、升级企业自身的局限三个方面。

一是体系的结构性障碍。这与一个体系的属性、组成结构、治理模式密切相关,是一个体系为维持本身结构稳定和正常运营而与生俱来的。企业转型升级意味着对旧体系、旧模式的扬弃,突破旧的框架结构、运营模式和治理机制,也必然会引发旧体系为维持结构稳定和运营安全的反制。笔者将这种全球价值链固有的结构刚性称为企业智能化所受到的被动制约。这主要表现为全球价值链的战略性隔绝机制,比如技术隔离、关键零部件控制、玻璃天花板等等,以防止成员企业获得新技术、新能力。

二是市场竞争者的制约。这主要表现为智能产业链的链主企业对竞争者的主动制约。这种制约的本质是链主企业和成员企业对新智能体系的治理权之争。因为模块化的网络协同既有合作的成分,也有竞争的成分,网络化协同大幅削弱了链主企业的行业垄断能力,只有在合作的同时进行主动性制约,才可能维护智能网络体系的稳定,一定程度上限制成员企业横向边界扩张和纵向一体化的行为。

三是企业自身的局限。任何企业的发展都存在路径依赖现象,使企业局限于既有的成功模式中,最终形成隧道视野效应。由于路径依赖和隧道视野效应都是非常主观的评判,需要将之客观化、定量化。因此,可以用企业价值链升级所面临的一系列技术瓶颈和产业障碍作为中间变量来描述和分析。其与体系的第一种结构性障碍的区别在于,前者具有普遍性,属于全球价值链体系中的企业都会面临的障碍,比如全球片段化生产中企业技能单一的问题、无法接触价值链两端资源的问题等。企业自身的局限则具有特殊性,是传统制造企业智能化升级过程所面临的具体问题。

二、智能企业的边界变动与动态升级

(一) 智能企业的边界变动

1. 企业边界变动与企业升级

企业边界变动是智能企业实现价值链攀升的重要途径。无界企业的出现改变了企业价值链升级的模式,企业借助边界扩张可以快速实现范围经济,避开既有体系的结构性制约和企业自身资源的局限,实现技术能力提升和知识经济收益,由此改变企业在智能价值链中的地位。

企业边界是企业内部组织与外部环境的分隔线,是企业明确自身定位、协调内外资源的前提。企业边界体现了企业的独立性,界定企业边界是研究组织治理活动的起点,边界在则组织在。[1] 企业边界是企业决策成功的关键性因素,[2]只有明确界定企业的边界,才能进一步理清企业的发展目标、运行机制、管理绩效。

随着网络经济、智能经济的兴起,原本相对清晰的企业边界发生一系列变动:一是生产成本和交易费用减少。导致企业边界变动。随着互联网应用的普及,以及人工智能技术向各行各业的渗透与融合,企业的生产方式由批量化、自动化的流水线生产,向数字化、并行操作的智能化方向升级。生产方式的变革大幅提升了企业和整个社会生产-消费系统的效率,企业的内部生产成本和外部交易费用都因此发生改变,企业作为交易费用节约的工具,其边界也必然随之变动。

二是企业边界更加模糊。生产方式的改变了也促进了生产组织模式的变革,表现为社会分工模式进一步细化和企业协作模式网络化、平台化和智能化,虚拟组织、战略联盟、机会网络等新型的中间组织大量涌现,深刻改变了企业赖以生存的内外部发展环境。科层机制与市场机制的相互渗透与融合,中间组织的流行对企业的资产专用性、交易频率、规模化扩张等都产生重大的影响,企业边界日趋模糊,极端情况就是所谓的无边界企业。[3][4]

三是知识能力重新定义企业的能力边界。知识经济的兴起,改变了以资

---

[1] 罗恩·阿什克纳斯等.无边界组织[M].姜文波译.北京:机械工业出版社,2005.
[2] 杨瑞龙,杨其静.企业理论:现代观点[M].北京:中国人民大学出版社,2005.
[3] 王询.论企业与市场间的不同形态[J].经济研究,1998(07):34—40.
[4] 李海舰,原磊.论无边界企业[J].中国工业经济,2005(04):94—102.

源确定的企业规模边界,知识等无形资源成为衡量企业能力重要标准。在智能经济环境下,企业的能力边界和规模边界进一步分化,人工智能技术的广泛应用进一步提升了知识经济的重要性,推动上下游企业快速向服务型制造转型升级,知识创新成为企业核心竞争力的保证,对传统企业向数字化、网络化、智能化升级提出新的升级内涵和路径模式。

因此,研究智能经济条件下企业边界发生怎样的变化,该如何定义智能经济时代的企业的边界,企业边界变动的方式与以往有什么不同,什么因素导致了这些变动,企业边界变动的作用机制是什么等问题,对智能企业的转型升级具有重要的现实意义。

2. 企业边界理论综述

企业边界受到多种因素的影响,数字经济、互联网经济和智能经济的兴起又使得企业边界的内涵不断丰富,增加了企业制定战略、调整边界的难度。对于企业边界理论的研究,既有的成果非常丰富,包括模块化、技术进步、信息技术应用、企业网络、知识创新、大数据、利益相关者、互联网治理等诸多视角。根据前提假设、影响变量、理论机制、适用场景等核心要素,现有的边界理论可以分为效率学派、势力学派、能力学派和身份学派,但总体而言企业边界理论目前还是一个丛林状态。借助菲利普·M. 桑托斯(Santos, Filipe M.)和凯瑟琳·艾森哈特(Kathleen M. Eisenhardt)提出的分类框架,[1]笔者分别从"成本效率、企业能力、知识经济和技术创新"四个方面,对企业边界理论进行分类综述。

(1) 基于交易费用的企业边界理论

交易费用理论的研究基于新古典经济学的假设展开。"斯密定理"认为:劳动分工的程度受制于市场规模的大小,企业边界(规模)进一步被局限于市场规模之中。在市场规模既定的情况下,全部企业的规模总和应当等于市场的规模。此时,企业的规模等同于企业的边界。根据唐纳德·科斯(Ronald Coase)"企业是市场替代"的思想,奥利弗·威廉姆森(Oliver Williamson)的交易费用理论提出:选择何种治理结构主要由不同交易的特征及相应的成本所决定,取决于两种机制的交易成本的相对大小,交易成本是决定治理模式的关键因素。威廉姆森认为市场交易需要费用,企业的存在是为了节约交易费用。为此,企业必须在每一个生产环节作出"Make or Buy"的决策,企业的边

---

[1] Santos F M, Eisenhardt K M. Constructing markets and shaping boundaries entrepreneurial power in nascent fields [J]. The Academy of Management Journal, 2009, 52(4): 643–671.

第 5 章 价值链视角下传统制造业的智能化 / 145

界就是治理收益与交易成本的权衡,最终边界是市场成本与生产成本相交的均衡点。与市场通过价格机制配置资源相比,科层制企业能够依靠科层管理的命令、监督和激励体系来协调经济活动,以便节约交易费用。

科斯和威廉姆森开创的交易成本理论,为后继的企业边界理论研究提供

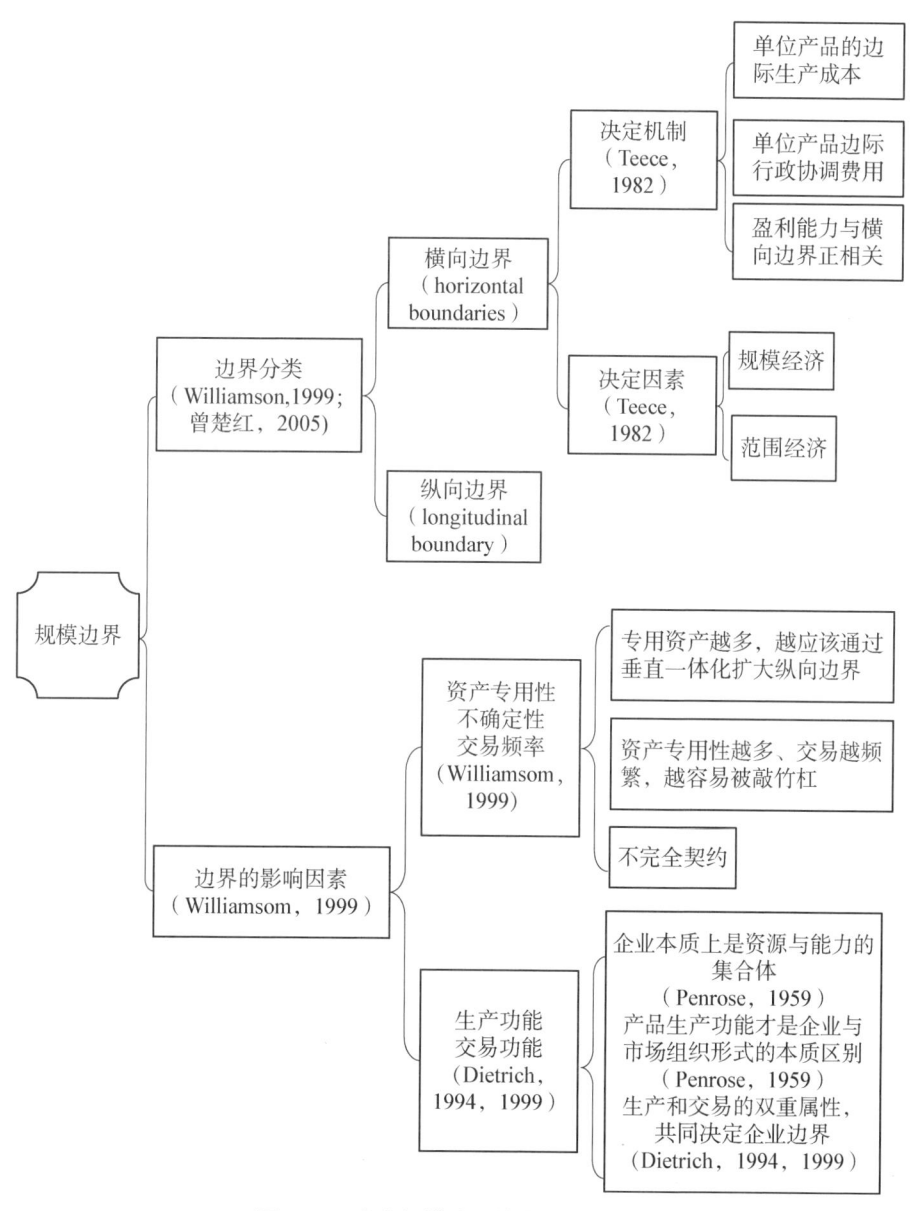

```
规模边界
├── 边界分类(Williamson,1999;曾楚红,2005)
│   ├── 横向边界(horizontal boundaries)
│   │   ├── 决定机制(Teece,1982)
│   │   │   ├── 单位产品的边际生产成本
│   │   │   ├── 单位产品边际行政协调费用
│   │   │   └── 盈利能力与横向边界正相关
│   │   └── 决定因素(Teece,1982)
│   │       ├── 规模经济
│   │       └── 范围经济
│   └── 纵向边界(longitudinal boundary)
└── 边界的影响因素(Williamsom,1999)
    ├── 资产专用性 不确定性 交易频率(Williamsom,1999)
    │   ├── 专用资产越多,越应该通过垂直一体化扩大纵向边界
    │   ├── 资产专用性越多、交易越频繁,越容易被敲竹杠
    │   └── 不完全契约
    └── 生产功能 交易功能(Dietrich,1994,1999)
        ├── 企业本质上是资源与能力的集合体(Penrose,1959)
        ├── 产品生产功能才是企业与市场组织形式的本质区别(Penrose,1959)
        └── 生产和交易的双重属性,共同决定企业边界(Dietrich,1994,1999)
```

图 5-3 企业规模边界的决定理论概述

资料来源:作者整理。

了思想。钱德勒（Alfred D. Chandler）、爱德华·劳曼（Edward O, Laumann）、坎达丝·琼斯（Candace Jones）、孙国强分别从交易的不确定性、组织的边界特征、网络组织的边界、网络组织治理等角度，进一步深化了交易费用的相关理论。①②③④

（2）基于企业能力的边界理论

交易费用理论从节约成本、提升效率的"成本最小化"视角研究企业的边界，企业能力理论则是从收益最大化的视角研究企业边界。企业能力的边界理论认为：企业的边界具有规模边界和能力边界的两重性。⑤大多数情况下，知识、技术、社会资本等无形资源才能够形成企业核心能力,⑥知识、技术等无形资源决定的能力边界才是企业边界的本质。⑦

能力边界理论发展到极致就是"无边界企业"，因为企业的能力边界是无穷的。⑧企业的核心能力决定了生产的可能性边界，进而决定规模边界。⑨企业的核心能力可以通过业务模块进行分解和组合，既可以将自身的业务分解成许多能力模块向市场出售，也可以从其他企业的购买能力模块为己所用。⑩

表 5-1　　　　　　　　企业的规模边界和能力边界比较

	规模边界	能力边界
企业观	科层组织（相对于市场）	资源集合体
边界观	以企业自身从事的交易为界	以企业自身拥有的能力为界
经济目标	交易费用最小化	资源价值最大化
理论基础	交易费用经济学	资源基础观，知识基础观
分析单位	交易	能力

---

① 曾楚宏,林丹明.论企业边界的两重性[J].中国工业经济,2005(10):75—82.
② 孙国强,李维安.网络组织治理边界的界定及其功能分析[J].现代管理科学,2003(03):3—4.
③ Jones C, Hesterly W S, Stephen P B. A general theory of network governance exchange conditions and social mechanisms [J]. The Academy of Management Review, 1997,22(4):911-945.
④ 孙国强.关系、互动与协同网络组织的治理逻辑[J].中国工业经济,2003(11):14—20.
⑤ 曾楚宏,林丹明.论企业边界的两重性[J].中国工业经济,2005(10):75—82.
⑥ Conner K R, Prahalad C K. A resource-based theory of the firm knowledge versus opportunism [J]. Organization Science, 1996(7):477-501.
⑦⑧ 李海舰,原磊.论无边界企业[J].中国工业经济,2005(04):94—102.
⑨ 杨瑞龙,冯健.企业间网络的效率边界经济组织逻辑的重新审视[J].中国工业经济,2003(11):5—13.
⑩ 罗珉,王雎.中间组织理论基于不确定性与缓冲视角[J].中国工业经济,2005(10):106—114.

续表

	规模边界	能力边界
操作手段	科层:并购、清偿等 市场手段:外包等	内部手段:开发、积累等 外部手段:获取、转让等

资料来源:整理自 1. 曾楚宏,林丹明. 论企业边界的两重性[J]. 中国工业经济,2005(10):75—82; 2. Santos F M, Eisenhardt K M. Organizational boundaries and theories of organization [J]. Organization Science, 2005(16):491-508.

值得注意是,近年来交易成本理论和资源基础论在解释企业的边界问题时,出现了相互融合的趋势。其原因是企业边界本身就具有多样化的形式特征。[1][2] 但无论是企业的规模边界决策还是能力边界决策,都需要对交易费用和知识整合做出综合的考虑。

(3) 智能经济与企业边界

智能经济的本质是知识经济,因此研究传统制造企业向智能制造的转型升级,必须分析知识在企业之间进行网络交易的模式和机制。只有把智能企业通过知识交易构建网络竞争优势的问题,与传统制造企业在智能化转型升级过程中构建和形成知识能力两个问题结合起来,才能真正打开传统制造企业向智能化转型升级所面临的"黑箱"问题。

企业作为生产和运用知识的仓库,[3]彼此间的能力差异和绩效差异主要源于彼此知识的不对称性。[4][5][6] 知识,尤其是隐性知识(Tacit Knowledge)才是维持企业长期竞争力的关键。[7] 要素和产品市场的不完全竞争性提供了创造和

---

[1] 吴炯,胡培,任志安. 企业边界的多重性与公司治理结构[J]. 经济科学,2002,24(6):92—98.

[2] Santos F M, Eisenhardt K M. Organizational boundaries and theories of organization [J]. Organization Science, 2005(16):491-508.

[3] Winter S G. On coase, competence, and the corporation [J]. Journal of Law Economics & Organization, 1988,4(1):163-180.

[4] Conner K R. A historical comparison of resource-based theory and five schools of thought within industrial organization economics do we have a new theory of the firm [J]. Journal of Management, 1991,17(1):121-154.

[5] Kogut B, Zander U. Knowledge of the firm, combinative capabilities, and the replication of technology [J]. Organization Science, 1992, 3(3):383-397.

[6] Conner K R, Prahalad C K. A Resource-based theory of the firm: knowledge versus opportunism [J]. Organization Science, 1996(7):477-501.

[7] Prahalad C K, Hamel G. The core competence of the corporation [J]. Harvard Business Review, 1990,68(3):275-292.

占有经济租金的机会,创造和占有这些经济租金造就了企业家与企业。组织的边界主要取决于与占有经济租金相关的显性知识和隐性知识(见图5-4)。

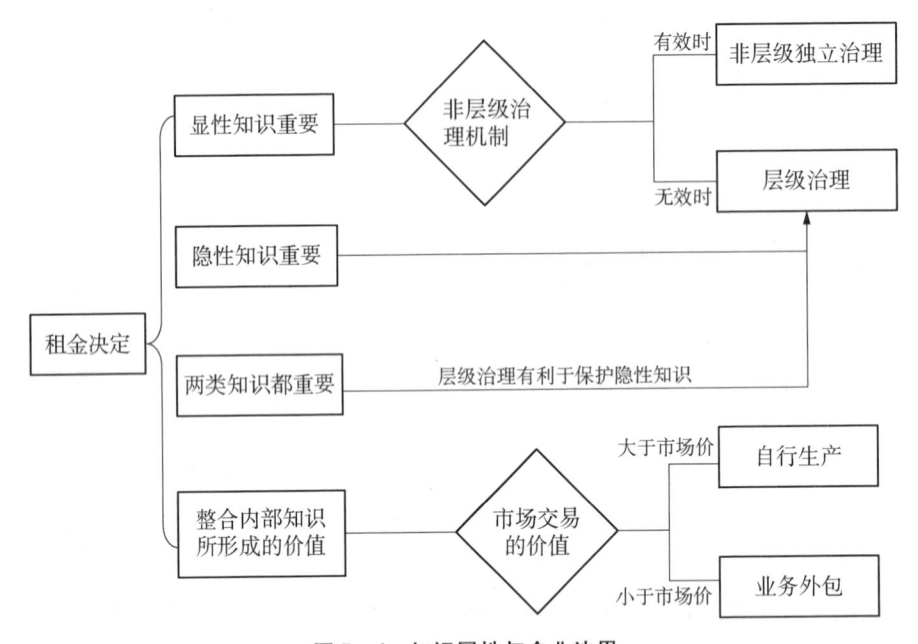

图5-4 知识属性与企业边界

资料来源：Alvarez S A, Barney J B. Organizing rent generation and appropriation: toward a theory of the entrepreneurial firm [J]. Journal of Business Venturing, 2004,19(5):621-635; Madhok A. Reassessing the fundamentals and beyond ronald coase, the transaction cost and resource-based theories of the firm and the institutional structure of production [J]. Strategic Management Journal, 2002,23(6):535-550.

随着网络经济和知识经济的兴起,企业在生产方式和组织模式方面产生许多完全不同于传统工业生产模式的特征。构建知识经济条件下的企业动态竞争能力,必须以新的方式重构组织内部结构和企业边界,升级为信息时代的组织。[①] 在知识重构边界的过程中,由于知识日益丰富且日益分散,管理权威将逐渐转移到掌握知识资源的专家和个人手中。由此产生两方面的影响：一是企业未必拥有知识的控制权,进而导致企业的边界变得模糊；二是知识权威替代管理权力,弱化了权力的重要性。在知识经济条件下,企业边界的法律和

[①] Mendelson H, Pillai R. Information age organizations, dynamics and performance [J]. Journal of Economic Behavior and Organization, 1999(38):253-281.

基于所有权的定义变得无关紧要,市场与企业间的边界将逐渐消失。[1] 尼古莱·福斯(Nicolai J. Foss)对此并不认同,认为在知识经济下,划分企业和市场界限的制度安排仍将继续存在,权威关系作为有效的协调机制仍将继续存在,技术企业仍然必须利用权威机制去控制不断增加的分布式知识,以资产所有权维护决策权力。[2][3]

(4) 技术创新与企业边界

技术革新和技术进步会降低企业的生产成本,[4]尤其是会降低关系性专用资产的有效性,导致企业必须重新界定边界。[5]

企业边界的变动,既取决于特定的制度设计,也取决于技术变动的方向和大小。[6] 一种观点认为,技术创新会扩大企业的边界,彼此间存在着作用与反作用的关系。信息技术的应用和网络的发展,明显降低了企业的内部协调成本,企业可以凭借低成本的优势推进企业规模(边界)扩张和纵向一体化。[7] 同时,企业规模的大小和边界的变动对技术开发和技术创新也具有一定的反作用力,企业规模大小会影响技术开发活动的效率。[8] 这表现为一体化制造商在复杂的、非结构性的技术开发方面具有效率优势,而专业化制造商在简单的、结构性的技术开发方面具有效率优势。

另一种观点认为,技术进步会缩小企业的边界。技术的进步以及新技术的普遍应用,会使得市场交易成本低于企业内部的协调成本,选择市场交易更符合

---

[1] Helper S, MacDuffie J P, Sabel C. Pragmatic collaborations: advancing knowledge while controlling opportunism [J]. Industrial & Corporate Change, 2000, 9(3): 443-87.

[2] Foss, Nicolai J. "Coase vs hayek": economic organization and the knowledge economy [J]. International Journal of the Economics of Business, 2002(9): 9-35.

[3] Foss K, Foss N J. The limits to designed orders: authority under "distributed knowledge" conditions [J]. Review of Austrian Economics, 2006, 19(4): 261-274.

[4] Arrow K. J. Limited knowledge and economic analysis [J]. American Economic Review, 1974, 64(1): 1-10.

[5] Henderson R. M., Clark K. B. Architectural innovation: the reconfiguration of existing product technology and the failure of existing firms [J]. Administrative Science Quarterly, 1990, 35: 9-31.

[6] 徐盈之, 金乃丽, 孙剑. 技术进步、企业边界与外包决策——基于中国制造业数据的经验研究[J]. 经济经纬, 2008(05): 89—92.

[7] Linda M. Harasim. Global networks: computers and international communication [M]. Cambridge: MIT Press, 1993.

[8] Macher J T. Technological development and the boundaries of the firm: a knowledge-based examination in semiconductor manufacturing [J]. Management Science, 2006(52): 826-843.

成本最优的原则进而导致企业边界的缩小。①②③。相关实证研究都验证了信息技术进步与企业纵向一体化之间存在着强负相关关系。④⑤⑥⑦ 这些研究为国家干预产业外包行为,并由国家设计产业细分规划提供了理论支持。

第三种观点认为,技术创新对企业边界的影响是不确定的,同时存在使企业边界变大和变小的可能性。这种效应的不确定性源于技术创新本身的不确定性。⑧ 信息效率效应和信息协同效应共同影响企业内部的生产成本和外部市场协调成本,导致边界变动方向不确定。⑨⑩ 同时,标准化带来的专业化也会这两种成本的变动产生影响,导致企业的边界向不同方向变动。⑪

3. 智能企业的边界及其内涵

(1) 智能企业边界的内涵

企业边界是指企业的经营范围和经营规模,可以分为能力边界和规模边界两类。企业的边界不是天然形成的,需要企业凭借自身的能力,在市场竞争中依靠经营效率确定。相比传统的企业边界,智能企业的边界是智能企业所构成的网络组织的边界,不仅仅局限于单个智能企业的边界。我们需要从网络效应能够带来的范围经济的视角,审视智能企业的网络边界,即研究智能企

---

① Malone T W, Yates J, Benjamin R I. Electronic markets and electronic hierarchies [J]. Communications of The ACM, 1987,30(6):484 - 497.
② Clemons E K, Row M C. Information technology and industrial cooperation the changing economics of coordination and ownership [J]. Journal of Management Information Systems, 1992,9(2):9 - 28.
③④ Brynjolfsson E, Malone T W, Gurbaxani V, Kambil A. Does information technology lead to smaller firms [J]. Management Science, 1994,40(12):1628 - 1644.
⑤ Hitt L M. Information technology and firm boundaries evidence from panel data [J]. Information Systems Research, 1999,10(2):134 - 149.
⑥ Dewan S, Min M C K. Firm characteristics and investments in information technology scale and scope effects [J]. Information Systems Research, 1998,9(3):219 - 232.
⑦ Earle J S, Pagano U, Lesi M. Information technology, organizational form, and transition to the market [J]. Journal of Economic Behavior & Organization, 2006(60):471 - 489.
⑧ Grübler A. A review of global and regional sulfur emission scenarios [J]. Mitigation and Adaptation Strategies for Global Change, 1998,3(2):383 - 418.
⑨ Dewett T, Jones G R. The role of information technology in the organization: a review, model, and assessment [J]. Journal of Management, 2001(27):313 - 346.
⑩ Afuah A. Redefining firm boundaries in the face of the internet are firms really shrinking [J]. Academy of Management Review, 2003,28(1):34 - 53.
⑪ 徐盈之,金乃丽,孙剑. 技术进步、企业边界与外包决策——基于中国制造业数据的经验研究[J]. 经济经纬,2008(05):89—92.

业的边界必须放到智能企业所组成的网络组织这个大背景下去研究。借鉴企业网络的概念,笔者认为根据网络组织的分类,至少可以从五个方面理解智能企业的网络边界。

第一,智能企业的网络边界泛指与智能企业所在的网络平台的全部关系和空间。智能企业基于工业互联网平台而发生广泛的业务联系,服务于用户的个性化定制需求。基于模块化、网络化的运行模式,智能组织的网络平台在理论上应当向全体成员企业开放,平台组织中的任何一个成员企业理论上彼此都可以发生业务联系。在实际运行中,这种网络通常是有盟主的智能企业网络。盟主由智能产业链的链主企业,或者是行业内规模最大的企业担任,主要负责搭建智能制造的网络平台,发挥战略引领、平台维护、生态建设等功能。各个传统的企业按照智能网络平台的技术规范和智能标准升级为智能企业,但是由于盟主企业没有能力或者是缺少全产业链的核心技术,不能完全控制整个智能网络,盟主企业采取了专业化、模块化的共同治理模式。网络组织的各个智能企业具有独立性,并通过模块化的分解与组合,以虚拟企业、企业簇群的形式进行联合生产。因此,网络平台所能覆盖的市场范围,在理论上也是网络成员企业借助模块化生产所能达到的边界。

第二,智能企业组成托拉斯联合体,由生产同类产品或者彼此间有着长期密切合作关系的智能企业所形成的网络。这种网络组织依据专业化的分工和协作关系而形成,有一个权力集中的盟主企业或者联合体董事会。与第一类有盟主的企业网络组织不同,在托拉斯联合体所形成的智能网络中,各个企业为了获得超额的垄断利润,彼此间需要让渡部分的企业管理权,并因此失去独立性,只是名义上的独立企业。托拉斯联合体的董事会掌握着整个联合体的决策管理权。这种智能网络只不过是传统的托拉斯联合体引进智能技术、实现工具智能化的产物,联合体中的智能企业的边界取决于企业集团的任务分配和股权安排。

第三,智能企业的网络边界可以是两个或两个以上独立的智能企业通过战略联盟、正式契约等所构成的长期合作组织的边界。企业通过这种战略合作所形成的企业网络,并不排除企业之间的竞争,企业间可能在一种产品和服务上进行合作,却又在其他产品上开展激烈的竞争。[①] 比如在个人 PC 机领

---

① 杨瑞龙,冯健.企业间网络的效率边界经济组织逻辑的重新审视[J].中国工业经济,2003(11):5—13.

域,IBM和微软就是一方面在软件标准领域战略结盟,另一方面又在操作系统领域的激烈竞争。因此,此种智能企业的网络边界应当是正式契约或者联盟协议所规定的合作边界。

第四,智能企业的网络边界可以是智能企业与非经济主体合作而形成的边界。用户参与设计、制造和销售,是智能制造网络的一个特色,因此,智能制造企业与非企业组织进行合作是常态。基于关系、信任而形成的企业合作网络,还可以包括政府组织、设计机构、下游的个人用户,此时智能企业的网络边界将变得十分复杂,需要设计专门的合作机制以确定各自的责任、义务和利益分配。而且智能企业与非经济主体所形成的网络组织,往往缺少明确的契约和协议,因此具有较强的流动性。

第五,无盟主企业网络中的智能企业。无盟主企业网络类似于依据兴趣而成立的旅友社团,各个企业在这种网络中的地位是平等的,独立企业之间依据业务协作关系和能力交换协作而组成的分工协作生产系统。在无盟主网络中,企业的边界主要取决于智能企业本身的核心能力以及与其他企业合作所获得的优势。

智能企业的上述网络组织模式,都可以归纳为价格机制与权威机制的混合体,属于企业和市场之间的"中间组织形式"。从网络结构的视角来看,网络边界就是智能企业维持相对独立性的屏障(有形+无形)。其中有形边界是可识别的,用以识别组织身份。[①] 智能企业网络的有形边界包括智能企业在网络中的结点位置、模块化功能定位、网络治理的职能、业务协同范围,以及所在智能网络的结点效应界限,用以区分智能企业在智能网络组织中的管理运营对象及其范围,界定智能节点协同运作的领域。智能企业的无形边界是指维持网络稳定、规范企业行为的企业文化、智能标准、网络协议、信任机制、合作关系等,具有不可识别性。

(2)智能企业的纵向边界

企业的纵向边界体现了企业纵向一体化的程度,可以用"make or buy"的范围来描述。在智能制造产业的价值网络中,交易成本决定企业的纵向边界,而资产专用性、不确定性、交易频率和机会主义等因素通过影响企业的交易成本,间接影响企业的边界。比如,交易频率与纵向一体化存在正相关关系,交

[①] 孙国强.网络组织中合作结点的数目与地位——限制性进入机制质疑[J].山西财经大学学报,2004(01):77—80.

易越频繁则交易成本越高,企业倾向于扩大边界,以节约交易费用。

对于智能制造企业而言,企业是智能网络中的一个模块化节点,企业间的关系由传统的市场竞争关系转变为网络化的竞合关系。网络交易规则的明晰能够有效降低不确定性、降低交易成本,吸引企业通过市场购买产品和服务,从而导致企业的纵向边界缩小,变得更专业化。

机会主义行为与交易成本是正相关关系。克服机会主义可以选择增加监督人员,或者通过纵向一体化将这些活动纳入企业内部的监管体系。在智能网络体系中,由于网络的联结过于庞大,交易和合作行为始终处于动态的变化之中,只要机会主义的收益超过处罚可能的损失,就有人会冒险一试。因此,智能网络体系需要建立一套身份识别、认证机制,以发挥监督的作用,识别智能单元的属性和任务,建立比较完善的价值链问责机制,从而能够有效地降低企业的信息识别成本、网络交易成本,易化企业间进行知识交易。同时,在全产业链追踪的压力下,经济主体倾向于长期合作,重复博弈促使企业放弃机会主义行为,选择模块化合作。因此,智能企业的纵向边界最终需要市场的重复博弈予以确认。

(3) 智能企业的横向边界

企业的横向边界是指在企业纵向分工明确的情况下,企业可以根据自身生产成本与行政协调成本的高低,选择最优产出规模。只有当互联网效应能够有效降低的行政协调费用,加上模块化生产降低的生产成本,大于因为产量增加、学习投入而增加的成本时,企业的最优产量(横向边界)才会增加,直到两者的边际增量相等时(见表 5-2)。

表 5-2　　　　　　　　企业成本与横向边界的关系

成本分类		生产成本	
		高	低
行政协调成本	高	横向边界最小	范围经济
	低	规模不经济	规模经济

资料来源:作者编制。

智能企业的横向边界可以由边际收益与边际成本的变动来解释。如图 5-5, MR 代表着传统企业的边际收益曲线,边际成本曲线 MC 与其相交于 A 点,则 A 点对应的产量 Qa^* 为企业的最优产量,即企业的横向边界。当企业

的产量 $Q>Qa^*$ 时，边际成本 MC 将大于边际收益 MR，企业将增加亏损，故企业选择不增产，而收缩边界，维持专业化。此时，如果企业通过技术进步，加入互联网交易等举措降低企业的生产成本和市场协调成本，则在边际收益曲线不变的情况下，企业的边际成本曲线降低到 MC' 的位置，最优产量增加到 Qa'，即企业的横向边界由 Qa^* 向右扩展到 Qa'，成本节约型技术进步使企业横向边界扩张。

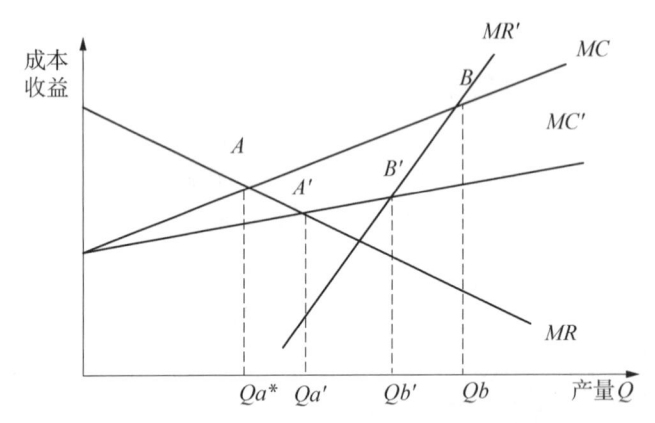

图 5-5 边际收益变动与智能企业的横向边界决定

资料来源：作者绘制。

对于智能制造企业而言，由于人工智能技术的引入，企业能大幅降低生产成本和内部协调成本，使边际成本曲线走低，此处假定仍降到 MC'。同时，智能网络能够产生巨大的网络外部效应，使智能企业的边际收益曲线由递减的 MR 变为递增的 MR'。因为收益递增必须抵消企业的固定成本和可变成本，所以收益递增是达到一定产量后才会出现。当企业产量达到 Qb' 时，企业在 B' 点实现收支相等，无亏损。如果智能企业的技术进步只是收入增长型的，那么企业产量需要达到 Qb 时，才能实现收支平衡。此时，Qb 和 Qb' 都只是企业的最低生产规模，即横向边界的最小值，而非最优规模。在收益递增的情况下，智能企业会选择迅速扩张市场规模，直至边际收益曲线拐头下弯，或者 B 点右侧边际成本曲线 MC' 的斜率超过 MR' 时。

4. 智能企业的边界变动特征

传统企业的边界位于边际成本与边际收益的均衡点，而智能企业的边界则取决于企业在价值网络中的核心能力。促成这种关键转变的是人工智能技术和数字网络技术的成熟,及其对各行各业的渗透和嵌入,使得企业组织形式模块化、价值形态网络化。模块化的网络协同和智能化决策不仅进一步降低了企业的协调成本、放大了网络外部效应,还使得知识和技能等无形资源通过放大范围经济效应,日益成为企业利润增长的主要来源。这些新变化、新趋势,导致智能制造企业的边界决定呈现以下五个方面的特征。

(1) 智能企业的能力边界与规模边界分离

传统企业的能力边界决定了其规模经济的边界。能力边界和规模边界具有一致性,企业在能力边界的界限内选择最优的生产规模和服务范围,理想状态时两者相等。而智能企业作为模块化网络组织,其能力边界与规模边界是分离的。智能企业能够超过行业规模的限制,通过网络将企业能力投送到更广阔的范围,覆盖到协作生产和社会服务的广泛领域。智能模块的分解与组合,则进一步加速了网络能力与规模边界的分离趋势。

一是智能企业的能力边界由价值网络决定。边界是任何组织明确自我定位、协调内外资源和维持自身稳定的保证。组织没有边界,组织将随风而逝。在智能经济条件下,企业的竞争逻辑、制胜法宝、优势来源等都发生了深刻的改变,企业关注的重点已不是交易成本最小化而是价值创造最大化。[1] 智能企业的边界也将逐步转由核心竞争能力决定。[2] 在智能企业所组成的网络体系中,企业的能力边界由智能网络体系的能力所决定,不再像传统企业一样局限于自身的核心能力。智能网络体系的核心能力来源于网络中的每一个智能企业。智能决策系统借助网络平台将分散于各个智能企业的核心能力,整合为基于知识流动的价值网络。每一个网络成员都能够通过智能网络进行模块化分解组合,以实现对整个网络的资源运用,从而将核心能力的边界扩展至整个智能网络体系。智能网络体系的核心能力决定了身处其中的智能企业的能力边界。

二是智能企业的实体边界与无形边界分离。传统经济模式下企业的实体边界与能力边界是合二为一的。其中,实体的纵向边界通过比较"企业生产成本+内部协调成本"与"市场购买成本+市场交易费用"的大小来决定,横向的最优边界位于企业成本曲线与收益曲线相交之处。知识经济的到来,强化了

---

[1] 徐礼伯,沈坤荣.知识经济条件下企业边界的决定内外社会资本匹配的视角[J].中国工业经济,2014(10):85—96.
[2] 余东华,芮明杰.基于模块化网络组织的知识流动研究[J].南开管理评论,2007(04):11—16+28.

技术、知识、能力等无形资源对企业的竞争力的作用,企业的影响力超出了由物质资源决定的实体边界,导致实体边界与虚拟边界分离。[①] 对智能企业而言,数字化、网络化、智能化是其主要特征,知识整合、运用和创新决定了企业的能力边界。企业为了确保核心竞争优势,实现资源聚焦、行业聚焦、区域聚焦,以便将更多的资源整合到自己最擅长的领域和富于竞争力的环节,通过提升竞争力创造更多的价值,从而导致企业规模缩小,能力边界与实体边界出现分离——企业的能力边界(无形边界)不断扩大,而实体规模边界(有形边界)不断缩小。这表现为企业的边界由组织边界转向价值边界,由实体边界转向网络边界。衡量企业实力的标准,也由企业的规模转为企业拥有的信息资源、数据加工能力、数据的价值创造能力等。

(2) 智能技术改变企业边界

企业边界变动的实质,就是调整自身状态,更好地与外界交换资源,实现核心能力与实际活动的最佳匹配,以提升效率、达成战略目标。促使智能企业边界变动的因素包括外因和内因两种。内因主要是智能企业的学习能力、知识整合与创新,而外因包括技术进步、网络协同方式和模块化组织模式等。前面已经讨论过知识对智能企业能力边界的影响,故此部分主要讨论外因的作用。

智能技术通过网络融入生产消费体系,才能突破个体规模的局限,有效升级为智能网络中的载体,从而借助网络的范围经济效应,分摊巨额的研发成本和技术专利费用。因此,智能技术对企业边界的影响必然离不开网络的作用。

关于信息技术对企业边界影响,存在"边界扩大、边界缩小、边界趋于模糊、影响是不确定"等多种观点。笔者认为,智能经济是建立在大数据分析之上的,异质异构来源复杂的大数据信息作为新型生产要素,既改变了企业的生产函数,能够起到模拟现实、提升效率的作用,又具有离散化分布、跨时空存储的优点,能够有效降低商业运营成本,使企业的能力边界不局限于特定的时间和空间,而更加依赖的智能网络平台的生态关系体系。信息技术的运用降低了信息搜集、加工和传递的时间与资金成本,从而有效地降低市场的交易成本,企业会放弃自产而选择成本更低的外购,企业边界因此不断缩小。[②]

[①] 郑方. 从纵向一体化到纵向分离——基于对立统一关系的分析[J]. 中国工业经济,2010(11):98—108.

[②] Sappington L, David E M. Technological change and the boundaries of the firm [J]. American Economic Review, 1991, 81(4):887–900.

(3) 模块化对智能企业边界的影响

网络体系下市场规模迅速扩大,但企业面临的挑战也会更加多元化且不受时空限制。这导致企业必须提升应变能力,组织结构扁平化、组织单元模块化、功能模块标准化的应对举措由此盛行,企业的规模边界也随之不断收缩。模块化有效地解决了长期困扰企业的生产组织问题,有效降低了企业的交易复杂度、资产专用性,提升了企业交易频率和知识流动性,产生实体边界不断缩小、能力边界不断扩大的趋势。①②③

一是模块化提升业务协作水平,扩大企业能力边界。模块化技术能够催生新的经济运行模式,但由于知识和能力的限制,越来越多的企业倾向于纵向分离,以专注于核心业务,提升企业的核心竞争力。分工的进一步细化和专业化,导致大量异质性的专业模块持续涌现,既为企业提供了选择的便利性和多样性,也极大地增加了生产组织的难度,导致模块化在实际工作中推进缓慢。智能技术的发展和成熟,尤其是智能决策技术的实用化,使得机器智能够超越人类智慧的生理极限,有效应对复杂的模块协同问题,实现跨部门、跨系统的资源即时调配,并大幅压缩了交易中机会主义行为的活动空间,企业的能力边界因此得到扩大,但规模边界的变化也取决于市场竞争,具有不确定性。

二是模块智能化进一步降低了资产专用性,促进企业边界扩大。模块是特定知识的集合体,具有完整的独立功能,可以根据外包信息拆分为标准的服务模块,以模块组合的方式,完成以前专用资产才能实现的功能。模块的分解和组合能够体现企业之间的技术分工和知识合作,信息通信技术的快速发展为企业创造了有效条件,企业能够借助网络迅速获取模块交易所需要的完整信息,即时根据任务变化调整交易的场所、内容与手段,从而扩大了业务的范围,改变了企业的边界。

三是模块化有利于知识流动、知识整合。智能制造体系的功能模块自带完整的生产信息和技术知识,通过功能模块的重组、流动,模块如同信使一般可以将新的知识传递到网络体系的各个角落,从而降低了企业间进行合作的成本。同时,功能模块的二次开发和组合变换,能够缩短知识创新的周期,增强整个网络组织的创新能力和竞争优势。

---

① 余东华,芮明杰. 基于模块化网络组织的知识流动研究[J]. 南开管理评论,2007(04):11—16+28.
② 李海舰,聂辉华. 全球化时代的企业运营——从脑体合一走向脑体分离[J]. 中国工业经济,2002(12):5—14.
③ 李海舰,原磊. 论无边界企业[J]. 中国工业经济,2005(04):94—102.

(4) 智能企业的边界日益模糊

第一,智能企业的边界变动方向呈现三种趋势:集团公司变大而成员单元变小;虚拟企业变大而实体企业变小;企业规模变小而管理范围扩大。[①] 其原因在于:网络条件下企业存在两重边界,组织边界和市场边界的确定,交易成本决定两者的大小。技术进步能够同时降低内部生产成本和内部协调成本,也能够降低外部的市场交易成本和信息搜寻成本。对智能企业而言,在企业信息化、网络化、智能化的不同发展阶段,技术进步对四种成本的节约效用是不同的,由此导致企业边界向不同方向变动。

第二,边界模糊的趋势呈现国别差异。在中国,网络技术的进步对市场交易费用的节约作用十分明显,促使企业日益依赖市场化的网络平台达成交易。使智能企业倾向于向市场购买产品和服务,导致头部企业的业务迅速扩张、边界持续扩大,多数中小企业的边界则在持续缩小。国外企业的实践却表明企业的规模边界不断缩小,能力边界不断扩大,信息技术并未导致企业边界"一边倒"地缩小,与中国的实践存在一定差异。比如西门子公司采用工业 4.0 等智能技术后,企业的维护费用大幅下降,成功实现了"数字多元化"的扩张。而通用电气公司最早提出工业互联网战略后,出人意料地抛售了大部分数字资产,收缩了智能制造项目阵线。

第三,虚拟企业的边界日益模糊。随着虚拟企业、战略联盟等中间形态组织成为网络协同的主要载体,虚拟企业的效率边界也呈现出可大可小的模糊趋势,规模更是难以确定。由于虚拟企业的竞争优势在于其灵活性和低固定成本,为了维持这种优势,虚拟组织的成员企业会倾向于维持可渗透的边界,以随时能够通过外包生产、模块化组合等方式吸引新的资源加入,以实现灵活性与重资产投入的统一。这也导致了网络组织边界的模糊性——虚拟企业可动用的内外部资源越丰富,其能够承担的生产任务越多样;参与模块化生产的企业越多,则智能企业的边界越模糊。

(5) 能力边界受制于交易平台和网格化关系

模块化时代,企业的规模边界可能会持续缩小,企业所在的网络边界和能力边界却可能不断扩大。[②③] 企业能力边界扩大明显受到网络规模的影

---

① 刘东.企业边界的多种变化及其原因[J].中国工业经济,2005(03):92—99.
② 李海舰,聂辉华.论企业与市场的相互融合[J].中国工业经济,2004(08):26—35.
③ 李海舰,原磊.论无边界企业[J].中国工业经济,2005(04):94—102.

响——网络平台的规模不仅直接影响智能企业的能力边界,也影响智能企业的技术创新能力。在智能经济发展过程中,数字化与智能化是同步兴起的,但数字化、网络化的实际发展速度却远远领先智能化的进程,并成为智能化的技术基础和先导产业。这种网络化的数字关系分为三个层次:基础层主要是实体世界的场景映射,中间层是实体间关系的信息化表达、存储和传递,应用层是信息挖掘和价值创造的网格关联。智能企业间的能力关联主要表现为基于关联网络的信息价值关联。这种信息价值关联的突出特征是基于网络计算和信息挖掘的价值网格。[①] 因此,智能企业通过智能交易平台发生联系和交易必然受制于所处的关系网格;跨网格和跨平台的交流,则受制于整个社会体系的管控制度,以及网络交易体系的安全认证模式。最终,基于信任和关系的资格认证将决定智能企业的能力边界和接近程度,也决定了传统企业智能化后可能的升级空间。

信息壁垒和智能鸿沟的普遍存在,也能部分解释为什么会出现这种制约关系。智能经济时代,数据和信息不再简单地作为实体世界的属性标识和数字映射,而是成为一种基本的生产要素,参与整个"生产-消费循环"的全过程,是企业竞相争夺的核心战略资源。数以亿计的智能单元会产生海量的结构化和非结构化的异质异构数据,无人工厂、智能网络、公有云、企业平台等会借助网络手段和数据挖掘技术将这些离散的数据加工、存储、传递并集成,使之要素化、产品化、知识化。在这个过程中,数据处理、分析、加工、运用和生产的能力将影响企业的能力边界,并决定企业的市场地位和盈利能力。由此,企业为确保市场的竞争力,必然全力确保数据信息的安全,信息屏障、数据壁垒因此作为一种商业竞争手段而广泛采用,以限制市场竞争、谋求更多的垄断利益,从而显著提升了市场交易成本,改变了整个市场的边界。交易平台、网络化关系不仅是能够促进交易的平台,也会成为制约企业进一步转型升级的数字壁垒。

(二)智能企业的能力边界与知识协同

1. 智能企业的能力边界

(1)智能企业的核心能力

企业的知识、品牌等无形资源决定了企业的能力边界,决定了企业所能开

[①] 涂永前,徐晋,郭岚.大数据经济、数据成本与企业边界[J].中国社会科学院研究生院学报,2015(05):40—46.

展的活动及其可以达到的规模。企业在特定时间内拥有的知识种类和数量的总和构成了这个企业的知识基础。[①] 因此,智能企业的核心能力取决于特定时期内企业的知识获取、学习交流、资源整合和创新能力。

如前文所述,获得经济租金的专有知识是企业核心能力的重要组成部分,[②] 专有知识的缺乏促使企业与外部网络发生关系,进而引发企业边界的调整。对于智能企业而言,这种因为专有知识不足而引发的企业边界变动的现象更为明显。随着人工智能技术、网络技术和数字化技术的快速发展,智能技术的发展方向和迭代周期日益缩短,导致技术周期、产品周期、产业周期的阶段变化更为频繁,企业在提升技术能力同时,必须紧盯市场需求,以尽快将专有知识转变为核心技能,进而通过市场转变为企业的利润。这导致智能企业的技术研发呈现明显的阶段性和周期性演变,呈现出由"问题导向"向"市场需求导向"的转变。

(2) 智能企业的知识特点

智能企业除了继续采用传统企业自行研发核心技术、外购专利技术或者兼并收购其他公司等手段外,其核心的智能知识更多来自大数据技术对市场信息的收集、模拟和分析,以及智能系统的深度学习和智能网络体系的知识交流,因此,智能企业的核心知识相比传统知识更具特色。

一是数据资源的异质性。使用价值的差异即为资源异质性。故通常根据使用价值的不同,对要素资源进行分类。[③] 智能技术发展的基础来自对人类智慧与行为模式的模仿和创新,借助大数据工具和深度学习理念,将现实世界各种异质、异构数据进行组合匹配,从中找出规律性的东西,进而与实体世界结合产生新的使用价值。相关智能企业的核心知识也来自这种对异质异构数据的收集、分析和整合能力。

二是核心知识的分散性。与传统企业的知识聚焦不同,智能企业的产业领域可能会非常聚焦,但其核心知识体系却来源广泛,异常庞杂。智能制造网络是基于工业互联网平台的产业集群体系,分工细化使平台的成员企业的知识分散性更加明显,网络协同的过程也就是多元知识进行整理、交易

---

① Grant R M. Toward a knowledge-based theory of the firm [J]. Strategic Management Journal, 1996,17(S2):109-122.
② 李志能,尹晨. 从知识的角度回顾企业能力理论[J]. 经济管理,2001(04):44—49.
③ 秦志华,刘传友. 基于异质性资源整合的创业资源获取[J]. 中国人民大学学报,2011,25(06):143—150.

与提升的过程,只有跨界融合才能通过边缘知识的整合,创新出新的核心知识。

三是知识的通用性降低资产的专用性。在智能制造体系中,知识可以借助互联网平台同时服务于不同个体,甚至突破网络平台的锁定,实现跨平台的服务,从而大幅提升知识的效用。模块化的设计理念,使得智能企业在应用知识时必须考虑模块接口的通用性、服务功能的普适性和网络平台的开放性,由此导致整个智能体系的生产装备、智能产品和服务体系都具有通用性。软件模块、智能服务模块、通用智能零件、3D打印机等将替代专用资产,支撑起智能制造体系的底层应用工具,专家知识库及其知识创新能力于是进一步替代专用资产,成为企业的核心竞争力。

四是用户参与设计、产品服务化使知识产生方式得以创新。用户参与设计进一步多样化了企业知识的来源渠道,提升了企业核心知识转化为产品竞争力的针对性。在此基础上,智能工具能够进一步协调和整合不同类型的知识和企业,甚至自己生成基于机器智能的知识。人类需要发挥和利用机器智能的知识创新能力,更需要控制和规范这种游离于人类智力范围之外的智慧。

五是知识创新的所有权更为复杂。与传统的知识产权归属不同,在智能体系中,数据产权及其权益归属仍属于法律的模糊地带。一个典型案例就是微信平台归属网络公司所有,但网民在该移动互联网平台开办的个人站点和公众号上发表文章,其知识产权如何判定、何人拥有删帖的权力以及责任如何划分,则需要平台企业与创作的网民共同协商。

(3) 智能企业的隐性知识显性化

企业进行生产不断需要原料、生产设备、零件等生产资料,也需要把这些生产资料转化为最终产品和服务的核心能力。对企业而言,核心知识转化为核心能力的过程取决于各类显性的知识,更取决于能够决定企业文化、技能传承、工艺传统等的隐性知识。迈克尔·波兰尼(Michael Polanyi)将隐性知识(Implicit Knowledge)称为缄默知识和意会性知识(Tacit Knowledge),并用"一个人能够说出来的远远少于他所知道的",[1]指代那些无法清楚和直接用正式或规范的语言表达出来,只能在应用过程中通过观察和实践才能获得和积累的知识。斯特凡诺·布鲁索尼(Stefano Brusoni)则认为一个企业所知道的,

---

[1] Polanyi M. Personal knowledge [M]. Chicago: University of Chicago Press, 1962.

远多于它所做的,企业很难将全部的知识都转化为企业的能力。[1]

对于智能企业而言,实现智能化生产必须着力突破隐性知识转化为显性知识(explicit knowledge)的瓶颈。在智能企业中,机器替代人工是普遍现象,人类学习智慧和传承隐性知识的机制,并不天然存在于智能系统中。能通过网络交换、传输的信息一定是能够数字化编码的信息。隐含信息(tacit information)主要是通过干边学、组织氛围等个人观察、体验和经历等获得,[2]因为很难数字化、标准化的编码,也因此很难通过互联网复制、传播。[3] 智能系统必须将这种附带于人类密切交往、文化传承、组织习惯等的隐性知识转化为可以执行的代码、计算工具和推理模型,也即隐性知识必须显性化。为此,智能系统需要通过为各个智能节点、用户、工艺、组织氛围等定量化赋值的手段,根据任务安排和信用评级赋予优先级别、工序级别和知识存储学习级别,即智能系统会通过认证、考核、评级等程序,建立起一个等级严密的扁平化生产-服务体系,通过等级体系收集数据、赋予职能,以便为智能单元、智能设备、智能系统和用户及时、准确地发现、识别、执行、反馈和自动改进,将隐性知识显性化。如果缺少隐性知识显性化、定量化这个关键性的步骤,智能企业的知识的生产将局限于显性知识的范围,永久徘徊在自动化生产阶段,而无法借助智能技术、网络技术的优势,真正降低资产专用性、减少信息不对称性、防止机会主义行为。

2. 智能网络的知识流动与学习

(1) 智能网络的知识流动

组织学习可以帮助组织增强创新能力。随着全球化生产的推进,跨国、跨地区间企业的交流日益频繁,组织学习成为全球生产网络组织中企业生存和发展的关键机制。[4][5] 学习根植于人的认知和经验,强化组织间联系,能够强

---

[1] Brusoni S, Pavitt P K. Knowledge specialization, organizational coupling, and the boundaries of the firm: why do firms know more than they make? [J]. Administrative Ence Quarterly, 2001,46(4): 597-621.

[2] Bruton G D, Oviatt B M, White M A. Performance of acquisitions of distressed firms [J]. The Academy of Management Journal, 1994,37(4):972-989.

[3] Galunic D C, Rodan S. Resource recombinations in the firm: knowledge structures and the potential for schumpeterian innovation [J]. Strategic Management Journal, 1998,19(12):1193-1201.

[4] Nevis E C, Dibella A J, Gould J M. Understanding organizations as learning systems [J]. Sloan Management Review, 1995,36(2):73-85.

[5] Gherardi S, Nicolini D. The organizational learning of safety in communities of practice [J]. Journal of Management Inquiry, 2000,9(1):7-18.

化知识交流、促进知识转移。[1] 其原因在于跨越组织边界、物理屏障或垂直层次的联系,能够使人开阔眼界、增长知识,提高知识密集型工作的创新绩效。[2] 联系强度与知识转移、创新绩效正相关。[3][4][5]

在智能企业所组成的价值网络中,知识的流动有四个特征:一是公共知识爆炸性的增长,且面向整个智能网络流动。智能企业组成的网络,不仅是外包业务的协作平台,也是相关领域专业知识和信息的集散地。由于每一个智能节点本身不断地向外收发信息,因此智能企业在网络的集聚,必然也带来行业公有信息和知识的快速形成和积累。这些公共知识构成了智能生态体系的门槛和共识,有利于提升整个智能网络体系的竞争层次。

二是智能网络平台对价值网络的知识进行高效整合。企业进行市场交易时最为关键的一项是对交易对象的准确识别。在不确定环境下,各服务主体面临着知识交易对象、条件及收益的不确定性,由此为企业带来巨大的交易风险,这也是构成市场交易成本的重要因素。智能网络平台通过用户准入、信用评级、关系网络等诸多非契约约束机制,能够为成员企业主动推送和迅速匹配最优的交易伙伴,从而以智能技术的优势快速打通"资本流通渠道、团队社会资本资源、团队效率"各通路环节的障碍,[6]用团队社会资本降低信息不对称、环境不确定性、恶意欺诈和误导性信息所引发的模块化交易的不确定性和交易风险,最终实现知识要素的优化整合。

三是组织之间的知识流动是知识链形成的基础,组织之间的知识交互和合作创新,有助于成员之间的知识融通与优势互补。

四是对知识流动的限制。公共知识的快速增长和积累,有利于一般性的行业知识形成,但企业为了确保自身的核心知识不被网络平台的其他智能企

---

[1] Uzzi B, Lancaster R. Relational Embeddedness and Learning The Case of Bank Loan Managers and Their Clients [J]. Management Sience, 2003,49(4):383-399.

[2] Cross R, Cummings J N. Tie and network correlates of individual performance in knowledge-intensive work [J]. Academy of Management Journal, 2004,47(6):928-937.

[3] 池仁勇.区域中小企业创新网络形成、结构属性与功能提升——浙江省实证考察[J].管理世界,2005(10):102—112.

[4] 池仁勇.区域中小企业创新网络的结点联结及其效率评价研究[J].管理世界,2007(01):105—112+121.

[5] 曹兴,宋娟,张伟,任胜刚.技术联盟网络知识转移影响因素的案例研究[J].中国软科学,2010(04):62—72+182.

[6] Oh H, Labianca G, Chung M-H. A multilevel model of group social capital [J]. The Academy of Management Review, 2006,31(3):569-582.

表 5-3　　　　　　　　　　　　组织学习的概念体系

分类	组织学习的内容
源起	西尔特(R. M. Cyert)和马奇(J. G. March)(1963)最早提出组织学习的概念
定义	组织成员侦测错误和异常并借此重塑组织行动加以修正的过程 ［克瑞斯·阿吉里斯(Chris Argyris)和唐纳德·舍恩(Donald A. Schon),1978］ 是组织在过去经验与活动基础上开发或者发展相应能力和知识并将之应用到在此后的行动中,以期提高该组织竞争能力和绩效的过程 ［马琳·菲奥(Marlene C. Fiol)和马乔里·莱尔斯(Marjorie A. Lyles),1985］ 学习机制是网络组织关系中的重要治理机制 ［加里·哈默(Gary Hamel),2010］
功能	保护网络组织中企业核心竞争力的有效制度安排 ［保罗·阿南德(Paul Anand),2000］ 组织学习成为全球生产网络组织中企业生存和发展的关键机制 ［埃德温·尼维斯(Edwin C. Nevis),1995;西尔维娅·格拉迪(Silvia Gherardi),2000;大卫·尼科利尼(Davide Nicolini),2000］ 组织学习可以帮助组织增强创新能力 有效管理信息技术背景下的企业报酬递增的机制之一 ［埃里克·哈提格(Erik den Hartigh),2001］
阶段划分	四个阶段:初始阶段、探索阶段、理解阶段和巩固阶段 ［卡吉洛西(V. E. Cangelosi)和迪尔(W. R. Dill),1965］ 四个阶段:获取知识、分配知识、理解知识和组织记忆 ［乔治·P. 胡伯(George P. Huber),1991］ 五个层面:个体层学习、群体层学习、组织层学习、前馈层学习、反馈层学习 ［玛丽·克罗桑(Mary M. Crossan),1999］

资料来源:作者整理。

业或者合作伙伴轻易获得,有必要强化对外包业务和知识合作行为的控制。因为智能企业的核心知识大多是"Know How",一旦在外包业务中泄露了算法模型、设计代码、工艺流程等核心知识,智能企业也就失去了立身之本,且会随时置身于网络黑客的攻击之中。因此,在智能网络体系中,无论是链主企业还是成员企业,对于专有知识的流动必然严格加以控制,会以契约、巨额索赔、合作对价等众多契约和非契约形式,确保核心知识的安全。

(2) 网络位置与知识获取

网络位置之所以对智能企业获取知识如此重要,是因为网络结点间的直接联系和间接联系对创新都有积极影响。智能企业的知识学习和吸收取决于智能企业所处的网络节点位置及与其周边的节点互动,联系直接性、联系数目、联系强度、联系内容等均是衡量企业网络能力的重要指标,能够影响企业的知识学习和创新,进而影响网络整体的协作创新绩效。[1][2] 直接联系数目与创新绩效之间存在着倒 U 形关系,[3]联系数目的微小变化会对创新扩散产生很大影响[4],间接联系数目越多,越能利用好网络的内部资源,提高企业的创新绩效。[5] 埃里克·亚伯拉罕森(Eric Abrahamson)和罗里·罗森科夫(Lori Rosenkopf)将之称为乐队效应(Band Wagon Effect)。[6]

上述研究为智能企业争当网络盟主的行为提供了解释。虽然盟主企业可能因为自身实力的原因,不一定是企业中规模最大的企业。但盟主企业在智能合作网络中处于中心位置,因而具有相当的信息获取、信息控制、机会发现和资源整合的优势。企业创新绩效与直接联系数目、结构洞数目、间接合作伙伴数量之间是正相关关系。[7] 第一,中心度高的企业与外部信息源的接触机会更多,信息枢纽的地位使位于网络中心的企业更容易近水楼台先得月,获取并控制内部和外部的新信息,从而有更多的组合信息、实现创新的机会。[8] 第二,中心度高的企业有条件甄别信息、比较优劣、整合资源。中心度高的企业可以通过多重的渠道筛选出真实的信息、找出信息源,[9]从而节省大量的信息搜寻时间和真伪识别成本。企业吸收能力越强,越能从外部获取知识并从中得益。第三,位于网络中心的企业更容易找到合作伙伴。网络中心度高意味着与网络其他节点的联系强度更高,节点联系数目更密集,因此也就有更多的机会接

---

[1] Parkhe A, Wasserman S, Ralston D A. New frontiers in network theory development [J]. Academy of Management Review, 2006, 31(3):560-568.
[2] 林润辉,张红娟,范建红. 基于网络组织的协作创新研究综述[J]. 管理评论, 2013, 25(06):31—46.
[3] Vanhaverbeke W, Beerkens B, Duysters G. Exploration and exploitation in technology-based alliance networks [C]. Belgium: Academy of Management Proceedings, 2006.
[4] Abrahamson E, Rosenkopf L. Social network effects on the extent of innovation diffusion a computer simulation [J]. Organization Science, 1997, 8(3):289-309.
[5] Zaheer A, Bell G G. Benefiting from network position: firm capabilities, structural holes, and performance [J]. Strategic Management Journal, 2005, 26(9):809-825.
[6] Abrahamson E, Rosenkopf L. Social network effects on the extent of innovation diffusion: a computer simulation [J]. Organization Science, 1997, 8(3):289-309.
[7] Ahuja G. Collaboration networks, structural holes and innovation a longitudinal study [J]. Academy of Management Proceedings, 1998, 1998(1):D1-D7.
[8] Munari F, Malipiero A, Sobrero M. Focal firms as technological gatekeepers within industrial districts evidence from the packaging machinery industry [J]. Ssrn Electronic Journal, 2005.
[9] Salancik G R, Burt R S. Structural holes: the social structure of competition [J]. Administrative Science Quarterly, 1995, 40(2):345-355.

触不同类型的企业,为企业间的知识流动、知识互补和知识整合提供了更多的机会,从而降低企业间信任建立的难度,为快速进行模块化团队生产节约了时间成本和技术难度。

3. 智能网络的知识整合与知识创新

(1) 智能企业的知识获取与吸收

知识获取指企业组织或者个体员工从外部环境中获取新知识。知识获取与提升服务水平、提升企业创新绩效之间存在显著的正相关关系,[1][2][3][4][5]因为企业仅凭自身的努力无法拥有生产、研发所需的全部新技术,[6]所以必须依靠网络寻求外援。同理,一个智能网络体系也不可能封闭发展,必须与外部环境互动,才能走上开放发展的道路,避免封闭体系必然走向耗散的宿命。这里,外部环境包括消费者、供应商、竞争者、大学、研究机构和政府等外部组织和群体。[7]

企业获取外部知识,消化、吸收并与内部知识融合重组的过程就是创新的过程。[8] 对智能企业而言,获取与吸收知识,必须面对智能系统复杂性和外部环境的庞大规模。因为智能网络和外部环境中的知识体系过于庞大,企业的知识整合能力却相对有限,智能企业必须快速而准确地识别哪些内外部知识是有价值的。所谓的"吸收能力"就是指企业依赖自身所储存的相关知识,对外部知识的识别和运用能力。企业需要依赖已有的知识来甄别、分析和理解

---

[1] 朱秀梅,陈琛,蔡莉.网络能力、资源获取与新企业绩效关系实证研究[J].管理科学学报,2010(04):44—56.

[2] 周江华,刘宏程,仝允桓.企业网络能力影响创新绩效的路径分析[J].科研管理,2013,34(06):58—67.

[3] 马柯航.虚拟整合网络能力对创新绩效的作用机制研究——知识资源获取的中介作用[J].科研管理,2015,36(08):60—67.

[4] 范钧,郭立强,聂津君.网络能力、组织隐性知识获取与突破性创新绩效[J].科研管理,2014,35(01):16—24.

[5] Kang K H, Kang J. Do external knowledge sourcing modes matter for service innovation? empirical evidence from south korean service firms [J]. Journal of Product Innovation Management, 2013,31(1):176 - 191.

[6] Powell W W. Learning from collaboration: knowledge and networks in the biotechnology and pharmaceutical industries [J]. Knowledge Groupware &. The Internet, 1998,40(3):228 - 240.

[7] Mustak M. Service innovation in networks a systematic review and implications for business-to-business service innovation research [J]. Journal of Business &. Industrial Marketing, 2014,29(2):151 - 163.

[8] Rusanen H, Halinen A, Jaakkola E. Accessing resources for service innovation-the critical role of network relationships [J]. Journal of Service Management, 2014,45(1):223 - 225.

新知识，具有较强的路径依赖性。因此，更新知识，消化吸收并融合入已有的知识体系就变得十分重要。如果企业缺乏知识吸收能力和对新知识的敏感度和关注度，即使知识直接放在面前，也会熟视无睹，更谈不上学习、理解、转化和应用了。

智能企业能否获取和吸收知识，并将之融入自身的知识体系，提升企业的核心能力，取决于两个方面的因素：一是智能企业对内外部知识的搜索、识别、分析、转化和应用能力。能否在数据壁垒、网络分割普遍存在的情况，一方面屏蔽信息轰炸，另一方面高效地搜索到有用的信息，这既取决于智能企业的技术能力，也就是通过技术手段提升知识搜寻、分析的能力和效率的能力，也取决于智能企业与网络成员企业、外部环境之间建立起良好的合作伙伴关系、社会互动关系，合作组建学习联盟和知识网络。智能企业通过相互沟通、交流与学习，建立起网络成员传递共享、彼此认同的知识和氛围，以及长期合作、彼此共赢的重复交易的环境，以关系网络降低知识搜索、识别的成本，提升知识分析、转化的准确性，由此创造关系租金。

智能企业的知识吸收能力受制于新知识梳理、整合与重构能力。这种能力取决于智能主体是否掌握了知识整合的技巧和能力。为将外部知识内化为自身的核心能力，企业需要建立知识重新编码、二次开发的系统，将外部知识融入既有的知识模块、产品模块和服务模块，通过模块知识的再开发、再组合，降低复杂系统知识的难度和系统开销。

（2）智能企业知识创新的特征

创新是突破现有企业边界的一种重要手段。[1] 然而，随着技术繁杂性、系统繁杂性和市场需求多样性的提升，现实经济中已经没有任何一家企业能够通吃全部价值链。这是因为分工才能导致效率的提升，而每家企业的财力和精力是有限的，其所能拥有和掌握的知识也是有限的，很难达到这种能力与任务完美匹配的最佳状态。企业在能力不足以支撑市场扩张的雄心抱负时，只有舍弃非核心的业务和知识，走差异化发展的道路，以增加核心知识、提升核心能力。[2] 能力的有限性导致合作的必要性，开放发展才能换来必需的物资和能力，才能参与整个价值链的增值活动。

---

[1] Hippel E V, Krogh G V. Free revealing and the private-collective model for innovation incentives [J]. R&D Management, 2006, 36(3): 295-306.

[2] Langlois R. Foss N. Capabilities and governance: the rebirth of production in the theory of economic production [J]. Kyklos, 1999, 52(2): 201-218.

智能网络的知识创新有如下的特点:一是不同的创新主体依托智能网络,形成的技术创新合作网络。智能环境下,所有企业都主动或被动地嵌入到各种复杂网络内,面对快速多变的市场竞争环境,任何智能企业都会有力不从心的时刻,更不可能单打独斗、一路通关。智能企业必须在网络环境下,与其他智能企业、社会组织和终端用户建立起长期稳定的合作创新网络。

二是组织间知识互动与创新。[1][2] 在智能网络中,更常见的是组织与组织之间的知识交易与合作创新,因为组织之间更容易确立正式的合作关系,更有实力形成创新网络,形成网络式的集成创新能力。

三是必须发挥核心企业的作用。技术创新网络是一个自发的松散耦合系统,整体性和模块结点的独立性之间的矛盾始终存在,单纯依赖网络节点之间的互动,难以形成系统性的创新,创新效率也难以保证,核心企业对知识链治理和创新链的带动作用因此凸显。

(3) 智能知识链的知识整合

知识链关系治理机制是指知识链中的核心企业用来促进知识链关系持续发展的一种保证措施和手段。知识链关系行为治理机制主要包括决策协调机制、合作文化机制和联合制裁机制,主要是对知识链组织成员间利益、合作文化以及机会主义行为等进行协调和治理。[3]

复杂团队顺利开展生产活动,有赖每个员工团结互助、共享普及其拥有的显性知识和隐性知识。[4] 因此,知识整合是企业学习的首要任务,即融会贯通、学以致用,将新知识融合进入既有的知识体系,并重组、改造、升级,实现知识的创新。

智能网络的知识整合可以分为智能企业对内外部知识的整合、盟主企业对智能网络的知识治理两个层面。与市场机制相比,智能企业作为个体能够更有效地从组织内共享和传递知识,形成基于内部知识整合的企业核心竞争力。[5]

---

[1] Steinle C, Schiele H. When do industries cluster a proposal on how to assess an industry's propensity to concentrate at a single region or nation [J]. Research Policy, 2002(31):849-858.
[2] 谢永平,党兴华,张浩淼. 核心企业与创新网络治理[J]. 经济管理,2012,34(03):60—67.
[3] 胡园园,顾新,王涛. 知识链关系治理机制及其对组织合作绩效影响[J]. 科研管理,2018,39(10):128—137.
[4] Grant, Robert M. Toward a knowledge-based theory of the firm [J]. Strategic Management Journal, 1996,17(S2):109-122.
[5] 曾楚宏,林丹明. 论企业边界的两重性[J]. 中国工业经济,2005(10):75—82.

将知识整合并转化为企业的核心能力会产生"知识整合成本"。知识整合成本包括将分散于各处的知识整合集聚成为核心的技术能力、将组织内的隐性知识显性化、对员工进行业务和技能培训，以及研发新的技能都需要花费成本等。企业是自行研发和培育核心能力，还是通过兼并、收购、市场购买技术，同样取决于自身知识整合成本与市场知识整合成本的比较。如果内部知识整合的成本较小，则选择内部培养；如果内部知识整合较高，就选择低成本的市场知识整合。

对智能网络的盟主企业而言，除了作为单个企业对自身内外部的知识进行整合外，盟主企业还需要对整个智能网络的知识链进行治理。知识链治理的意义在于：一是高度专业化的分工和个性化定制的高要求，迫使智能企业展开以创新为主线的竞争与合作，知识链的治理由此成为合作创新的核心问题。二是合作创新从知识的产生、扩散、运用和利益分配的过程，都面临着一系列的风险，如合作团队变更和人员带来的价值流失、研发过程中的机会主义风险、信任引发的风险、知识溢出过程中的价值扭曲和风险等。

盟主企业对知识链的治理，一是建立智能知识链的共同治理模式。智能知识链本身就具有知识的分散性，各个智能企业各自拥有不同的核心知识，网络中的权力随知识的扩散而分散到不同的节点。合作节点具有融通内外功能，客观上要求盟主企业视情向重要的合作伙伴让渡部分决策权，形成共同治理知识链的管理模式。二是形成分散决策与互动协调的治理机制。智能网络的知识协同、知识创新、业务合作都基于高速的工业互联网展开，独立和分散的知识研发是跨越组织边界、共享知识的前提。由于企业吸收能力的不同，集群内部知识网络的治理结构更为复杂。[1] 盟主企业必须设立和完善网络协同、关系维护的机制，保证知识创新的同步性和组织治理的科学性。三是合理的收益分配机制。稳定的网络合作关系离不开对资源的控制，只有整合资源才能带来收益。[2] 只有合理分配收益，才能维持合作关系稳定，才能提升竞争优势。

（4）创新模式与企业边界变动

依据创新对现有知识破坏和强化的程度，创新活动可分为渐进式创新、模

---

[1] Giuliani E. The structure of cluster knowledge network uneven and selective, not pervasive and collective [J]. Spru Workingpaper, 2005.
[2] Pfeffer J, Salancik G R. The external control of organizations: a resource dependence perspective [J]. Social Science Electronic Publishing, 2003, 23(2): 123-133.

块化创新、架构创新和激进式创新四类。[1]

智能企业的渐近式创新主要针对智能产品而言,可以是利用智能技术对现有的智能工具进行改进,也可以是应用新的模块化功能提升现有产品的性能。智能渐近式创新不改变原有组合间的界面联系规则,[2]也不改变既有的外部协作关系。因其不断提升产品和服务的性能,智能企业有可能赢得更多的市场份额,企业的规模边界不断扩大。

模块化创新通过模块性能的提升、模块的分解与组合、模块的联接方式改变而实现。模块创新的目的是提升模块组合的效率、降低模块组合的成本,因此对模块的不断改进会导致模块化的成本不断降低、市场模块交易费用的降低。其中,市场交易费用降低的程度将超过模块内部性能提升的程度,企业的边界将在模块化创新的过程中不断缩小,变得更为专业化。

对智能企业而言,知识架构的创新是一种破坏性的颠覆式创新。在人工智能的发展过程中,曾经发现"AlphaGo"这种机器智能自创一种人类不可知的语言,并且教会其他智能机器进行彼此交流,创新出许多设计师们无法理解的知识架构和机器知识。虽然这种机器自发的知识架构创新能极大地拓展企业的知识边界,提升企业的核心竞争力,但也带来了巨大的不可控风险。因此,知识架构创新需要区别企业类型,将机器智能的发展限定在人类可控的范围之内。

激进式创新是原有技术轨迹、各组成部件设计理念进行了破坏式重构,对各组织部件之间的界面联系规则进行了重大的改变。[3] 外部激进式创新会在短期内显著提升系统转换的成本,因而导致企业能力的混乱,企业能力边界因此缩小。企业为减少激进式创新所带来的风险,也会主动降低市场规模,以控制规模风险,因此外部激进式创新,会导致智能企业能力边界与规模边界的同步降低。

(三) 智能企业边界变动的阶段演化

1. 企业边界演化的机理

企业边界变动的实质是重新选择契约。[4] 企业的边界包括能力边界和规

---

[1] 曾楚宏,朱仁宏.外部技术创新对企业边界的影响[J].中南财经政法大学学报,2014(02):135—142.
[2][3] Henderson R M, Clark K B. Architectural innovation: the reconfigutation of existing product technologies and the failure of established firms [J]. Administrative Science Quarterly, 1990, 35 (1):9-30.
[4] 刘东.企业边界的多种变化及其原因[J].中国工业经济,2005(03):92—99.

模边界。企业所拥有的资源,以及运用资源的能力,决定了这两种边界的形态和可能的变动。在短期内,能力边界由企业的能力决定,企业的规模边界由市场交易费用决定,两种边界彼此独立;在长期内,由于组织内部学习机制和激励机制的作用,企业的能力不仅直接决定企业的能力边界,还通过影响交易费用的水平,间接决定企业的规模边界变动,形成"能力为主导的边界决定机制"。

如前所述,在短期内,企业必须衡量市场交易的成本,做出"Buy or Make"的决策,以此确定纵向边界。中间组织的出现,丰富了企业的组织形式,但是没有改变企业和市场进行成本的比较的分工决策机制。智能企业做出"Make or Buy"的决定时同样需要比较四种成本的大小:生产成本、内部管理协调成本、外购产品成本和市场交易成本。成本支出较少的机制将会被选中来完成生产活动。

自制还是外购的决策,并非只考虑成本因素,还需要从发展战略上考虑保留企业的核心竞争力。比如高通公司生产的芯片质优价廉,根据新古典经济学的贸易比较原则,外国企业都应当放弃研发和生产芯片,转向高通公司购买。但现实情况却是,高通公司借助芯片的垄断地位不仅向用户索取高价,还被美国政府利用芯片断供来达成打压外国企业的政治目的,外国公司因此被"拿住(Hold)",损失了大量的利润。因此,纵向边界的决定,首先是从产业链安全和发展战略的高度,对产业链治理模式、治理方法和生产流程进行安全规划,确定企业需要保留哪些核心竞争力,哪些核心能力可以从外部安全地获得。其次,才是对自制和外购的成本比较。

在长期内,企业和市场的要素组合都是可变的。企业可以通过内部知识整合、外部购买技术、兼并收购、网络学习等众多机制重塑核心竞争力。此时,企业需要在宏观技术周期变动的趋势下,比较自身知识整合的成本与市场整合成本,选择收益最大化或风险最小化的方案,确保边界扩张与自身实力相匹配。

2. 智能化早期企业边界的横向扩张

企业的能力边界和规模边界在其发展过程中,随着企业核心知识的变化而调整,核心知识形成核心能力,能力边界限定规模边界范围,规模边界随着交易费用的变化,反过来通过学习机制,影响能力边界。

智能企业的边界变动可以分为宏观策略和微观策略两种。宏观上,企业可以通过虚拟运作和战略联盟等手段,将价值模块融入更大的网络和更多的网络,以拓展能力边界。① 在微观上,边界变动通过模块的组合和协调以虚拟企业的形式进行,企业可以以核心能力模块为中心,通过模块拆分、排除、替代、转换、增加和重组六种方式,②实现企业内部和外部模块的灵活对接、有机组合,从而构建出联系复杂的智能生产系统,以适应市场需求变化的动态性和个性化,提高企业资源配置的效率和核心竞争能力。③ 企业进行模块组合的过程,也是企业不断进行能力重组的过程。企业通常会选择去粗留精、动态更新的方式,不断优化模块的质量,提升比较优势。随着核心模块质量的优化,企业的核心竞争力会不断提升,能力边界随之扩张。

智能企业的边界变动还与智能技术的发展阶段有关。以人工智能技术的发展为主线,智能技术的发展历程可以分为"计算智能、感知智能、认知智能"三个阶段。计算智能阶段从 20 世纪 60 年代至 90 年代,走过了大型机—个人计算机—服务器和互联网—电子商务的历程,以摩尔定律的指数规律快速增长,计算能力持续提高、装置体积不断缩小、存储和计算功能日益强大,算法程序和语言开发得到了长足的发展。信息技术和人工智能技术的一系列规则在这个阶段得以确立。其中,在 20 世纪 50 年代至 70 年代,人工智能的发展重点是早期的神经网络,能够解决特定领域问题的智能专家系统构成了企业的核心能力。但专家系统面临着数据样本有限、专家知识库更新缓慢、解决问题针对性强、系统难以兼容和推广等一系列问题。因此,如何将专家系统的知识转变为企业可持续的核心竞争力,成为阻碍企业应用智能技术的主要瓶颈。

信息技术在企业内部得到应用,大幅提升了自动化生产线的效率,管理信息系统有效改善了企业内部信息的处理成本,极大地延伸了各级管理者的有效管理范围,提升了管理效率。因此,在 20 世纪 90 年代,虽然智能技术仍处于发展初期,但已经表现出强大的功能。信息技术的飞速进步带动企业的边界不断扩大,并在这个阶段表现出以下两种趋势。

趋势一:智能技术对企业边界的影响主要体现规模扩张效应。企业因信息技术的广泛应用,大幅提升了内部沟通协调效率、降低了内部协调成本。率先应用信息技术的企业实施数字化制造、办公自动化等先进生产技术和管理变革,使企业内的生产成本远低于行业内的绝大多数企业。起步阶段的网络

---

① 李海舰,原磊.论无边界企业[J].中国工业经济,2005(04):94—102.
② 鲍德温,克拉克.设计规则——模块化的力量[M].北京:中信出版社,2006.
③ 曹江涛,苗建军.模块化时代企业边界变动研究[J].中国工业经济,2006(08):85—92.

技术和智能技术,难以有效降低市场协调成本。当时的信息技术更擅长解决内部协调成本的问题,效果远大于其所能节约的外部交易成本。[1] 且只有大企业才有实力保证有效运用这些高新技术所隐含的知识,通过生产和市场参数内生化,使得企业内部交易的成本低于企业间市场交易的费用。因此,在早期阶段,企业更倾向于借助信息技术的优势,通过兼并、合并和重组进行规模扩张,以最大限度地节约成本、增加利润。

趋势二:智能技术主要向高盈利部门和大企业渗透。这个时期的网络技术、人工智能技术仍处于初级阶段,知识的转移和市场化交易依然面临诸多困难,需要借助大企业的行政力量在组织内部加以应用,而非直接推向市场进行公开交易。大企业为这些看似并不完美的知识和技术买单,是因为"企业的成长是由一系列不可分的管理能力和技术能力的过剩引起和推导的"[2]。企业只有不断向高盈利行业扩张,通过兼并、收购、组织融合来获得难以从市场交易和企业自身积累中得到的知识和能力,才能消化其在营销和研发方面的长期投入和经验积累。

这两种趋势导致率先应用智能技术的传统制造企业的边界出现横向跨界扩张现象。其原因是互联网经济条件下企业的跨界以模块化操作的形式围绕企业的核心能力展开,是价值链实体环节解链、互联网"跨链"价值重组的过程,[3][4][5][6][7]也是通过链接进行价值创造的过程。[8] 与工业经济时代不同,智能经济时代企业的价值创造由产品价值创造,转变为用户价值创造和网络资源的整合,企业间的竞争由产品链的竞争、价值链的竞争升级为产业生态体系的竞争。跨界发展不仅仅是企业规模的横向扩张,更是传统企业利用信息技术、智能技术,借助高速工业互联网络进行的数字化、智能化、网络化升级和跨界融合。这个进程不仅表现为制造企业的服务化(代表性的有美国通用电气公

---

[1] 徐盈之,金乃丽,孙剑. 技术进步、企业边界与外包决策——基于中国制造业数据的经验研究[J]. 经济经纬,2008(05):89—92.
[2] 郑江淮. 企业理论:演进经济学的观点述评[J]. 经济评论,2001(02):24—28.
[3] Levina N, Vaast E. The emergence of boundary spanning competence in practice: implications for implementation and use of information systems [J]. MIS Quarterly, 2005,29(2):335-363.
[4] 刘东. 企业边界的多种变化及其原因[J]. 中国工业经济,2005(03):92—99.
[5] 余东华,芮明杰. 基于模块化网络组织的知识流动研究[J]. 南开管理评论,2007(04):11—16+28.
[6] 曹江涛,苗建军. 模块化时代企业边界变动研究[J]. 中国工业经济,2006(08):85—92.
[7] 赵振. "互联网+"跨界经营:创造性破坏视角[J]. 中国工业经济,2015(10):146—160.
[8] 罗珉,李亮宇. 互联网时代的商业模式创新:价值创造视角[J]. 中国工业经济,2015(01):95—107.

司的工业互联网战略、德国西门子公司的工业 4.0 战略),而且表现为互联网企业的实体化(代表性的有谷歌公司向实体产业渗透和不断"硬化"的过程)。

智能企业跨界后,形成了内部的耦合共生效应,使企业具有数据化、智能化与服务化的新特征。[1][2] 在互联网经济时代,企业的跨界行为从跨越组织边界与技术边界,转变为跨越产业边界与知识边界。[3][4] 为此,智能企业的跨界行为,必须整合企业原有的各种制度体系和运行逻辑,以克服传统企业固有的组织惯性。[5] 但这种制度整合必然打破企业内部原有的利益格局,而导致组织内部不同制度逻辑的矛盾冲突。[6] 这种情况下,跨界创新者只有借助技术创新开辟新的盈利空间,才能弥合冲突、重塑关系。跨界整合很难一蹴而就,需要企业具备较强的跨界知识的识别与整合能力,是传统制造企业智能化转型升级到一定阶段后,才有可能实施推进的项目。

3. 弱人工智能时代的企业边界分化

第二个阶段是智能化的大数据阶段。20 世纪 80 年代至 21 世纪初,人工智能技术得到迅猛发展,形成了三个流派:统计学派、机器学习和神经网络。其中,统计学派利用统计学的技术在语音识别领域取得突破,取代了早期的专家系统,创新出自动阅读、语音转换、身份识别等新的智能功能,开启了一个崭新的市场。机器学习以模拟人类学习行为为己任,通过知识的整合和结构优化,不断提升机器智能的性能。如 1997 年"深蓝"打败国际象棋冠军卡斯帕罗夫,2016"AlphaGo"打败围棋冠军这些标志性历史性事件,都标志着机器学习技术日益成熟,成为核心知识。神经网络技术则选择了神经网络用语模式识别的突破方向。

这个阶段企业应用人工智能技术的实践,突出表现为核心知识领域的突破,创新出许多基于互联网应用的新兴智能产业。人工智能技术主要显示出

---

[1] 刘斌,魏倩,吕越,祝坤福. 制造业服务化与价值链升级[J]. 经济研究,2016,51(03):151—162.
[2] 谢康,吴瑶,肖静华,廖雪华. 组织变革中的战略风险控制——基于企业互联网转型的多案例研究[J]. 管理世界,2016(02):133—148+188.
[3] Hansen R, Sia S K. Hummel's digital transformation toward omnichannel retailing: key lessons learned [J]. MIS Quarterly Executive, 1960,14(2):51 - 66.
[4] Rosenkopf L, Nerkar A. Beyond local search: boundary-spanning, exploration, and impact in the optical disk industry [J]. Strategic Management Journal, 2001,22(4):287 - 306.
[5] Le Mens G, Hannan M T, Pólos L. Age-related structural inertia: a distance-based approach [J]. Organization Science, 2015,26(3):756 - 773.
[6] Pache A C, Santos F. Inside the hybrid organization: selective coupling as a response to competing institutional logics [J]. Academy of Management Journal, 2013,56(4):972 - 1001.

如下几个新的特征：一是 AI 技术凭借着大数据和深度学习算法再次得了兴起。人工智能技术的应用可以从"算法、算力、算据"三个维度加以衡量。大数据和深度学习技术分别对应"算据和算法"，两种技术的成熟使得 AI 技术有了应用的新空间，从而从理论走向实用。二是 AI 进入大规模工业化应用阶段。目前 AI 技术已经具备一定的通用性，表现为标准化、自动化和模块化，具备了批量化生产和应用的可能，人类社会因此正式迈入智能化时代。三是 AI 技术的深度学习算法机制还不成熟，仍处于弱人工智能阶段。

在这个阶段，互联网企业得益于电子商务的兴起，成为人工智能技术研发和应用的主导力量。传统的制造企业的信息技术仍局限于生产自动化阶段，大量的数字化、智能化设备并没得到充分的利用，因此，智能技术、网络技术对企业节约内部协调成本、提高管理效率的作用相对并不明显。率先应用大数据、云计算等人工智能技术的企业，能够更多地精准锁定目标客户，交易费用的降低程度远大于内部协调成本，市场扩张的收益大于交易费用的节约，企业的边界也相应表现出两种不同的趋势：企业的总体规模不断扩张，而企业中各个组成单元不断缩小。总体规模不断扩张，是因为互联网效应使领先的技术和创新的模式能够迅速得到金融资本投资，企业在金融资本的扶持下获得充足的资源迅速扩张市场，从而有效地打破市场壁垒，通过规模扩张有效降低新技术、新模式的应用的高额成本。因此，做大、做强成为企业在大数据阶段的理性选择，表现为产业集中度不断提高，头部企业通常会占据 70%—80%以上的市场份额，而大量的中小企业的市场不断被压缩、逐步走向消亡。

集团公司在规模扩张的同时，会将强激励的市场规则引入集团内部，导致企业核算单元逐渐变小，这也是弱人工智能阶段与第一阶段的明显区别，即企业集团扩张而成员企业缩小。20 世纪七八十年代以来，无论是发达的 OECD 成员国，还是中国这样的发展中国家，企业的平均规模变化均呈现倒 U 形趋势。[①]

4. 强人工智能时代虚拟企业的扩张

智能技术发展的第三个阶段是认知智能阶段。进入 2006 年之后，人工智能技术快速向实体经济领域渗透，表现为大数据技术的快速推广和无人工厂的实用化。大数据技术借助互联网平台，成为用户需求发现、城市管理功能提

---

① 张永生.中小企业发展的国际比较、理论解释及中国问题分析[J].中国人民大学学报，2001，15(3)：46—53.

升的重要工具。与早期的专家系统相比，认知智能可以通过深度学习机制让机器具备理解思考能力，像人类一样学习和推理。认知智能不仅能代替急、难、险、重的重复式、机械式的体力劳动，还可以替代人类专家的复杂脑力劳动。在这个阶段，随着弱人工智能开始向强人工智能升级，丰富的场景应用推动各项规则日趋完善，法治化的数字市场环境逐步完善。企业应用智能技术的成本节约效应和组织效能提升更加明显，企业边界将在智能化网络协同的过程中不断缩小。

强人工智能使得各类智能工具得以真正实用化。生产制造过程可以在智能决策工具的统一协调下，摆脱对人类智能依赖，自主地对匹配市场需求，协同企业内外部资源开展个性化定制生产。虚拟企业可以根据生产任务需要而成立，并在智能决策系统调度下进行模块的动态分解和组合，以市场契约的形式联结成纵横交错的企业生产和服务网络。

因为需求的不确定性导致交易的暂时性，企业不可能保持规模庞大的专用性资产投资，以满足个性化定制生产，所以，将生产系统模块化，并通过工业互联网平台组建虚拟企业就成为有效的替代方式。这意味着平台企业需要不断强化知识实力，以满足智能决策系统等智能工具不断进行知识创新的需求；而每家智能企业随着企业间专业化分工的发展，为保持核心竞争力都将资源投入自身擅长的环节和领域，扩大细分市场的规模、减少纵向环节的数目，以实现生产项目的规模经济而不是企业意义上的规模经济。企业规模边界不断缩小，但管理范围却不断扩大。

三、传统制造企业向智能价值链攀升的模式

模块化网络协同改变了智能制造价值链的空间形态、资源组合方式和价值实现方式，传统制造企业的价值链升级模式也随之调整。这表现为：一是智能价值链不断扁平化，价值链两端与中间制造环节的差距和界限不断缩小。传统制造企业需要面向个性化定制需求，用智能技术打通生产与消费的藩篱，以需求拉动商业模式创新，通过压缩中间环节，实现向价值链的两端升级。二是网络化协同不断消解链主企业的垄断优势，智能价值链的扩张向范围经济转型。传统制造企业需要不断将自身模块化转型，以能力边界的扩张实现对网络资源的组合利用。三是智能产品的形态发生改变，智能企业的价值实现方式发生变化，传统制造企业需要不断向服务型制造转型，以产品服务化、生

产服务化和用户参与提升企业的价值变现能力。

(一) 需求拉动的商业模式创新

全球化加速了供应过剩时代的到来，个性化定制需求因此快速兴起。全球化同时又进一步加速了分工的深化，工业互联网平台和智能制造的出现则进一步放大了这种分工细化的效应。企业之间的竞争由此转向用户需求导向，而非传统的生产企业的供应导向。满足用户需求的方式变化，不仅带来了产业结构的变化，也对企业价值链的地位形成挑战。只有牢牢抓住市场的需求变动，才能不断巩固企业既有的市场地位，实现企业价值的提升，这是需求拉动商业模式创新的基本逻辑。

需求拉动策略的核心是以智能产品和智能服务满足消费者的个性化需求，由此推动人工智能技术在生产和消费领域的应用。因为市场需求与技术机会和知识特性之间存在着关联性，市场需求会影响企业对创新资源的投入和市场的势力。[1] 智能设备是富含新技术与新知识的设备，属于依赖企业技术创新的高端设备，市场供应主体有限，相应市场的需求弹性较小。因此，企业可以凭借着技术优势，采取高价策略，向智能设备的用户索取更高的价格，形成"高技术—高价格—高利润—高研发投入"的"需求—创新"循环，由此推动企业利用市场需求，不断巩固其在智能价值链中的高端地位。

需求拉动能够形成规模效应，而本土市场优势和规模效应能够提高企业自主创新的成功概率和创新效率。新兴产业的进入者能够通过较高的市场占有率提升企业业绩，进而成为行业领先者。[2] 这种以市场需求为导向的平台智能化、产品智能化的升级策略，代表公司有谷歌等互联网技术公司。其在深度学习领域拥有优势，通过研发人脸识别＋云社区、无人驾驶、智能语音识别等突破性技术，创造了智能安防、智能汽车等万亿级的智能产业，带动生产供应体系智能化升级，推动生产组织的变革。

需求拉动商业模式包含了价值创造的逻辑和商业资源的有效协调。[3] 智

---

[1] Scherer F M. Research and development resource allocation under rivalry [J]. Quarterly Journal of Economics, 1967(3): 359-394.
[2] Bayus B L, Agarwal R. The role of pre-entry experience, entry timing, and product technology strategies in explaining firm survival [J]. Management Science, 2007, 53(12): 1887-1902.
[3] Osterwalder A, Pingeur Y, Tucci C L. Clarifying business models: origins, present, and future of the concept [R]. Communications of The Association for Information Systems, 2005.

能制造模式下,企业的价值创造主要体现为"连接红利"。随着个性化定制消费的兴起,消费者得以广泛、深入、实时地参与企业的设计和生产制造过程,导致价值链的主导权从生产商、中间商手中逐步转到消费者手中。[①] 智能制造就是要通过网络平台,打通生产供应网络与消费互联网的瓶颈,建立起广泛连接的社群网络,由此营造起一个用户参与设计、企业就是服务的创新生态,从而大幅拓展整个社群价值创造的来源和知识创新的渠道,使智能企业在网络集群创新中,实现自身价值的最大化。

(二) 企业边界扩张的资源重组模式

要素由生产效率低的部门向生产效率高的部门流动,这种资本的长时间积累最终会推动制造业结构的升级。这种以资本累积推进制造业智能化升级的模式,同样适用于智能价值链的攀升。对传统制造企业而言,其可以借助智能化所获得的技术优势和和产业优势,率先实现对既有市场的资源重组,为进入智能制造体系确立一个比较有利的价值链地位。

一是率先完成智能化改造的企业能够借助生产要素资源重组的"熊彼特创新",提高生产效率和盈利能力。智能化的大数据分析能力,为企业提供了精准对接客户需求的能力、及时匹配供应链资源的能力,有助于智能企业发挥成本优势、效率优势和营销优势,降低市场进入壁垒,占据更多的市场份额,从而有能力横向整合既有的产业链资源。比如日韩和台湾地区的后发电子企业沿着 OEM—ODM—OBM 的路径,从技术模仿—消化吸收—技术创新—自主品牌,最终实现产业引领的横向扩张+纵向升级。[②③]

二是引入智能技术,能够进一步优化生产分工,将生产线分解为更为精细的若干工序和工位,更加简单的设备或者廉价的工人,就能完成这些模块的生产,从而极大地节约生产成本。此时,制造企业即便不升级产品,所处的价值链环节没有提升,但智能技术能够使企业通过成本节约效应,在既有的市场竞争中获得更大的利润空间和竞争优势,并凭此挤压竞争对手的市场空间,吃下

---

① Franke N, Piller F. Value creation by toolkits for user innovation and design: the case of the watch market [J]. Journal of Product Innovation Management, 2004, 21(6):401-405.
② Hobday M. East asian latecomer firms: learning the technology of electronics [J]. World Development, 1995, 23(7):1171-1193.
③ Dieter Ernst. Global production networks and industrial upgrading-a knowledge-centered approach [J]. Economics Study Area Working Papers, 2001.

更多的市场份额。比如,率先引入智能技术的制造企业,能够通过优化生产工艺的流程,节约大量的能源供应需求。通用电气公司曾预测,航空公司利用智能技术能够大幅降低能源的消耗,每降低1%的油料需求,就能为航空业带来数千亿美元的收益。

三是企业通过引进智能技术,快速实现既有产品模式下的生产智能化,实现了产品质量提升、生产成本降低、产销更加匹配,但也面临着战略新兴产业在横向扩张阶段的普遍性问题,即传统制造企业完成了对生产制造过程的智能化改造,但仍然只是技术的应用者,而非技术的开发者。企业基本不掌握核心技术和重要领域的关键技术,智能技术的应用只是满足了企业应对同行竞争、客户需求和市场变化等方面的需求,并不具备内生的技术创新能力。因此,率先吃螃蟹而获得的成本优势和信息优势,并借此实现的市场份额扩张,只是短期现象,并不能改变企业本身在全球价值链中的地位,属于智能技术链内的升级。企业需要进一步将应用智能技术获得的产业规模优势和市场份额优势,转化为全球价值链地位的升级。

(三)服务型制造的范式转型模式

在智能技术升级的过程中既有新旧技术范式的竞争,也有各种新的技术范式之间的竞争。在两类范式竞争约束下会产生多种技术轨道,形成从低到高的一系列具有等级序列的全球技术链体系,由此带来了不同的智能价值链体系。无论哪一种智能价值链体系,企业的智能化转型都需要围绕智能社会的经济形态和生产消费模式,来设定传统企业智能化的目标和模式。

在未来的智能体系中,生产制造系统将由软件定义的智能机器构成,产品功能由基于云服务平台的各类工业 App 软件定义,产品服务化、服务型制造和产品智能化成为必然趋势,是智能企业主要的利润来源。然而,个性化定制、柔性化生产,天然存在着生产成本高昂、难以复制推广的缺陷,并不符合人类生产制造方式不断向低成本、便捷化方向演进的规律。人类的大脑也很难适应高度柔性制造所需要的碎片化、动态化的生产组织模式,这也是个性化定制、柔性化生产模式长期难以普及的主要原因。

为了调和上述矛盾,目前主要采取了三种技术路径。其中之一是在消费端,即应用数字技术将终端产品智能化,从逻辑上将终端产品拆分为"硬件"和"软件"两个部分,比如智能手机的硬件实体与用户安装的各种 App。这样硬件实体的生产可以继续沿用规模经济的思路,选择批量化、模块分工的生产方式，仅提供有限的个性化菜单，以减少生产设备的动态重组频次，尽可能降低个性化定制的额外成本。软件部分则借助可编程的 App，动态、实时地响应用户的需求指令，实现硬件实体的功能多样化、服务个性化。App 可以超越地理空间和物理设备的局限，借助网络的连接效应，实现范围经济，从而极大地突破个性化定制所额外增加的"菜单成本"。终端产品形态的变化，也带来价值实现模式的改变，传统制造企业通过不断提升服务化的能力和比重，建构基于数据模型之上的软件生产和软件服务能力，才能不断提升自身在智能价值链体系中的价值变现能力。

第 6 章 全球智能制造业发展现状与未来趋势

当前,新一轮的科技革命与产业变革已进入历史交汇期,正在"重构全球创新版图、重塑全球经济结构"。[①] 智能制造作为人工智能技术在实体经济领域的主要应用项目,日益成为世界各国制造业竞争的焦点,并将深刻影响中国制造的未来发展。

自 2010 年起,中国就在体量上超越美国,成为全球制造业第一大国,但中国制造的微观基础仍停留在工业 2.0、工业 3.0 时代,严重依赖国外的高新技术和产品。以智能制造培育新动能,以新动能促进新发展,已经成为世界产业变革的一个重要方向。[②] 智能时代的到来不仅提升了全球制造业的准入门槛,而且加速了中国制造向外转移的步伐。面对内部产业转移和外部体系升级的双重压力,中国需要发挥在人工智能领域的技术优势,把握智能制造市场快速崛起的战略机遇,加速机器智能及其智能决策系统的研发,推进人工智能技术与精益制造技术的深度融合,积极抢占全球智能经济发展的主动权。因此,研究全球智能制造业发展现状、特征和趋势,有针对性地提出中国制造的应对策略,极具现实意义。

一、全球智能制造产业发展现状和特征

(一) 智能制造已成为各国制造业竞争的焦点

1. 智能制造是新工业革命的主攻方向[③]

全球正迎来以第六次技术革命浪潮为核心的第三次工业革命,[④]制造业由

[①] 习近平.在中国科学院第十九次院士大会、中国工程院第十四次院士大会上的讲话[N].人民日报,2018-05-29(02).
[②] 王瑞华.以智能制造培育新动能[N].中国企业报,2018-05-22(06).
[③] 王喜文.智能制造新一轮工业革命的主攻方向[J].人民论坛·学术前沿,2015(19):13—15.
[④] 贾根良.第三次工业革命与新型工业化道路的新思维——来自演化经济学和经济史的视角[J].中国人民大学学报,2013,27(02):43—52.

成本优势转向效率优势,是此轮产业变革的鲜明特色。[1] 作为信息技术的集大成者和人工智能技术的主要应用领域,智能制造正迎来发展的黄金时期——其核心技术及其配套产业,经过40多年的发展,已基本不存在难以克服的重大技术瓶颈。因此,相比新能源、新材料、生物科技等技术,智能制造技术更具产业化的广阔前景,也必将率先成为产业竞争的焦点。

2. 智能制造是企业提升效率的理性选择

智能制造正成为重新界定企业竞争力的关键因素。[2] 当前,生产制造技术面临的瓶颈是人机功能难以高度匹配和生产管理系统的发展停滞,导致生产组织的效率严重滞后于自动化生产技术的进步,企业难以有效降低生产供应体系和生产协作体系的成本支出。新一代人工智能技术通过整合企业信息管理系统(IT)与办公自动化系统(OA),建立统一的智能决策系统,解决了上述发展瓶颈,为提升整个生产制造体系的效率打开了空间。

一是形成智能化的运维调度,有效提升了生产组织过程的合理性和生产重组的灵活性,大幅降低生产组织过程的物料损耗、维修费用等。根据通用电气公司的报告,引入智能技术后,企业的生产效率提高了30%;预测性维修量降低了12%,整体维修成本降低30%,设备停机减少70%。[3] 二是,智能技术的应用成本大幅下降。新一代智能传感器、大数据、人工智能等技术的成熟和普及,为企业从数字化制造阶段升级到的智能化制造阶段,提供了低成本的智能化应用环境。

3. 发达国家积极推进智能制造产业发展

"第三次工业革命"的发生和发展是外生的技术进步和内生的国家政策安排共同驱动、协同作用的结果。[4] 作为新一轮工业革命的核心,[5]智能制造的发展同样也得益于国家意志的强力推动。美国是这场产业革命的技术策源地,其智能制造的发展政策体系见表6-1。

---

[1] 吕薇.创新成为中国制造升级主引擎[N].经济日报,2017-04-21(14).
[2] 李景海,林仲豪.世界政治经济演变、新产业政策与中国制造业的升级策略[J].世界经济与政治论坛,2016(03):105—121.
[3] GE. Industrial internet insights report for 2015 [R]. GE Accenture, 2015.
[4] 黄群慧,贺俊."第三次工业革命"与中国经济发展战略调整——技术经济范式转变的视角[J].中国工业经济,2013(01):5—18.
[5] 周济.智能制造——"中国制造2025"的主攻方向[J].中国机械工程,2015(17):2273—2284.

表6-1　美国智能制造战略体系构成

年份	战略名称	主要内容	提出部门	性质
1990s	智能制造研究项目	覆盖了智能制造的绝大部分研究领域	美国国家科学基金会	国家项目
2005	聪明加工系统（SMS）研究计划	系统动态优化、设备特征化、下一代数控系统、状态监控和可靠性等	美国国家标准与技术研究所	国家研究计划
2009	重振美国制造业框架	首次提出了振兴美国先进制造业的决心和思路	奥巴马政府	国家战略
2010	美国制造业促进法案	明确了促进制造业发展的一系列税收优惠等政策	奥巴马政府	国家法律
2011	先进制造伙伴计划（AMPP）	美国国家级的制造业战略。提出通过构建国家级创新网络、保证创新人才渠道以及提升商业环境等三方面的关键措施，继续保持美国在全球创新方面的领先优势	奥巴马政府	国家战略
2011	实现21世纪智能制造	提出了应用智能技术，改造传统工厂的十大优先行动目标	美国智能制造领导力联盟（SMLC）	产业联盟报告
2012	先进制造业国家战略计划	从技术研发、税收优惠、政府投资等多个角度，提出了加快美国智能制造发展的对策	美国政府	国家战略
2012	保持美国在先进制造领域竞争优势	依托新一代信息技术、新材料技术、新能源技术，加快发展美国智能制造产业	美国先进制造业伙伴项目（AMP）指导委员会	国家技术报告
2012	工业互联网：突破智慧和机器的界限	提出"工业互联网"概念，并指出"工业互联网将进一步提高效率，促进生产力发展"，引领新型制造模式	通用电气公司	企业战略
2014	振兴美国先进制造业	提出了"加快创新、保证人才输送管道、改善商业环境"是振兴美国制造业的三大支柱	美国先进制造业伙伴项目指导委员会	国家技术报告
2016	为人工智能的未来做好准备	美国版人工智能的国家战略	美国国家科技政策办公室	国家政策
2016	国家人工智能研发战略规划	美国人工智能研发战略	特朗普政府	国家战略
2019	美国人工智能倡议（AAII）	从投资、开放政府数据资源能力、相关标准建设、就业危机应对以及制定相关国际标准五大方面制定了美国未来一段时间内的人工智能发展方向	美国国家科技政策办公室	美国总统行政令

资料来源：作者整理。

此外,"德国 2020 高技术战略"、日本的"互联工业"战略、英国的"英国制造 2050"战略、法国的"新工业法国"战略、欧盟的"2020 地平线"计划等,也都将智能制造作为重要的战略方向。全球在智能技术和智能制造领域的竞争已经全面展开。

(二) 全球智能制造市场快速增长

1. 智能制造市场规模持续扩大

核心技术的突破、政府的战略支持,极大地降低了智能技术的应用门槛,推动了智能制造产业的快速发展,亚太地区成为复合增长率最高的地区,中国、日本和印度是主要用户。2010 年,全球智能制造市场规模为 2 537 亿美元,2017 年增长到 10 000 亿美元以上,年复合增长率高达 18.7%。预计到 2022 年,全球智能制造业的产值将达到 1.51 万亿美元左右。

表 6-2　　　　　2010—2017 年全球智能制造业产值规模

年份	全球产值规模(亿美元)	增长率
2010	2 537	
2011	3 284	29.44%
2012	4 080	24.24%
2013	5 078	24.46%
2014	6 264	23.36%
2015	7 545	20.45%
2016	8 687	15.14%
2017	10 000	15.11%

数据来源:作者整理。

2. 工业互联网引领智能制造产业发展

智能制造产业链可以分为:智能感知产业、工业互联网产业、智能装备产业、系统集成产业。其组成关系见表 6-3。

工业互联网因为具有低时延、高可靠、广覆盖的特点,成为链接工业全系统、全产业链、全价值链的关键基础设施,也是支撑工业智能化发展的核心载体。[①] 作为先导性产业,近年来,工业互联网日益表现出产业发展的引领性。

[①] 陈肇雄.工业互联网是智能制造的核心[J].中国信息化,2016(01):7—8.

2019年,全球工业互联网市场规模达到8 465.6亿美元,占智能制造市场份额的70%以上。其中,算力(工业云计算和边缘计算)、算据(工业大数据)和算法能力(工业人工智能)这三部分代表的全球工业互联网平台市场,占整体"人工智能+制造"市场的24%,2025年预计规模将达到2.6千亿美元,占比达36%[1]。通用电气公司更是预测,到2025年工业互联网技术可应用于规模约为82万亿美元的产业,将占全球GDP的50%。[2]

表6-3　　　　智能制造产业的技术链与产业链构成

物理层次	相关产业	智能技术链	关键行业
决策层	人工智能产业	机器学习技术 知识图谱技术等	人工智能
应用层	系统集成产业	系统集成方案 自动化生产解决方案	智能工厂 智能生产线 系统集成
设备层	智能装备产业	机器人方案 智能装备方案 增材制造技术	智能机器人 工业软件/3D打印 工业视觉
网络传输层	工业互联网产业	信息处理技术 网络传输技术	大数据 云计算 工业通信/智能芯片
感知层	智能感知产业	信息采集技术 传感感知技术	传感器 射频识别 机器视觉

资料来源:作者整理。

3. 智能制造装备的需求持续增长

智能制造装备"具有感知、分析、推理、决策、控制"功能,[3]是由智能机器和人类专家共同组成的人机一体化智能系统,能够在制造过程中进行分析、推理、判断、构思和决策等智能活动,[4]从而通过人与智能机器的合作共事,扩大、延伸和部分地取代人类专家在制造过程中的脑力劳动,[5]实现从"以人为主"向

---

[1] 前瞻产业研究院.2022年全球工业互联网市场规模与发展趋势分析[R].前瞻产业研究院,2022.
[2] 通用电气公司.工业互联网:突破智慧和机器的界限[R].编译:工业和信息化部,2012.
[3] 傅建中.智能制造装备的发展现状与趋势[J].机电工程,2014,(08):959—962.
[4] 幸权,柴宗明.智能制造关系中国制造业发展[J].企业技术开发,2011,30(14):116.
[5] 刘飞.制造自动化的广义内涵、研究现状和发展趋势[J].机械工程学报,1999(01):2—6.

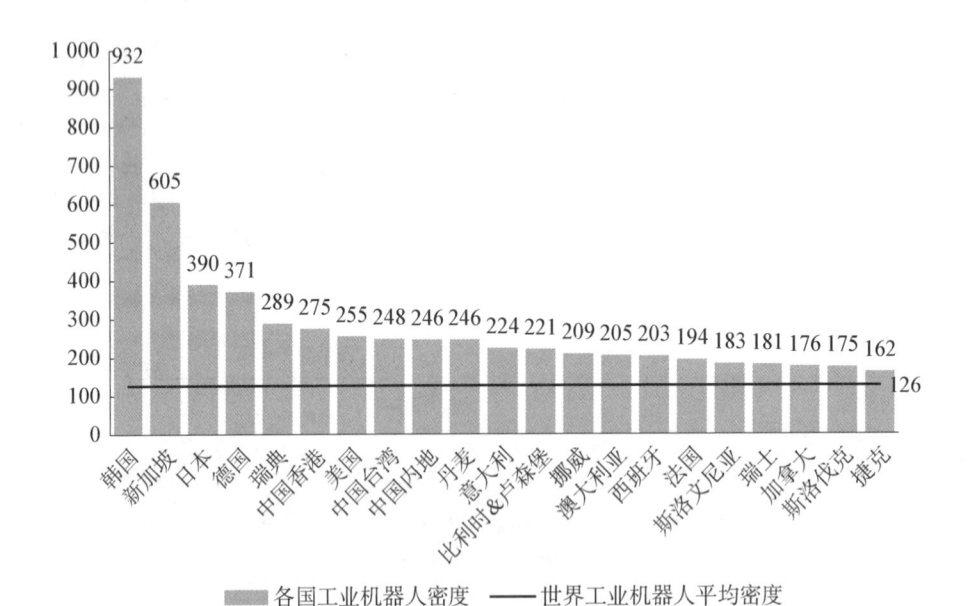

图 6-1 2020 年全球工业机器人密度（台/万名工人）

资料来源：亿欧智库.2022 中国工业机器人市场研究报告[R].亿欧智库,2022.

数据（按国家/地区）：韩国 932、新加坡 605、日本 390、德国 371、瑞典 289、中国香港 275、美国 255、中国台湾 248、中国内地 246、丹麦 246、意大利 224、比利时&卢森堡 221、挪威 209、澳大利亚 205、西班牙 203、法国 194、斯洛文尼亚 183、瑞士 181、加拿大 176、斯洛伐克 175、捷克 162；世界工业机器人平均密度 126。

"以机器为主"的决策模式转变。

近年来，全球进入新一轮的固定资产更新改造周期，市场对工业机器人、数控机床、3D 打印设备、新型传感器和工业自动化成套设备等智能制造装备的需求持续增长。以工业机器人为例，2013 年以来，全球新装工业机器人年平均增速高达 12.1%。2021 年，尽管受到疫情的严重冲击，全球工业机器人市场规模仍反弹至 145 亿美元。截至 2020 年 12 月，全球共新增工业机器人约 38.4 万台，同比增长 0.5%。其中，仅中国就新增 16.8 万台工业机器人，位列全球第一。根据亿欧智库的数据，2020 年世界工业机器人密度为 126 台/万名工人。中国的工业机器人密度为 246 台/万名工人，位列全球第九，约为世界平均水平的两倍，但较韩国、新加坡、日本、德国还有明显差距。[①]

4. 制造执行系统（MES）成为领先发展的决策支持系统

制造执行系统（MES）是面向生产车间的生产管理技术与实时信息系统，[②]

---

① 亿欧智库.2022 中国工业机器人市场研究报告[R].亿欧智库,2022.
② 饶运清,李培根,李淑霞等.制造执行系统的现状与发展趋势[J].机械科学与技术,2002(06)：1011—1016.

是连接企业计划管理层和底层工业控制之间的桥梁。① 制造执行系统的主要功能包括车间资源分配、过程管理、质量控制、维护管理、数据采集、性能分析及物料管理等。②

伴随着云制造、物联制造、制造业服务化、网络化以及工业 4.0 等概念的完善,制造执行系统已突破车间执行系统的局限,不断向控制层和计划层渗透,延伸到大数据、云计算、人工智能、制造业服务化等多个领域,由单一功能的制造执行系统产品向集成制造执行系统和整体解决方案发展,构成了宽泛意义的系统集成产业。

制造执行系统而非智能决策支持系统(IDSS)成为市场的主流需求,表明在目前发展阶段,企业仍主要沿着改造传统生产线路径进行智能化升级,通过制造执行系统率先解决生产环节的信息孤岛、缺损环等问题。同时,这也意味着新一代的智能决策支持系统还没能完全走出实验室阶段,有效解决生产制造环节的复杂决策问题。

(三) 智能制造市场的竞争主体呈现多元化趋势

1. 智能制造产业尚缺乏清晰的链主企业

当前,智能制造产业仍处于发展布局阶段,参与主体多元化、跨产业渗透与融合、横向分工细化是其主要特征。传统制造企业智能化转型和互联网企业切入生产制造领域是突出表现的两股趋势。

智能制造市场有三类参与主体:传统制造企业、互联网企业和智能化服务企业。传统制造企业是制造领域的在位企业,拥有制造工艺和制造文化两项优势;互联网企业和智能化服务企业作为市场入侵者,拥有信息技术的优势。智能制造产业的发展,主要表现为三类企业围绕工业互联网平台,在智能终端产品和智能生产领域展开的竞争与合作。

智能制造产业仍缺乏清晰的链主企业。无论是在位企业,还是入侵企业,目前都无法同时拥有"制造工艺、信息技术和数据服务"三项优势,短时期内谁都无法主导制造业的变革。颠覆传统的生产制造模式,仍取决于体量最大的传统制造业是否能够加快智能化改造的步伐。

---

① 罗国富,施法中. 制造执行系统及其相关技术研究[J]. 机械制造,2004(04):7—10.
② 左革成,朱传军,饶运清,黄刚. 基于 DOTNET 平台的车间资源集成研究与实践[J]. 中国制造业信息化,2004,33(11):4.

2. 传统制造企业更具智能化升级的优势

智能化转型升级的本质是应用信息技术和人工智能技术对传统制造业进行数字化、智能化升级,而非彻底淘汰制造业。智能经济体系下,产品服务化只是改变了终端产品的物理形态和提供方式,并不能完全替代生产制造活动本身。当数据成为重要的生产资料和交易商品时,未来的互联网企业和数据分析师也终将转型成为新的"制造企业"和产业工人。

传统制造企业推进智能化转型升级的优势在于:熟悉工艺流程、掌握生产诀窍、制造文化深厚等。互联网企业鼓励创新、张扬个性的企业文化,与工程师和蓝领工人的制造文化存在较大的差异,这也决定了互联网企业在较长时期内难以突破传统制造业的文化障碍、知识壁垒和技能瓶颈。龙头制造企业因此更具引领制造业智能化转型升级的优势。

3. 互联网企业重点发展智能终端产品和工业互联平台

面对多元化的竞争格局,作为"入侵者"的互联网企业主要依托自身的人工智能技术和互联网技术优势,对传统制造企业展开降维竞争。一是通过研发的新智能产品,构建新的智能制造产业链。如谷歌公司的智能眼镜、商汤科技的工业级人脸识别等智能终端产品和技术,开辟了与传统制造完全不同的竞争领域,形成了新的智能产业链。再如,谷歌公司利用人工智能技术对终端消费市场进行精准区分,针对性推出机器翻译、语音识别等服务型智能产品。

二是积极并购与重组中小智能研发企业。例如,2013 年谷歌收购了 8 家与机器人有关的公司,2014 年又陆续收购人工智能公司 DeepMind 和智能家居公司 Nest。根据 CB Insights 的统计数据,近年来,谷歌已并购了近 20 家人工智能公司。

三是搭建工业云平台,从云存储、云计算领域构筑智能云制造的生态体系。与龙头制造企业将传统的生产协作体系互联网化不同,互联网企业更侧重于搭建工业云平台,发挥自己在算法(人工智能)和算力(云计算、边缘计算)方面的优势,与传统制造企业展开错位竞争。如微软的 Azure IoT、阿里巴巴的 Ability 工业云平台等,均是这种平台战略的产物。

二、全球智能制造业发展面临的挑战

(一)主要经济体的智能制造业发展态势

当前,全球智能制造业正进入快速发展期,表现为"市场规模持续增长、各国政府强力推进和竞争主体多元"三个典型特征。① 全球智能制造业的发展模式大致可以分为四类：美国的工业互联网、德国的工业4.0、日本的工业价值链和中国制造2025。四种不同的升级模式，与各国在全球制造链中所处的地位、各自拥有的竞争优势十分契合，也体现了各国巩固既有竞争优势、改造传统制造业、推进制造业服务化、抢占智能市场份额的战略共识。

在全球制造体系中，美国、德国牢牢占据了全球制造业的高端，拥有品牌、核心智能技术、精密制造技术和标准/专利的垄断优势（见图6-2）。2019年美国制造业GDP为2.36万亿美元，位列全球第二名。其工业的核心竞争力源自"6s生态体系"，即"航天航空、半导体、页岩气、智能服务、创新经济、人力资本"。由于美国制造业处于全球产业链的高端，且基本普及了数字制造，故其发展智能制造的思路是继续发挥信息技术领域的优势，以知识创新、智能工具、数据分析、数据应用来颠覆和重新定义整个"生产-服务"体系、重构商业模式。工业互联网不仅是美国制造业实现智能化的网络平台，更是其颠覆制造业价值体系、重构生产制造范式的关键工具。美国的智能化战略可以概括为"技术引领+直接升级"，通过掌控"两个端口"——生产供应链的原料和设备端（能源、智能原材料、智能生产装备、工业软件）、消费服务链的网络接口端（互

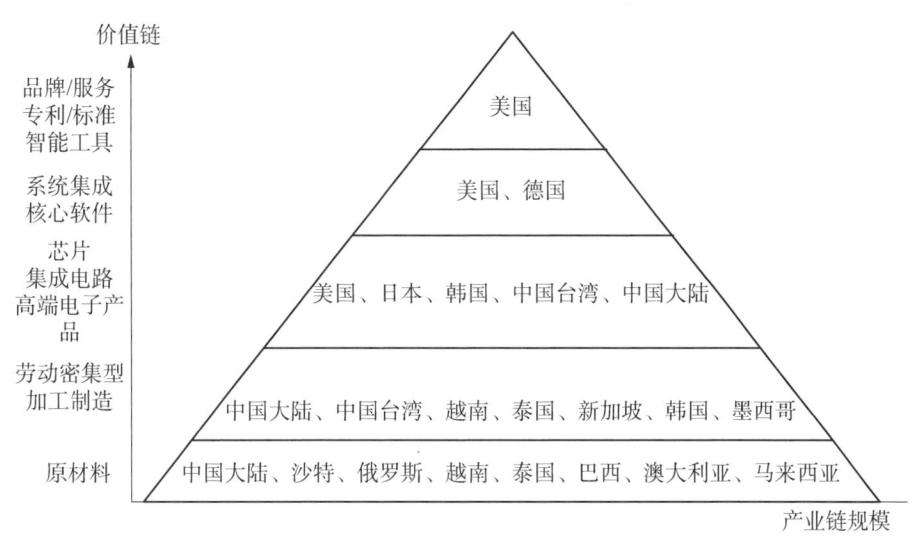

图6-2 各国或地区制造业在全球分工体系中的地位

资料来源：作者绘制。

---

① 郭进.全球智能制造业发展现状、趋势与启示[J].经济研究参考,2020(05):31—42.

联网操作系统及技术、信息通信技术及服务），美国不仅牢牢锁定了全球智能价值链的高端地位，而且使其国家和企业都难以摆脱其"智能工具＋平台经济"的源头控制和终端影响。

德国企业向智能制造的转型升级体现为"工业4.0"国家战略下的要素整合和知识整合。德国制造业产值约占全球的6%，排名全球第四，同样处于全球制造链的高端。德国的优势在于关键装备、精密零部件和自动化生产系统，有着大量的细分行业的"隐形冠军"企业。严谨的工匠精神、将知识固化于设备的制造文化，使得德国制造严重依赖高素质的技术工人和高性能的自动化装备，进而导致德国制造因产品故障率低而缺少数据积累。此外，德国薄弱的信息技术产业和电子工业，迫使德国每年大量进口高端电子元器件和高科技产品。因此，德国向智能制造的转型采取了"工具智能化＋服务智能化"的升级路径，通过将人工智能技术嵌入生产制造系统，实现智能知识体系与生产制造系统的集成。

日本制造业产值约占全球份额的7%，排名全球第三，但制造业的人均劳动生产率远低于德国，属于全球制造的第二梯队。日本制造采取了精益制造的思路，始终强调人的经验、知识和团队精神在生产系统中的作用。因此，尽管日本企业拥有世界领先的智能机器人技术、精密加工技术和发达的消费电子工业，但其智能制造的"工业价值链"战略本质上却不是以机器换人和无人工厂为主要目标，更多表现为对提升产业竞争力、掌握智能产业链话语权的发展思路。日本企业持续研发新能源技术，收购上游原材料产业，大力发展高端智能装备、关键零部件和人工智能技术等，都反映了其"技术嵌入＋需求拉动＋市场控制"的智能化升级策略。

（二）智能制造发展面临的挑战

与此同时，智能制造还面临着一系列技术的制约。智能技术的不成熟是当前限制智能制造产业快速扩张的主要障碍。

1. 异构异质系统的融合

互联网由不同技术架构的局域网组成，各个子网络所使用的软硬件设备，也由不同的公司生产，广泛存在硬件不兼容、网络难对接、数据不通用等问题，我们将之称为系统的异构异质问题。智能制造系统为实现超高速、自组织、自管理、自修复、自我平衡功能，需要从统一底层传感器做起，统一整个智能生产系统、数据平台、云储存空间等的技术架构、接口标准和数据格式，才能突破异构异质问题的制约,实现真正的智能化生产。

异构异质问题的实质是智能化标准的话语权竞争,背后涉及数万亿元的更新改造市场,牵涉到复杂的政治经济关系,各类智能化企业将围绕这些领域展开长期的竞争与合作。

2. 虚拟现实技术与生产系统的深度融合

虚拟现实技术是实现无人工厂和远程控制的关键技术,目前大致有"虚拟场景、虚拟漫游和虚拟物体"三类应用,属于产业技术变迁过程中的革命性跃迁技术。虚拟现实技术涉及复杂的神经网络连接问题,其在智能制造领域的应用就是要镜像出一个能够实时动态响应、海量设备接入的虚拟物理生产系统。目前,无论是场景再现的真实性、及时性,还是与生产制造系统结合后的加工精度,都还难以达到精密制造的要求,需要时日以待创新。

3. 工业互联网建设及其技术开发

智能制造的发展离不开稳定、可靠的高速网络。工业互联网作为整个智能制造系统的神经网络,完全建成需要数万亿元的基础设施投资,同时还需要在5G通信、虚拟现实等关键领域实现技术突破,极易陷入成本失控、精度无法保证的困境。

4. 系统和数据安全

系统和数据的安全,是智能经济的生命线。传统制造业向智能制造体系升级,主要面临两方面安全问题:一是旧设备缺乏网络防护能力。现有的工厂自动化生产系统,并不一定具有高速联网功能。对标新的网络安全技术标准,升级甚至完全淘汰已有的设备,是企业难以承担的高昂成本。二是数据安全技术仍存在缺陷。万物互联的智能制造体系,对现有的网络防护技术提出新的挑战。确保智能经济时代数据信息的安全,不仅是技术的难题,更是对道德伦理的挑战。

三、智能制造业的未来发展趋势

(一) 智能制造的技术趋势

智能制造将向新一代智能制造体系升级。按照信息技术向制造业渗透、融合的程度,智能制造可以划分为数字化制造、数字化-网络化制造(互联网+

制造)、数字化-网络化-智能化制造(新一代智能制造)三个阶段。[①] 目前,工业发达国家制造业已完成了"机械化、电气化、数字化"三个历史发展阶段,具备了向新一代智能制造阶段跨越式升级的基础和条件。

新一代的智能制造范式是柔性化和集成化的延伸和发展,[②]在人工智能基础上发展而来的智能决策系统对制造活动中人类智能的替代,是智能制造区别于传统制造的根本特征和核心内容。人工智能进化为机器智能并形成统一的智能决策系统,使生产制造系统不仅具备强大的感知、计算分析与控制能力,更具有了自我学习和知识创造的能力,从而显著提升了制造领域的知识产生、获取、应用和传承的效率,生产制造企业的创新能力和服务能力因此被重新定义。

(二) 智能制造的产业趋势

智能制造产业链是技术型产业链,[③][④][⑤]其内部关联性主要由相关的核心技术决定。在智能制造的四个物理层级中,应用层的智能决策系统,主要实现智能工厂的生产资源调度、智能设备组合和决策信息分析判断等功能,是整个产业链上知识最为密集的环节,也是影响智能制造产业链的关键性环节。

人工智能技术是智能决策系统的核心,将引领智能制造业的发展。人工智能赋予机器思考和决策能力,使得智能系统能够自主地对系统中的人、机、物、环境、信息进行智能感知、分析、决策、执行与控制。随着人工智能由弱人工智能迈向强人工智能,其高效的思维能力和专家模型,终于能够突破高度柔性化、动态化资源重组的技术瓶颈,使统一、高效地调度企业内外资源成为可能。

人工智能技术的成熟和实用,促使智能决系统由"以人为决策核心的系统",向"以机器智能为决策主体的自主系统"转变。当人工智能技术具备深度学习、自我进化的能力时,人工智能及其专家知识库的进化能力,将成为影响机器智能和智能决策系统性能的决定性因素。

---

① 周济. 以创新为第一动力,以智能制造为主攻方向,扎实推进制造强国战略[J]. 中国工业和信息化,2018(09):16—25.
② 孙柏林. 未来智能装备制造业发展趋势述评[J]. 自动化仪表,2013,34(01):1—5.
③ 高光耀,郑从卓,陈博. 我国物联网技术链与产业链协同发展研究[J]. 科技进步与对策,2014,31(12):59—64.
④ 王兴元,杨华. 高新技术产业链结构类型、功能及其培育策略[J]. 科学学与科学技术管理,2005(03):88—93.
⑤ 高汝熹,纪云涛,陈志洪. 技术链与产业选择的系统分析[J]. 研究与发展管理,2006(06):95—101.

(三)智能制造产业链的竞争格局

传统制造业将加速智能技术的推广和应用。高新技术产业的发展,有高新技术产业化和传统产业高技术化两个方向,表现为"高新技术嫁接、传统产业裂变、高新技术与传统产业融合"三种路径。[1] 智能制造技术体系中既有人工智能、工业互联网这样革命性的跃迁技术,也有大量的射频识别、工业机器人等渐进性变迁技术,两者共同作用于传统制造业智能化演进的每一个环节。

具体而言,智能技术嵌入传统制造业有"前端驱动、中端驱动和后端驱动"三种路径,[2]其中,以人工智能、专家知识库为代表的智能决策技术,主要在前端驱动传统产业进行技能学习、知识积累、科技创新及知识扩散,推进传统企业技术体系升级、生产范式变革。知识创新是一个长期的积累过程,前端驱动具有极大的不确定性,多数传统制造企业缺乏持续投入的资本实力。

中端驱动阶段强调将知识生产转化为企业的生产力,是将战略性新技术、新装置应用形成新产品或新业务的过程。[3] 这主要表现为工业机器人、智能机床、射频识别等渐进性技术变迁的新成果在生产制造领域的应用和转化。德勤的调研数据也表明"应用智能设备,挖掘现有资源、改造生产系统"是制造企业推广应用智能制造技术主要趋势。[4]

后端驱动直接面向消费市场,主要通过智能技术和智能产品实现商业模式变革。企业借助工业互联网、大数据和云计算,能够及时掌握用户的个性化需求,从而及时提供满足市场需求的创新产品和中间产品。这种基于工业互联网的商业模式创新,易于形成规模优势和范围效应,能够极大地促进企业推广应用智能化技术。

四、全球智能制造业发展对中国的影响和启示

(一)全球智能制造业对中国制造业的影响

基于"预期、现实、未来"的分析框架,全球智能制造业竞争对中国制造业转型升级的影响,主要体现在"改变制造业升级预期路径、削弱传统制造业竞

---

[1] 林学军.战略性新兴产业的发展与形成模式研究[J].中国软科学,2012(02):26—34.
[2] 张银银,邓玲.以创新推动传统产业向战略性新兴产业升级[J].经济纵横,2013(06):54—57.
[3] 张银银,邓玲.创新驱动传统产业向战略性新兴产业转型升级:机理与路径[J].经济体制改革,2013(05):97—101.
[4] 德勤.中国智造,行稳致远——2018中国智能制造报告[R].北京:德勤有限公司,2018.

争优势、重构制造业网络协作体系"三个方面。

1. 改变了中国制造业转型升级的预期路径

中国制造的崛起得益于融入全球生产体系,中国由此能够引进和学习先进技术,发挥要素成本优势,对接全球市场体系。智能制造的出现,降低了全球化生产对简单劳动的依赖,也动摇了基于成本洼地、配套体系和目标市场等因素建立起来的全球分工体系。全球价值链的"微笑曲线"将围绕智能制造平台进一步高级化、扁平化,甚至有可能变成"沉默曲线""哭泣曲线"。后发国家的"人口红利"将转变为劳动力素质劣势,产业梯度转移的"雁阵模式"可能就此消失。[①]

2. 削弱了传统制造业参与全球竞争的优势

智能制造体系下,生产的技术-经济范式由追求社会综合效能的优化转向满足消费者个性化定制需求,由此导致制造业的生产方式由大规模工厂化的流水作业转向个性化批量定制,"产品+服务"成为智能制造体系下主要的产出形态。"快鱼吃慢鱼"的钱伯斯法则决定了智能制造企业必须依靠动态的、学习性的知识管理系统和智能决策系统,及时协调众多异质异构的智能子系统,通过网络化协同、智能化生产,以"快速向市场提供新产品、持续开发新产品和开拓市场或增强竞争力而调整知识"。[②] 知识的积累、学习、创造和管理取代资本、土地和劳动力等传统资源,成为影响企业核心竞争力的主导要素。[③]

3. 重构了全球制造业的网络协作体系

智能制造对全球生产制造网络体系的重构,也给后发国家实现跨越式赶超提供了机遇。智能制造系统是基于工业互联网的生产制造体系,可以突破劳动力、土地、资金、环境等要素的地理空间约束,实现远程遥控和虚拟生产,具有低成本聚集供应企业和分散用户的特点。智能制造的网络外部性和长尾经济性,为生产协作企业摆脱旧产业链的束缚,实现跨越式升级,提供了条件。能否加入新的网络协作平台,并吸引到足够的平台用户和创新资源,成为传统制造企业实现智能化转型升级的关键。

---

① 黄群慧,贺俊."第三次工业革命"与中国经济发展战略调整——技术经济范式转变的视角[J].中国工业经济,2013(01):5—18.
② 维纳·艾丽.知识的进化[M].珠海:珠海出版社,1998.
③ 常荔,邹珊刚.知识管理与企业核心竞争力的形成[J].科研管理,2000(02):13—19.

(二) 中国发展智能制造面临的问题

经过多年发展,中国智能制造发展从初期的理念普及、试点示范阶段进入当前深化应用、全面推广阶段,形成了试点示范引领、供需两端发力的良好局面,但是也存在区域技术发展不平衡、信息化水平发展参差不齐、标准化程度低等问题。随着人工成本的攀升、低端制造业转移、科学技术的发展、人工智能的应用,中国制造业逐渐进入大规模机器生产阶段,尤其是劳动密集型企业,正在促进机器人生产代替劳动力。基于"推进主体、技术链、产业链、投资机遇"的分析视角,笔者将中国发展智能制造面临的上述问题,归纳为以下四个方面的障碍。

1. 制造企业的智能化基础薄弱

中国制造业总体上仍处于工业 2.0 向工业 3.0 过渡的阶段,[1]多数企业对智能制造的认识仍停留在"机器换人""工业自动化"的初级阶段,缺乏对新一代智能制造的深入了解。面临企业智能化基础薄弱和区域发展不均衡的问题,国家智能化战略不能照搬西方发达工业国家顺序"串联式"升级的智能化模式,而需要坚持把企业作为推进智能制造的主体,走工业 2.0 补课、工业 3.0 普及、工业 4.0 示范的并联式发展道路。[2]

2. 核心智能技术受制于人

智能制造是技术型产业链,只有掌握核心智能技术,才能通过技术链创新,带动产业链良性发展。发达国家主导了智能制造的概念体系、核心技术及其发展方向,中国虽然在人工智能、5G 通信等部分领域也实现了暂时领先,但总体上仍属于技术应用的跟随者,缺乏技术原创力和产业主导权。核心技术受制于人,技术创新能力薄弱,成为中国企业国际竞争力提升的关键制约因素。[3]

3. 智能装备产业存在明显的短板

核心产业链由"关键设备制造、核心元器件生产和终端产品集成制造"三个环节组成,[4]是跨国公司掌控全球价值链、阻碍后发国家制造业升级的关键。

---

[1] 中国国务院发展研究中心.借鉴德国工业 4.0,推动中国制造业转型升级[M].北京:中国国务院发展研究中心,2017.
[2] 彭瑜.中国制造应走工业 2.0、3.0、4.0 并行发展的道路[J].世界科学,2014(06):11—12.
[3] 王一鸣,王君.关于提高企业自主创新能力的几个问题[J].中国软科学,2005(07):10—14+32.
[4] 洪勇,苏敬勤.发展中国家核心产业链与核心技术链的协同发展研究[J].中国工业经济,2007(06):38—45.

中国在工业机器人、数控机床、工业软件等智能装备领域存在明显短板,主要依靠总体集成能力来弥补关键设备制造和核心元器件生产的差距。以工业机器人为例,国产机器人的减速机、伺服电机、控制器等关键零部件主要依赖进口,导致关键零部件的购买价格是国外企业的5倍多,造成国产机器人生产成本相对较高。[1]

4. 企业的生产积累难以支撑改造投入

在把握市场投资机遇方面,中国传统制造企业缺乏应有的升级能力。智能化升级需要巨额投入,传统制造企业很难通过自身积累,筹措到足够的资本。中国企业的平均税后利润率仅为3.3%,基本接近银行3年期定期存款利率,企业很难形成足够的动力和实力进行智能化转型升级。

(三) 中国传统制造企业智能化升级的可能路径

针对上述章节的分析,笔者认为推进中国传统制造企业向智能制造的转型升级可以采取如下的策略路径。

1. 打造人工智能技术优势,掌握智能经济发展的主动权

当前,全球智能制造业正处于飞速发展时期,整个产业还存在着一系列技术难题没有突破,因此还没有形成比较强大的市场势力和技术壁垒,企业完全可以通过技术创新和模式创新,迅速超越在位的大企业,引领行业的发展。中国在人工智能技术的水平并不落后发达国家,掌握人工智能技术并形成自主可控的智能决策系统,就等同于掌握了智能制造产业的决策大脑,中国完全可以发挥科研院所众多和工业体系完备的优势,分别在智能基础理论、机器智能研发和智能技术推广等几个领域,强化技术研发,巩固技术基础,以人工智能技术为引领,推动数字制造、智能制造产业的大发展。

2. 鼓励企业跨界融合,加速传统制造企业智能化转型升级

从本研究的模型分析中,可以看到互联网企业、平台企业和软件企业跨界进入生产制造领域,会给在位企业带来巨大的竞争压力,从而促进这些传统行业的垄断企业,加速技术更新改造,加速智能化转型升级。企业跨界融合的障碍主要有几个方面:一是企业文化的差异。传统制造行业讲究工艺,讲求精准,走的是慢工出细活的长期路线,而互联网企业普遍习惯与金融资本结合,短期做大、快速套现是互联网行业的行事风格。两种不同的文化融合是跨界

---

[1] 任宇.中国与主要发达国家智能制造的比较研究[J].工业经济论坛,2015(02):68—76.

的首要工作。二是互联网企业、软件企业普遍缺乏制造技能。传统制造企业的工艺流程都是经过一代代师傅传承,用血的经验总结出来的。这是互联网企业很难理解和体验的工作生活阅历和制度文化,补齐制造工艺的短板,是跨界融合的必修课,也决定了大部分跨界并购不会成功。三是必须处理好金融资本与制造企业与互联网企业的关联,确保投资的长期稳定。

3. 积极开展国际战略合作,拓展技术创新能力

中国还有大量的"卡脖子"领域,单凭举国之力也许能够花时间一一突破,但技术的市场化始终绕不开全球化这个话题。推进传统制造企业的智能化,一定要在国际开放的大背景下,加强与发达国家等各类企业的合作、交流,这样才能在开放中求生存,在合作中谋发展,避免技术路径的封闭。

第 7 章　上海制造业的智能化
——以产业数字化为例

产业数字化是智能化的前置阶段,制造业的智能化升级离不开生产制造系统的数字化改造。目前,全国制造业的智能化转型升级普遍处于数字化升级阶段,无人工厂、智能决策系统等核心系统多数仍属于国家示范工程或者试点项目,因此笔者用数据和资料更容易获得的制造业数字化,来衡量制造业智能化的升级现状。

一、上海产业数字化的发展现状

如同智能化转型升级一样,产业数字化进程也可以从"价值链提升、技术链升级和组织链变革"三个维度进行衡量。三个维度之间是"技术链创新带动产业链升级,进而实现价值链升级"的关系。

(一)价值链视角的上海产业数字化

一是产业数字化的规模持续增长。上海产业数字化规模持续增长,在线新经济模式引领全国,数字经济在全市经济中已占据主导地位,数字经济的GDP占比已超过50%。2019年,上海仅智能制造产业的规模就超900亿元,规模和能级位居国内第一梯队,位列"2019年世界智能制造中心城市潜力榜"世界第二名。2020年,上海的产业数字化、增加值规模超过1万亿元,占GDP比重超过40%。产业数字化已然成为驱动上海数字经济发展的主引擎。[1]

二是汽车和电子信息制造业引领产业数字化的产值增长。2021年,以生物医药、电子信息、钢铁、化工、航空、航天、船舶、核电、汽车、能源等为代表的上海十大领域步入数字化转型的快车道,其中,汽车和电子信息制造业占据了

---

[1] 谢婍青等.孕育发展新功能　打造民生新体验[N].解放日报,2022-07-14(10).

产值的绝对主导地位。根据公开数据,2020年汽车制造和电子信息制造业的总产值,占上海六个重点行业总产值的比重达到55.51%。2021年前三季度,上海电子信息产业更是实现逆势增长12.7%,位列全市六大支柱产业榜首,有力地推动了上海产业数字化的规模扩张。

三是服务产业数字化引领全国。服务产业数字化创新了生产制造企业的盈利模式,以服务产业数字化推动生产制造环节向个性化定制生产模式转型,是数字经济环境下实现价值创造的重要路径,也是各地开展数字化竞赛的重要跑道。对此,上海市政府给予了高度重视,于2020年7月,颁布了《关于实施2020年度产业电商"双推"工程的通知》,将直播新经济作为上海服务产业数字化和发展数字经济的重点方向,要求发挥上海"五个中心"在品牌、资源、人才和制度供给等方面的集聚优势,进一步巩固上海全国新零售桥头堡的地位,跑出"在线新经济"的加速度。2019年,上海网上零售额占社会消费品零售额的比重达到77.2%,位居全国第一。目前,上海作为全国首个建立MCN(Muti-Channel Network)专委会的城市,已拥有较为完备的电商产业链,正在构建"网红经济"集聚区。2020年,上海直播电商渗透率达到6.98%,且以每年20%的速率增长。上海的电商直播无论是用户观看数还是各类品牌参与规模,均为全国第一。预计未来四年,上海电商商品交易总额(Gross Merchandise Volume,GMV)将实现58.02%的年均增速,2024年上海电商商品交易总额将达28 360亿元。

(二)技术链视角的上海制造业数字化

技术维度的产业数字化通常沿着"单点数字化、数字化生产线、无人工厂"的路径推进,上海则采取了高起点数字化的技术路径,直接从无人工厂入手,积极推进上海工业互联网高地建设。

上海制造业已基本完成从自动化到数字化的转型,初步具备智能化无人工厂的建设条件。截至2020年12月底上海在汽车、高端装备等重点领域已建成14个国家级智能工厂、80个市级智能工厂,推动规模以上企业实施智能化转型500余家,企业平均生产效率提升50%以上,最高提高3.8倍以上,运营成本平均降低30%左右。未来将有更多的企业通过智能化改造,成为无人工厂、黑灯工厂,重新焕发活力。

聚焦智能制造,促进人工智能技术与实体产业深度融合,是上海开放工业场景,推进"两业融合"的重要路径。以港口物流行业的数字化为例,上海洋山港四期无人码头采用了上港集团自主研发的自动化码头生产管控系统（TOS系统），实现了桥吊远程操控和堆场装卸、水平运输的自动化，改善了劳动环境，实现了"制造+运维"的智能化，极大地提高了装卸效率。整个无人码头由16台桥吊、88台轨道吊、80台自动导引车负责自动装卸，2018年当年就完成吞吐量201万标准箱。2020年新增5台桥吊、20台轨道吊后，装卸能力提升约25%，实现吞吐量420万标准箱，增幅居全港之冠。[①] 目前，洋山港四期无人码头实现减少70%的人工，作业效率达到40箱/小时，能够24小时不间断作业，远超人工码头的作业效率。

"工赋上海"行动按下工业互联网发展的"快进键"。近年来，上海围绕工业互联网创新发展，赋能经济高质量发展，在战略布局和产业创新等方面进行了多项布局，相继发布《工业互联网创新应用三年行动计划（2017—2019年）》《关于推动工业互联网创新升级实施"工赋上海"三年行动计划（2020—2022年）》等政策，积极打造工业互联网的产业高地。目前，苏州、上海、宁波等地都在积极打造工业互联网新高地，国家十大工业互联网双跨平台已有6家落户苏州。截至2020年11月，上海市工业互联网相关企业数量达547家，占新基建领域新增注册企业数量的69.15%，高于全国55.34%的平均水平，位居全国第三；其中有专利的企业占比为57.53%；培育了涵盖网络、平台、安全等39个综合解决方案提供商，包括集成电路、生物医药、钢铁等重点领域；打造了宝信、上海电气"星云智汇"、中科云谷等15个具有影响力的工业互联网平台，带动12万中小企业上平台；工业互联网的核心产业规模达到1000亿元。

（三）产业链视角的上海制造业数字化

一是产业数字化的主体资源持续集聚。上海加快培育产业数字化的新主体资源，积极构筑产业链和供应链"双链融合"的创新生态。截至2021年12月，已培育上海宝信、上海电气"星云智汇"等标杆平台26家，链接企业数超120万家，链接设备822万台，工业互联网国家顶级节点（上海）标识解析注册量达95亿。造车新势力持续涌入。

二是高新技术企业和数字新基建企业增速喜人。截至2021年12月，上海市高新企业数量达到14 624家，居全国第五，低于广东省、北京市、江苏省及

[①] 上港集团. 洋山四期超大型自动化集装箱码头：如何站上世界自动化码头的高峰[EB/OL]. 上港集团官网，2021－06－08[2022－08－03]. https://www.portsshanghai.com.cn/yszt/2002.jhtml.

浙江省。高新技术企业占本地企业总数的比重保持全国第二名,达到0.27%。截至2020年底,上海新基建相关注册企业数已达31 813家,注册企业数量增速超过了全国平均水平,为上海市发展数字经济、顺利推进产业数字化,提供了重要支撑。

三是产业数字化已经形成良好的空间布局,产业集聚的园区效应明显。近年来,上海持续深化5G、人工智能、互联网、大数据等新兴技术与制造业的融合,致力于打造全国智能制造的"应用高地""核心技术策源地"和"系统解决方案输出地"。在高端装备制造领域,已经形成以临港装备产业园、长兴岛和闵行区等船舶和海工装备基地,以张江园区、漕河泾开发区、松江工业园区、紫竹开发区等园区为主体的上海集成电路产业基地;上海已成为首个国家级微电子产业基地和唯一的国家级集成电路研发中心所在地,集成电路技术水平、规模能级保持国内领先。上海基本形成以松江、临港、嘉定、宝山、金山、张江为支点的"一链多点"工业互联的空间布局。上海以产业园区集聚为特色,围绕区域优势多点布局产业数字化主体的模式,有利于形成场景、技术、资本、人才"四轮驱动"的要素集聚,有利于集中推进5G等数字化公共基础设施的建设,有利于完善公共服务,优化创新融合生态。

二、上海产业数字化面临的主要问题

(一)价值维度缺少数字经济的规模优势

夯实融合数字底座是上海推进产业数字化的重要举措。数字底座包括"连接、数据、安全"三大体系。目前,上海在"连接"方面拥有优势,信息基础设施建设领先全国,正在积极打造"数据"和"安全"的体系优势。

然而,对新一代信息基础设施的高额投入,并没有自动转化为上海数字经济的规模优势。上海无论是高新技术企业的数量、数字经济的产值,还是产业数字化的规模,都远远落后广东、江苏。2019年广东数字经济规模达到4.9万亿元(其中产业数字化3.5万亿元),数字经济增速达13.3%;江苏省数字经济规模为4.29万亿元(其中产业数字化2万亿元),数字经济增速达19%;上海数字经济规模仅2万亿元(其中产业数字化超过1万亿元),总体规模不到广东、江苏的50%,与山东、四川等省比较接近。

究其原因,广东、江苏和北京在产业规模(电子信息制造业规模、信息传输业规模、软件和信息技术服务业规模)和产业主体(ICT领域主板上市企业、互联网百强企业、独角兽企业)等各项产业指标上都领先上海。而数字基础设施的指标还包括城市居民的信息基础设施部分,并不能完全体现为对产业发展的支撑强度。数字经济的规模劣势意味着上海在推进产业数字化的进程中,不得不持续坚持"专精特新"的精品路线,因为在互联网的竞争模式下,头部的两三家企业往往会凭借体量优势,占据80%的市场份额,剩余20%的份额则主要由这些具有技术优势的"专精特新"企业通过垄断细分市场获得。

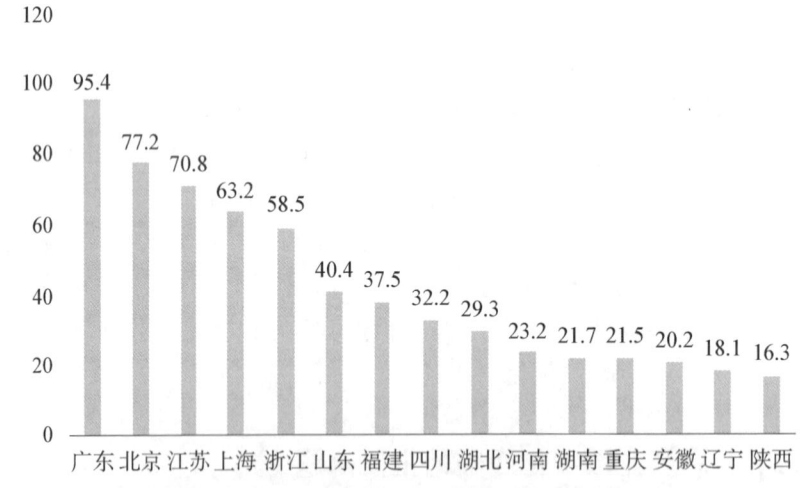

图7-1 全国各省市数字经济产业指数排名(前15名)

资料来源:中国电子信息产业发展研究院.中国数字经济行业市场前瞻与投资规划分析报告[R].北京:前瞻经济学人,2020.

因此,如何针对性地提升企业发展所需要的信息基础设施,叠加上海数据要素集聚、科研人才集聚的优势,将其转化为对企业集聚的吸引力、产业创新的助推力,缩小与广东、江苏在信息通信技术产业的差距,是上海在规划产业数字化整体战略时,需要认真梳理的问题。

(二) 技术维度需强化科技创新的策源功能

1. 应用场景有待开发

产业数字化的推广应用目前面临应用场景较少、应用技术单一的困境。先进的5G技术和人工智能技术无法找到对应的应用场景,导致企业很难收回投资。对此,一方面需要围绕制造业发展的痛点和难点,聚焦个性化定制的生产消费范式创新,发挥上海特大型现代化城市的规模优势、产业门类齐全的优势,促进"两网贯通"(工业互联网与消费互联网连接),实现"要素链接",以要素流通促进应用场景的开放。另一方面,需要聚焦企业服务化的趋势,以智能产品的需求解耦,促进"两业融合"(服务业与制造业融合),以关键行业的技术链升级,推动制造业向价值链两端的高附加值环节延伸。

2. 数字技术基础薄弱

中国企业普遍偏好终端市场的技术应用,相对较少进行技术研发和数字创新。根据中国互联网络信息中心(CNNIC)发布的《中国互联网络发展状况统计报告》数据,截至2020年12月,中国远程办公用户数量达到3.46亿,但有高达78%的企业无法利用实时数据调整和优化生产运营的核心环节,中国产业数字化技术能力薄弱的缺陷再次引起各方关注。

上海也存在研发与创新能力薄弱的问题,且落后于周边省份。可以规模以上工业企业的有效专利发明数为标准,衡量各省份产业数字化的创新能力。2014年,广东规模以上工业企业的有效专利数是上海的4.6倍,江苏是上海的2.66倍。到2019年,广东规模以上工业企业的专利数量达到37.5万件,是上海的7倍,江苏是上海的3.37倍。浙江省也在2018年与上海拉开差距。2014—2019年期间,广东规模以上工业企业专利增长了2.96倍,江苏增长了2.46倍,而上海仅增长1.94倍,上海工业企业的技术进步非常缓慢。

(三) 组织维度要壮大头部企业

1. 上海缺少产业数字化的龙头企业

"引育头部企业,激发多元主体活力,打造标杆载体",是上海推进产业数字化的另一途径。从企业注册数量来看,自2000年以来,上海市总注册企业增速大部分年份都低于全国水平5个百分点,在企业数量集聚上显得后劲不足。从龙头企业数量来看,上海市在各领域都拥有全国知名的领军企业,但无论是数量还是体量,相比于北京、广东、深圳均不占优势。

目前,广东和江苏已经形成了创新企业的资源集聚优势。截至2020年6月,全国88.1%的ICT上市企业、92%的互联网百强企业、91.7%的独角兽企业集中于东部沿海地区,广东、江苏占据了其中的重要份额。[1] 2019年,上海市高新技术企业数量达到12 619家,远少于广东的49 991家、江苏的23 946

---

[1] 刘旭,刘浩然.2020中国数字经济发展指数(DEDI)[R].北京:赛迪顾问数字经济产业研究中心,2020.

家。2019年，上海高新技术企业的营业规模为3.02万亿元，广东为8.29万亿元，江苏为4.89万亿元，上海仅为广东的36.4%，为江苏的61.7%。众多的头部企业、持续增加的新增注册企业，是江浙粤三省数字经济遥遥领先的主要支撑。

2. 数字产业化与产业数字化需要联动发展

数字产业化和产业数字化重塑生产力，是数字经济发展的核心。在美国对中国全力进行技术封锁和产业打压的背景下，上海以集成电路（IC）为代表的数字产业化的产业链，在本地及全球生产组织和创新方式等方面都面临着重大的变革，与全球的高端链接不断减弱，本地生产链则面临着断链的风险，需要积极抓住国产替代的市场需求，做大做强上海的数字产业。

近两年，上海集成电路四大特色园区（张江集成电路设计园、临港东方芯港、嘉定智能传感器产业园和G60电子信息国际创新产业园）利用各自发展优势，在补链过程中起到了重要作用。然而，在"估值落差、技术落差、人才落差"的现实面前，上海集成电路产业如何强链，仍有较长的路要走，需要充分发挥集中力量办大事的优势，借助特色园区的政策与制度优势，实现技术从0到1的突破、产品从差到优的提升、产业从有到强的涅槃。

对此，上海市一方面需要从放宽人才引进和落户政策入手，对相关科技人力和工程技术人员提供入沪工作的特别政策，以人才集聚融合创新生态、缩小技术落差。另一方面，要坚持引进人才与培育人才并行发展，聚焦人才基础，推动产教融合，优化复合型人才培育模式，积极在推进产业数字化的实践中培养本土化的数字人才。

3. 工业互联网生态体系建设任重道远

与传统的消费互联网相比，工业互联网在"连接对象、技术要求、发展模式、发展机遇"等四个方面，都存在着明显的差异。消费互联网的发展经验并不能简单地复制到工业互联网领域，"两网贯通、两业融合"需要模式创新与机制创新。

作为最早提出工业互联网概念的美国通用电气公司，目前已经将Predix工业互联网平台打包出售，重回生产制造的老本行。其主要原因是通用电气公司难以解决工业互联网平台向不同行业复制和扩张时的成本控制问题——解决各个行业特有的工艺流程等Know-How问题，需要长期的经验积累以及反复调试、磨合，由此造成平台企业研发成本的高企，以及企业难以承受的长期亏损。

通用电气公司的失败案例提醒我们,当前全面推进产业数字化和工业互联网建设,必须严格控制成本支出和企业风险,许多行业和企业在目前的发展阶段,不应急于全面推进数字化进程,应当分门别类、有组织、有规划地分阶段推进产业数字化进程。对此,《上海市国民经济和社会发展第十四个五年规划和二〇三五年远景目标纲要》提出"引导有基础、有条件的企业开展设备换芯、生产换线、机器换工为核心的智能化改造"。当前,需要通过广泛的调研和与企业反复协商,确定产业数字化的时间表和路线图,把产业数字化的示范项目细化到具体的企业、具体的项目。

三、上海产业数字化的障碍成因

(一) 产业数字化缺少可供参考的技术路径

1. 上海的产业结构需要优化

产业数字化是一个崭新的事物,中国已经走在了世界的前列,缺少可供参考的成功案例。前文所述的"缺少应用场景,企业缺乏研发和创新能力"等问题都与此有关。从技术模仿走向自主创新,上海需要集聚产业数字化的创新主体资源。此外,面对不确定的技术路线,以合资企业和国有企业为主体的上海制造,自带"追求安稳、偏向保守"的特征,提升企业的创新活力,需要引入新鲜血液,优化企业组成结构。

2. 数字化改造需要计算投入产出效益

产业数字化有"工具智能化、智能化工具、生产服务化和与互联网企业融合"等多条路径可选,并没有标准化的路径模式,需要不断地摸索、试错与磨合。单从应用数字技术,实现"工具智能化"的角度,目前所提倡的"设备换芯、生产换线、机器换工",在实务层面必须严格界定改造目标,不能一概而论。

(二) 企业自身积累难以支撑数字化改造

1. 普通制造企业难以承担数字化改造费用

生产换线和开发智能产品费用巨大。以上海汽车为例,最新的 R 系列智能新能源车研发时间长达 5 年,耗资 200 亿元,这相当于整个上汽集团 20 余个子公司 2020 年的全部净利润,投资风险绝非普通的生产制造企业所能承担。

2. 制造企业的盈利能力长期受到压制

上海制造的其他类型企业也同样面临改造资金匮乏的窘境。比如,中国制造业企业的平均利润率仅为 2.59%,低于中国企业 500 强的平均利润率 4.37%,更远低于世界 500 强企业的平均利润率 6.57%。[①] 只有为制造企业提供更丰厚的利润空间,才能激发多元主体参与数字化改造的活力,才能推动各种所有制类型的企业共同参与产业数字化融合创新的生态体系建设。为此,要从供需两侧采取措施,率先通过打造"专精特新"的隐形冠军,提升制造企业的议价能力。

3. 企业数字化的投融资机制需要创新

现有的抵押贷款模式并不支持企业"重资产化"的数字化改造,以银行贷款为主的融资体系,无法规避现行内部风控制度的审核与考核。必须为企业数字化改造创新融资模式,降低融资成本,给企业一个安心创新、稳定发展的环境。

(三) 产业数字化面临一系列产业组织壁垒

1. 产业壁垒限制工业互联网平台扩张

工业互联网企业向不同行业和企业的扩张,会引发企业对数据资产安全、企业发展主导权和企业生存权的担心。尤其是数据要素全部上云之后,相当于制造企业把自己的核心资产和核心机密都交予工业互联网企业掌握,制造企业很可能因此在今后的产业融合趋势中,沦为工业互联网平台企业的生产车间。这也是上海汽车这些大型国企不愿意与华为等研发公司合作的主要原因。

此外,目前的工业互联网平台多为央企打造,平台企业天然有范围扩张的冲动。但是央企扩张的收益往往并不与地方政府共享,这也是产业壁垒、区域壁垒广泛存在的重要原因。

2. 线上线下融合面临市场分割的制约

在线新经济的发展,重点是推动线上服务、线下体验深度融合,实现供应链与制造链的"双链融合"。以流量平台激活实体产业,鼓励传统商贸企业向全渠道运营商、供应链服务商、新零售企业转型,这个过程的实质是构建全国统一大市场。当前,阻碍这个进程的核心在于打破产业链上游的垄断、打破地方政府的地方保护、打破行业准入的各种限制,需要各级政府面向"两个循环",降税减负,重构新型政商关系、开创双向开放的新形势。

[①] 黄聪.制造业平均利润率仅 2.59%,中国至少提升 10 行业品质[N].长江商报,2019-09-11(10).

3. 产业数字面临着新一轮全球监管

需要立足完善和激活数据要素的确权、定价、存储和交易规则,发挥上海数据产权交易所的功能,改进数据要素的流通机制,提升国际数据之都的能级。

四、上海产业数字化的升级思路

(一) 上海产业数字化的总体设想

1. 分阶段有步骤地实现产业数字化转型

产业数字化转型发展周期长、复杂度高,需要结合企业的现实状况、行业演化规律、产业发展的阶段以及数字科技发展的趋势等制定多元化的目标体系。这主要包括宏观、中观和微观三个层面。在宏观层面,需要"以智能制造为引领,全面推进上海经济数字化整体转型",打造上海制度型开放、数字化赋能的发展新格局。在中观的产业层面,主要是面向"双循环"的发展新格局,以数据流通、数据交易为抓手,实现有形要素与无形要素的高度融合,重塑产业发展的生态体系和发展模式。在微观的企业数字化层面,主要是推进企业技术创新、产业自主,聚焦工业软件、高端装备、人工智能,打造产业发展的新引擎。

2. 以技术链强化带动价值链重构

产业数字化有"工具智能化、智能化工具和网络平台重构"等多种路径,对上海而言赶超广东、江苏,进而实现"国际数字之都"的战略定位,关键是要打造底层的技术优势,通过解决智能芯片、工业软件、操作系统、工业机器人等关键性的"卡脖子"瓶颈,构筑上海的技术优势和产业优势。唯此,才能真正形成上海发展数字经济的主动权和技术底气,以技术变革带动生产方式变革,进而借助企业的力量去重构整个产业的生态体系,最终实现生产组织模式的变革。这样,也可以发挥政府统筹资源的优势,避免过多介入具体的技术研发、市场营销和企业生产等严重依赖企业家能力的领域,而将主要精力放在关键技术突破、新型公共基础设施建设、数字规则制定、金融体系支持等长板领域。

(二) 上海产业数字化的推进思路

1. 打造制造企业数字化标杆

龙头企业是推进产业数字化、重构产业生态体系的核心。聚焦上海汽车、上海电气、中船重工等行业的领军企业,以项目招标、智能工厂示范项目、场景应用擂台等多种形式,在数字化整体规划之下,把领军企业数字化转型的长期任务,分解为一个个关键节点,以市场化招标、政府示范项目的形式,将其转变为一个个可以考核、可以量化的数字化项目,从而"由单点数字化"向"全链数字化"推进,打造若干以领军企业为主导的"标杆工厂",再以"标杆智能工厂"的模式,带动上海企业复制和推广成功项目。

2. 围绕应用场景推进上海产业数字化

数据资源成为现代企业价值创造的生命线和数字科技发力的新引擎,数据要素驱动产业数字化转型已经成为全球共识。数据来源于业务,也终将反哺业务,聚焦工业互联网重点产业和产业链重点企业场景需求,基于业务实际需求完善系统建设、沉淀整合数据、搭建数据应用场景,应当成为上海推进产业数字化的主要模式。可以将业务应用场景的线上化、数字化、智能化为切入点,通过促进需求侧与供给侧之间的精准对接,实现"供需对接、价值共创";进而通过上海数据积累、算法优化、算力提升等专项工程,打造上海工业级的数据应用优势,构建"国际数字之都"的强劲实力。

3. 同步推进全产业链数字化

"以技术链强化和升级,带动价值链重构"的便捷途径是,将既有的生产供应体系数字化、平台化。由此,可以以渐进式改造的方式,打通企业内部、供应链和产业链的瓶颈障碍,实现既有生产-供应-协作体系的资源优化,确保企业生产的连续性、稳定性和可控性。

4. 打造产业数字化的科技平台支撑体系

产业数字化将形成一个设备互联、网络协同的融合创新体系,知识创新最终将成为决定企业核心竞争力的关键因素。因此,需要上海瞄准知识创新能力的提升,以数字产权交易所为主导,将现有的科技平台进一步升级,构建"市级数据交易平台、行业信息发布平台、园区项目对接平台"的三级科技赋能平台体系,将国家提倡的"上云、用数、赋智"与头部企业的工业互联网平台形成对接,从而构造一个能够持续汇聚产业数据、提供模型算法、招标研发项目的公共知识库和科技赋能体系,最终形成基于数据、专利知识的虚拟产业集群,开创产业知识创新的新模式。

五、相关政策建议

(一) 做好上海产业数字化的顶层规划

避免"为数字化而数字化"倾向,切实把握数字技术变革的历史机遇,重塑上海制造的竞争优势,需要上海在推进产业数字化的进程中,提前做好产业发展的顶层规划。可以从构建数字经济的战略体系入手,纲举目张,避免行业各自为战。建议上海市政府从两个层面展开上海产业数字化的总体规划:一是从数字化转型给科技、经济、文化、社会带来的影响层面考虑,总体规划产业数字化与技术链、供应链、要素链、资金链、创新链的互动机制,以打造在线新经济和场景产业为总纲,实现"六链融合、六链联动"。二是因业施策,将政府的数字化战略目标与企业的数字化转型进行任务匹配,明确数字化转型的路线图和时间表,列出任务清单,明确各部门职责,以此形成统筹协作,形成数字化转型的合力,推动问题逐条解决,产业数字化有序推进。

(二) 完善数字化基础设施建设

一是打造上海数据中心的基础设施优势。基于全国大数据产业竞争的态势,考虑上海数据中心机房的布点和建设,重点考虑如何用科技的手段,处理好碳排放指标问题。

二是打造产业融合创新的平台优势。积极探索跨区域、跨行业网络平台共建共享机制和模式,为引入"云制造",促进企业生产效率提升与商业模式创新,提供共享数字平台的硬件条件。

三是探索工业互联网在企业无人工厂率先推广的新模式。以工业互联网的技术应用于无人工厂,构建专注于生产操作层面的企业"小脑",有助于将工业互联网的应用风险控制在企业生产车间一级。同时,5G技术也更适合在设备密集的工厂车间应用,可以形成技术与产业相互促进的联动效应。

四是搭建数字化发展公共平台。以现有的智能新能源车公共数据平台为样本,各向个行业推广和应用,逐步构建起数字化环境下的城市和产业公共数据库和知识库。

五是积极推进公共数字化环境下信息安全防护体系和防护设施建设,切实保障数据信息安全。

六是针对产业数字化的行业不均衡现象,率先推动交通、农业、时尚设计等重点行业的数字化改造,提升基础设施使用效率。

(三) 打造自主可控的数字化赋能平台

中国工业互联网平台发展已经明确了将从"供给侧"和"需求侧"两端发力。中央提出"聚焦平台培育、平台试验验证、百万工业企业上云和百万工业

App 培育"等四个方面的推进工作。对此,笔者认为,工业互联网平台是未来的发展方向,但目前还存在众多的技术问题。工业体系对互联网协同、云平台制造的技术要求远超消费互联网,而且中国大量的工业互联网技术装备还严重依赖进口。如何在既有约束下,按照中央的指示精神,打造自主可控的数字化赋能平台,构建开放、协同、融合的数字化生态体系,积极稳妥地推进具有上海特色的网络平台模式,是上海推进产业数字化工作需要重点考虑的问题。对此,笔者提出如下建议。

一是以行业龙头企业的工业互联网平台为依托,逐步构建市场化的、基于行业应用的工业互联网数字化生态体系。二是以政府引导基金和产业基金的模式,采取重大工程项目招标的模式,筛选行业龙头企业与国资项目公司共建合资公司,重点突破网络操作系统、工业母机等"卡脖子"工程,形成上海产业数字化的核心竞争力,筑牢上海产业数字化的根基和后劲。

(四) 建立经济制约机制

以技术链强化带动价值链重构的目的,是通过政府资金的投资和引导,突破技术瓶颈,构筑上海产业数字化的技术优势,从而形成企业的竞争优势,重构产业链的价值分配模式。

这个设想是基于各国数字化的经验而提出的,当前各国推进产业数字化都离不开政府的强力介入,各国的政策差异在于如何对企业的短期行为进行制约和考核。笔者建议政府将产业数字化转型项目,区分为"长期宏观战略、中期产业融合和短期效益提升"三类不同类型。

一是对短期的成本节约型数字化项目,建立严格的成本效益考核机制,分类设立引导基金和产业基金的投资回收期,确保国有资产的本金安全。

二是对于提升中期竞争力的工业互联网体系搭建、无人工厂项目等,要求企业对这些项目单独设账、独立核算,政府作为投资人参与这些项目经营的分红。如果在规定的期限内仍不能实现盈利,则按市场化的规则收回投资,同时撤销推广应用许可和政策优惠。

三是对于长期的战略项目,同样成立项目公司,政府只以引导基金和产业基金的形式进行产业扶持,不进行考核和财务分红。同时,设立专项工程和示范工程项目,采取分阶段招标的形式,用好各路创新资源,开放式地突破各个技术瓶颈。

(五) 用好科创板和数据交易中心的功能

截至2020年12月24日,已有36家上海企业在科创板上市,且2020年上海本地新增科创板企业数量全国第一、募资额全国排名第一。科创板作为重点支持新一代高新技术产业和战略性新兴产业的重要平台,为上海吸引了一大批优质新经济、高技术企业,是激发多元主体活力、共创产业生态的理想平台。建议进一步完善科创板、数据交易中心与企业数字化转型的对接机制,形成企业数字化转型成果上市交易的评估机制、融资机制,以此不断地完善上海市科技生态,推动上海市数字经济高质量发展。

(六) 积极发展上海数字化安全产业

党中央高度重视信息安全和自主可控的发展,多次在重大会议上强调网络安全问题。未来数据治理和数字安全产业,也必然迎来行业的风口。根据中国信息通信研究院数据,2019年中国共有2 898家从事网络安全业务的企业,产业规模达到631.29亿元。2020年中国在网络安全领域的投入只占整个信息技术产业产值的2%,远低于欧美国家10%的水平。以此为据,未来中国网络安全的规模将达千亿元级别。

产业数字化离不开数字安全产业,很多时候两者都是紧密结合在一起的,很难准确区分。建议上海从建设工业互联网安全态势感知平台入手,构筑工业安全体系。出台数字密钥、数字网关、数字密码人才等相关的产业发展政策,强化高校对基础数学等理论基础专业的重视,把上海打造成为全球网络安全产业的制高点。

图书在版编目(CIP)数据

智能化背景下传统制造企业转型升级问题研究 / 郭进著 . — 上海：上海社会科学院出版社，2022
 ISBN 978 - 7 - 5520 - 3942 - 9

Ⅰ. ①智… Ⅱ. ①郭… Ⅲ. ①制造工业—企业升级—研究—中国 Ⅳ. ①F426.4

中国版本图书馆 CIP 数据核字(2022)第 147638 号

智能化背景下传统制造企业转型升级问题研究

著　　者：郭　　进
责任编辑：应韶荃
封面设计：右序设计
出版发行：上海社会科学院出版社
　　　　　上海顺昌路 622 号　邮编 200025
　　　　　电话总机 021 - 63315947　销售热线 021 - 53063735
　　　　　http://www.sassp.cn　E-mail：sassp@sassp.cn
照　　排：南京前锦排版服务有限公司
印　　刷：上海颛辉印刷厂有限公司
开　　本：720 毫米×1000 毫米　1/16
印　　张：13.75
字　　数：237 千
版　　次：2022 年 9 月第 1 版　2022 年 9 月第 1 次印刷

ISBN 978 - 7 - 5520 - 3942 - 9/F・711　　　　　定价：70.00 元

版权所有　翻印必究